特許調査入門

サーチャーが教えるJ-Plat Patガイド

酒井美里［著］

SAKAI Misato

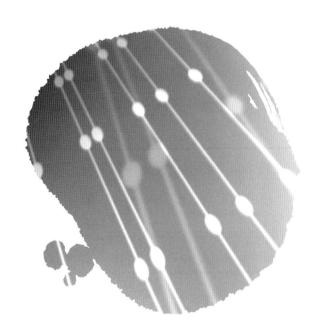

一般社団法人
発明推進協会

はじめに

　本書は「J-PlatPat をはじめとする特許データベースを活用して、より精度の高い、効率的な特許調査を行うための道しるべ」です。

　インターネット上にも、特許データベースにも多くの情報が溢れるようになってから久しいですね。グーグルなどの検索エンジンにキーワードを入力すれば、それらしい情報が膨大に得られます。特許データベースでも同様で、何らかの技術用語で検索すれば、該当しそうな公報が簡単に手に入ります。

　言い換えると、誰でも「情報検索をした気分」になる事ができる時代です。

　ですが、特に研究開発や知財業務の場面では「ネット検索で情報を集めましたから、この情報を基に、今後の方向性を決めましょう」「ちょっとキーワード検索してみましたが、類似の出願はないので、開発を進めても大丈夫です」というわけにはいかないですよね。「ネット検索」や「ちょっとキーワード検索」であっても「何らかの情報」は得られているのに、ビジネス上の判断を下せないのは何故でしょうか。そう、ビジネス上の判断には、情報そのものの信頼性や、網羅的な情報収集が欠かせないからです。

　特許情報の切り口から、各種の情報を正確かつ網羅的に入手するには、多くの「正しいアプローチ」「決まり事」に沿って、調査を進める必要があります。

　本書では、特許情報を検索するための「アプローチ」として、どんな場面で、どのサービスを選択するかという入り口や、検索の手順を、また、各検索場面での注意点を通じて「特許情報の決まりごと」を取り上げました。

第三版によせて

　お陰様で前書「特許調査入門　改訂版」（2015 年に発行）は大変好評をいただきました。その後の J-PlatPat の改訂や、海外特許庁データベース（Espacenet、WIPO PATENTSCOPE）等の情報、情報検索の基礎などを大幅に追加したのが本書です。

　前書からおよそ5年。ビジネスの世界も、また特許情報の世界でも「国の境目」が低くなり、日本と海外の特許情報を同時に探す場面や、海外の動向を調査する場面が増えているように感じます。筆者自身も前書以降には海外特許庁の資料・セミナー等で改めて検索を学ぶ事が増えました。この書籍で取り上げているトピックでも，そこからヒントを得たものをいくつか紹介しています。

　本書が、正確な情報に近づくための道しるべになる事を願っています。

本書の使い方・読み方

本書では

第1章　データベースと特許情報検索の基礎

第2章　特許調査の基本的なテクニック

第3章　特許調査の精度上げと調査実務の要諦

第4章　特許調査に役立つその他の情報源

の順番で、特許調査の基本的な知識を概説しています。

　知財活動を行うには的確な情報収集が不可欠と言われて久しく、知財業務に携わる方々はもちろん、研究開発・設計業務に携わる方でも「まったく特許調査をした事がない」という方は少ないと思われます。特許調査については国の機関、企業や業界団体、データベース会社等において講習会、勉強会などが開催されていますし、数々の解説書も刊行されています。

　しかしながら、データベースの基礎に踏み込んで「なぜそうなるのか」「なぜそのようにしたら効果的なのか」「どのようにしたら、件数を増やしすぎずに調査漏れを減らせるのか」を解説するものは案外少ないようです。(特許に限らず) 現代のデータベースはユーザーになるべく負担を感じさせず、特に意識せずともそれなりの検索ができる設計が主流なので、理論的なことに触れる機会がなかった、特に必要性も感じてこなかった、という方もいらっしゃるのではないでしょうか。

　とはいえ、実務の場面では「調査ターゲットはわかっているのだが、うまく絞り込めない」「自己流で調査しているが、この方法は間違っていないか不安だ」という声も少なくありません。また、業務の効果・効率の点でも「件数を増やしすぎず検索漏れを減らす」のが理想的であるのは間違いないでしょう。

　そこで、特許調査の基本的なテクニックと合わせて、基礎的な理論も学んでいただけるように本書を構成しました。しかし、理論を学ぶといっても「理

論は後回しでよい。今すぐに検索しなければならないので。」という方もいらっしゃるでしょう。本書の使い方・読み方については、次のいずれか、ご自身のニーズに合った方法を選んで取り組まれることをお勧めいたします。

・特許調査は入門～初級レベル。今すぐ検索するためにヒントが必要。
　第２章「特許調査の基本的なテクニック」からどうぞ。J-PlatPat の操作例を交えて、使用頻度の多い検索を概説しています。

・ある程度特許調査の経験がある。実務のトピックスについて情報を得たい。
　第３章「特許調査の精度上げと調査実務の要諦」にどうぞ。実務に直接関連する理論や考え方はこの章で説明しています。

・著者がおすすめしたい使い方
　第１章から順番に読解をおすすめしたいです。実務には必ずしも直結しないが、考え方のベースとなる基礎理論はこの章にまとめています。

　読者の皆さまが特許調査される時、本書が「基礎力アップ」のお役に立てる事を願ってやみません。

凡例

WIPO 世界知的所有権機関（World Intellectual Property Organization）の略称。国際連合の専門機関で世界的な知的財産権の保護を担当。1970 年に設立され、ジュネーヴに本部がある。業務は多岐にわたり、知的財産の保護に関する条約（パリ条約、ベルヌ条約など）、国際出願に関する条約（特許協力条約、意匠の国際出願に関するハーグ協定、標章の国際登録に関するマドリッドプロトコルなど）、分類に関する条約（ストラスブール協定など）に関する管理、運営を行っている。

USPTO 米国特許商標庁（United States Patent and Trademark Office）の略称。米国連邦政府の商務省に属する組織で、特許（植物特許および意匠＝デザインパテントを含む）及び商標の権利付与を管掌するとともに、これらに関するデータベースの構築、管理を行っている。

EPO 欧州特許庁（European Patent Office）の略称。欧州特許条約（European Patent Convention: EPC）に基づき設立された地域特許庁であり、同条約の加盟国、拡張国の欧州特許出願などの管理及びこれらに関するデータベース、グローバルな特許データベース（espacenet）などの構築管理を行っている（USPTO、日本特許庁と異なり特許のみを管掌しており、意匠、商標は管掌していない）。

INPIT 独立行政法人工業所有権情報・研修館（National Center for Industrial Property Information and Training）の略称。
公報閲覧、工業所有権相談業務、情報流通業務、特許人材育成業務、情報システム業務等に加え、J-PlatPat の管理、運営も行っている。

J-PlatPat	特許情報プラットフォーム（Japan Platform for Patent Information）の略称。独立行政法人工業所有権情報・研修館（INPIT）が運営。特許、実用新案、意匠、商標に関する各種情報を無料で検索・照会できるデータベース。

J-GLOBAL　国立研究開発法人科学技術振興機構（JST）が提供する特許情報を含む10種の技術情報データベース。

IPC　国際特許分類、International Patent Classification の略称。特許文献を技術内容にしたが去って分類付けするための国際的な分類であり、WIPO によりストラスブール協定に基づき作成、管理されている。
分類内容は、A（生活必需品）から H（電気）の8部門に大別され、更に細分化される。

FI　File Index（ファイルインデックス）の省略形、日本特許庁独自の分類であり、国際特許分類を細分化したもの。発明の特徴を分類する役割を果たす。

Fターム　File Forming Term の略称。FI と同様、日本特許庁独自の分類であり、FI記号の技術的なまとまりをもとに作られている。審査用の先願、公知資料を検索しやすくするための、付箋、インデックスの役割を果たす。

CPC　共通特許分類（Cooperative Patent Classification）の略称。欧州特許庁（EPO）および米国特許商標庁（USPTO）が共同運用している。 ＩＰＣの細分化である点でＦＩ記号に類似しており、また以前の欧州特許分類（ECLA：European classification）の流れを汲んだ分類体系である。

CCD　　　　　　共通引用文献（Common Citation Document）の略称。パテントファミリ情報とその中の各特許出願に対して各国特許庁が審査段階等で引用した引用文献の情報とを一括して提供するもの。

〇本書では、J-PlatPat の入力画面等について、説明の簡略化、明瞭化のために、一部簡略化したり、模式化して記載しているところがある。

〇本書ではできるだけ用語の統一を図っているが、一部統一されていないところもある。例えば、「近接検索」に類する用語としては、「近接演算」「近傍検索」「近傍演算」などがあるが、本書では Google 検索で最も出現頻度が高かった事に鑑み、「近接検索」を主として使用するものの、J-PlatPat の入力画面では、「近傍検索」と表示されているのでその部分はそのままとしている。同様の例はほかにもある。

〇参考・引用文献（情報）として本書の内容についてご理解を深めていただくために参考となると思われる文献、論文、関係情報を記載している。また、オンラインで入手可能な情報については URL を付し、著者が本書執筆にあたって参照したものについては参照日を記載している。

目　次

はじめに …………………………………………………………………… 1

本書の使い方・読み方 …………………………………………………… 3

凡例 ………………………………………………………………………… 5

第1章　データベースと特許情報検索の基礎

1-1 特許データベース ………………………………………………… 12

❶ データベースとは ……………………………………………… 12
❷ 代表的な特許データベース ……………………………………… 13
❸ その他の特許情報源 …………………………………………… 17
❹ その他の有用なデータベース …………………………………… 18

1-2 データベース検索の基礎 ………………………………………… 20

❶ 情報検索のタイプ ……………………………………………… 21
❷ 「漏れなく（再現率）」と「精度（適合率）」の狭間 ………… 23
❸ キーワード検索と特許情報 ……………………………………… 23
❹ 同義語・類義語・異表記 ………………………………………… 25
❺ Web 検索と検索用辞書 ………………………………………… 27
❻ シソーラス（同義語辞書） ……………………………………… 29
❼ 分類と概念（コンセプト） ……………………………………… 31
❽ キーワード検索と分類検索の比較 ……………………………… 32
❾ 基本的な論理演算子 …………………………………………… 34

1-3 特許情報の基礎 …………………………………………………… 41

❶ 特許情報の中身 ………………………………………………… 41
❷ 公報データ ……………………………………………………… 42
❸ 経過情報（整理標準化データ） ………………………………… 52
❹ 海外公報データ ………………………………………………… 54

1-4 公報の読み方の基礎 ……………………………………………… 59

❶ 公報を読めることの重要性 ……………………………………… 59
❷ 「公報」とは何か ……………………………………………… 60
❸ 公報に書かれている事 ………………………………………… 61
❹ 技術内容を読む ………………………………………………… 62
❺ 権利範囲を読む ………………………………………………… 64

1-5 特許調査の種類と特許調査の基礎 ……………………………… 68

❶ 企業活動と特許調査の主な種類 ………………………………… 68
❷ 各種特許調査の呼称例 ………………………………………… 69

第2章 特許調査の基本的なテクニック

2-1 「簡易検索」と J-Platpat の基本操作 ……………………… 78

❶ キーワード検索 ………………………………………… 79
❷ キーワードの異表記展開機能 ………………………… 81
❸ 結果一覧と印刷・CSV 出力機能 …………………… 82
❹ 公報表示と PDF ファイルの入手 …………………… 86
❺ 固定 URL 機能 ………………………………………… 88
❻ 経過情報 ………………………………………………… 89
❼ OPD とは ……………………………………………… 89
コラム　J-Platpat の更新予定と収録範囲（蓄積情報）の確認 … 92
コラム　特許リストの xlsx/csv 出力 -Espacenet ………… 94
コラム　引用情報の出力（CCD）………………………… 96

2-2 「特許・実用新案検索」と基本テクニック …………… 98

❶ キーワード検索 ………………………………………… 98
コラム　キーワードの長さと複合語 ………………… 104
❷ 番号検索 ……………………………………………… 117
❸ 日付指定、期間指定 ………………………………… 118
❹ 出願人検索 …………………………………………… 119
❺ 発明者検索 …………………………………………… 120

2-3 特許分類を使った検索 …………………………………… 122

❶ 基本的な入力方法 …………………………………… 122
❷ 特許分類の探し方 …………………………………… 124

2-4 審査経過情報 ……………………………………………… 128

❶ 審査経過情報で確認できる内容 …………………… 128
❷ 審査経過情報の表示可能範囲とタイムラグ ……… 137

第3章 特許調査の精度上げと調査実務の要諦

3-1 特許調査と精度上げの基本手順 ………………………… 148

❶ 精度上げの基本～なぜ検索漏れが生じるか ……… 148
❷ 特許調査の基本的な流れ …………………………… 150
❸ 予備検索 ……………………………………………… 152
❹ 本検索 ………………………………………………… 160
コラム　「論理式入力」を利用するメリット ……… 171

3-2 精度上げのための特許分類 ……………………………… 175

❶ 特許分類の種類と成立 ……………………………… 175
❷ ドットによる階層構造 ……………………………… 177
❸ FI（ファイルインデックス）とはどんな分類か … 182
❹ IPC と FI の関係 …………………………………… 185
❺ IPC（国際特許分類）の利用 ……………………… 190
❻ FI と F タームの関係 ……………………………… 192
❼ F タームリストの見方 ……………………………… 194
❽ F タームと付加コード ……………………………… 196
❾ F タームの使い方　3 つのポイント ……………… 200
❿ F ターム解説書 ……………………………………… 210
⓫ ファセット …………………………………………… 220
⓬ 分類改正情報 ………………………………………… 224
⓭ 海外の特許分類 CPC ……………………………… 232

第3章 特許調査の精度上げと調査実務の要諦

3-3 技術テーマ調査の実践（キーワードと分類） ················· 244
　❶ キーワード検索の特徴 ··············· 244
　❷ キーワード選択のポイント ··············· 246
　コラム　WIPO PATENTSCOPE による化合物検索の例 ················· 262
　❸ 検索対象について（J-Platpat）················· 265
　❹ キーワードと特許分類の組合せ ··············· 269

3-4 調査の種類とポイント ································ 271
　❶ 出願前調査 ··············· 271
　❷ 無効資料調査 ··············· 274
　❸ 侵害予防調査 ··············· 289
　❹ 技術動向調査 ··············· 302
　❺ SDI（定期監視） ··············· 302

3-5 出願人検索 ········· 304
　❶ 出願人検索のチェックポイント ··············· 304
　❷ グループ企業等を一挙に検索する工夫 ··············· 310
　❸ 社名変更の確認方法 ··············· 312
　❹ スタートアップ企業・大学発出願と発明者検索 ··············· 318
　❺ その他の注意点・TIPs ··············· 319

3-6 実務における審査経過・権利情報の確認 ··············· 323
　❶ 経過情報書類の入手 ··············· 323
　❷ 引用文献の入手 ··············· 327
　❸ 海外ファミリー情報の確認 ··············· 330
　❹ 海外特許の生死情報確認 ··············· 333
　❺ 国内移行情報の確認（PCT） ··············· 339
　❻ 特許審査着手見通し時期照会 ··············· 343
　❼ 延長登録の検索と期間の確認 ··············· 344
　❽ 審決検索 ··············· 345
　❾ 判決検索 ··············· 346

第4章 特許調査に役立つその他の情報源

4 特許調査に役立つその他の情報源 ··············· 358
　❶ 特許調査関連の情報（国内） ··············· 358
　❷ 特許調査関連の情報（海外） ··············· 360
　❸ パテントマップ類 ··············· 361

参考・引用文献（情報） ··············· 363
第三版あとがき ··············· 369
著者紹介

第1章

データベースと
特許情報検索の基礎

1-1 特許データベース

　特許調査業務は1）調査目的の的確な把握　2）データベース検索　3）特許情報（公報）の査読・判断　4）情報の整理　5）アクションの決定、の各段階から成り立っている。とりわけ調査精度を高め、公報査読の効率・効果も高めるためには、データベースの理解が欠かせない。ここではデータベースについての定義を紹介するとともに、代表的な特許データベースの種類と特徴を確認する。

1 データベースとは

　著作権法において、データベースとは「論文、数値、図形その他の情報の集合物であって、それらの情報を電子計算機を用いて検索することができるように体系的に構成したもの」（著作権法2条1項10号の3）と定義されている。

　またアスキーデジタル用語辞典において「大量のデータを集めて、コンピューターでデータの追加、削除、検索をしやすい形に整理したもの。こうして蓄積したデータを管理するソフトウェアを指す場合もある。情報の検索サービスや、蓄積した情報からのデータ分析、マーケティングなどさまざまな用途に利用されている。インターネットの検索サイト、チケットの予約システム、ブログ、オンラインショッピングなど、Webサイトのコンテンツ管理にはデータベースとの連携が不可欠である。」と説明される通り、インターネット上のほとんどすべてのサービスはデータベースと直結している、と言っても差し支えないだろう。

　このように現代は生活の隅々にまでデータベースが入り込んでおり、データベースは非常に身近な存在となっている。このうち、特許情報を収集し、必要なデータをすぐに引き出せるように電子媒体に記録し、検索可能とした

ものを我々は「特許データベース」と呼んでいる。

② 代表的な特許データベース

①特許情報プラットフォーム（J-PlatPat）（特許庁／（独）工業所有権情報・研修館）

https://www.j-platpat.inpit.go.jp/

　日本国特許庁がインターネットを通じて無料提供する特許データベースである。日本や海外で発行された特許等の公報約1億3,300万件（2019年時点）を、文献番号、分類記号、キーワード等により検索することができる。また、文部科学省の提供する学術文献データベース J-GLOBAL とも連携している。2019年5月にはユーザーインターフェースが一新され、機能改善が図られた。以下、本書では特許情報プラットフォームを「J-PlatPat」と呼び、2019年5月の機能改善版に基づいて説明する。

◇ J-PlatPat の特色

1) 収録情報｜「日本の特許情報（公報）」が、すべて揃っている

　明治時代、日本の特許制度がスタートした際の「特許明細書　第1号」から最新の公報まで、すべての公報が J-PlatPat に収録されている。（実用新案や意匠・商標でも同様である）

　収録されたすべての公報は、番号や発明の名称、分類等のキーで検索が可能であり、また、イメージデータ、テキストデータで内容確認することも可能である。（公報発行の年代により、検索／表示の範囲には差異がある）

　「日本の特許情報がすべて揃っている」唯一のデータベースが J-PlatPat と言ってよいだろう。

2) ID、パスワード不要。環境を選ばない。

　J-PlatPat の強みは、ネット接続環境さえ整っていれば、いつ、どこからでも検索ができることであろう。一部の出力機能を除いては ID、パスワー

ども不要であり、一般的なブラウザが動作すれば検索・表示が可能である。

　また、デスクトップ PC はもちろん、スマートフォン、タブレット端末でもアクセス可能である。なお、デスクトップ環境以外（スマートフォン、タブレット等）でのアクセスについては、後述する欧州特許庁の Espacenet 等でも環境整備が進められている。

3) 審査経過情報に強い

　2019 年 5 月の機能改善以降、J-PlatPat では特許庁が書類を発出してから審査・審判経過情報が参照可能になる期間を、従前の「約 3 週間」から「原則 1 日」に短縮した。また審決関連の情報など、民間 DB には収録の少ない情報を豊富に収録している点も J-PlatPat の特色といえよう。

4) 科学技術情報（J-GLOBAL）との連携・同時検索

　後述の「特許・実用新案検索」では、科学技術情報 DB「J-GLOBAL」との同時検索が可能である。J-GLOBAL に蓄積された文献の他、化学物質、技術用語、資料を特許と同時に検索できる、同じく後述する同義語・類義語を参照できる、といった特色がある。

5) 特許庁内で蓄積されてきたサーチ情報が加工・公開されている

　例えば特許分類の解説書（パテントマップガイダンス）は、元来庁内サーチ用であった資料が加工・公開された資料である。

　また、米国特許・欧州特許の和文抄録も、審査用資料として作成・蓄積されてきた独自情報である。単なる「要約部分の和訳」ではなく、主要実施例などを加味した独自翻訳がなされている。

6) FAQ、ヘルプデスクが充実

　J-PlatPat には充実した FAQ（よくある質問集）が用意されている。その内容は検索方法のみに留まらず、経過用語に関する内容、蓄積データの詳細、用語の解説など幅広い。特許検索のみならず、審査経過の理解などにも有用

である（https://www.j-platpat.inpit.go.jp/c0500）。

　また、ヘルプデスクも常設されており、電話・メールで質問を受付けている。電話受付が 9:00-21:00 と、遅くまで窓口を開いているのも嬉しいところである。

②特許庁サイト

　特許庁も「特許を調べる」サービスを提供している。

1）外国特許情報サービス FOPISER（https://www.foreignsearch.jpo.go.jp/）

　ロシア・台湾・オーストラリア・シンガポール・ベトナム・タイの特実公報、意匠、商標の検索ができる。特にベトナム・タイの特実公報は Espacenet にも殆ど収録されていないため、FOPISER の有用性が高い。（下図参照）なおサービス提供時間は開庁日の 9:00 ～ 20:00 であり、休日・夜間は稼働していない。

FOPISER と Espacenet の公報収録件数比較（2019 年 8 月時点）

国名（国コード）	FOPISER	Espacenet
ベトナム（VN）	公開特許 46,387 件 公開実用新案 3,510 件　他	217 件
タイ（TH）	特許 82,520 件 実用新案登録 13,402 件	11 件

2）画像意匠公報検索支援ツール（https://www.graphic-image.inpit.go.jp/）

　画像意匠分類（W）が付与された登録意匠の公報と、その公報に掲載された、機器の操作画像等の画像を蓄積するサービスである。画像をアップロードして検索する、いわゆる「類似画像検索」機能が特色といえる。物品名や意匠分類からの検索も可能である。画像意匠分類が付与されていない公報は収録・検索の対象外である点に留意したい。

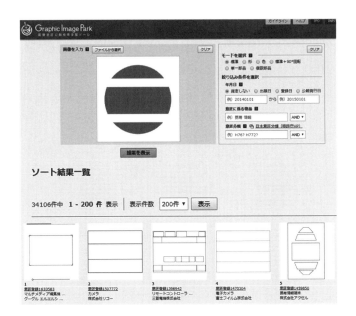

上記の他、以前は「中韓文献 翻訳・検索システム」も提供されていたが、現在は J-PlatPat サービスの一部として統合済である。

続いて海外特許庁の提供するデータベースを中心に、接続環境を選ばず、ID・パスワードも不要な特許データベースを挙げる。

③ Espacenet（欧州特許庁（EPO））

https://worldwide.espacenet.com/

Espacenet（エスパスネット）は、欧州特許庁（EPO）及び欧州特許条約加盟国の特許庁が提供する特許データベースである。欧州特許、加盟国特許の情報のみならず、世界各国（105 カ国・機関。2019 年 8 月現在）の特許情報を収録しており、かつ、優先権情報をベースとした「パテントファミリー」の情報を提供する事が大きな特徴である。

Espacenet は 2019 年末に新システムへの移行が実施され、各種機能が強化された。なお、従来の検索画面も 2020 年末頃まで並行して稼働する予定

とされている。

④米国特許庁（USPTO）の提供するオンラインサービス

https://www.uspto.gov/patents-application-process/search-patents

　USPTO は複数のオンラインサービスを提供しており、上記 URL にリンクがまとめられている。　主なサービス名と内容は下記の通りである。

・PatFT ／ AppFT　公報データベース（登録系／公開系）

・Patent Application Information Retrieval（PAIR）　審査経過情報

・Patent Assignment Search　譲渡情報

　2019 年時点では、上記各サービス間の連携はほぼなく、調査目的に合った適切なサービスを選択する事が大切である。

⑤ PatentScope（世界知的所有権機関（WIPO））

https://patentscope2.wipo.int/search/ja/search.jsf

　PATENTSCOPE は WIPO が提供する特許データベース検索サービスである。公開済みの PCT 国際出願 360 万件をはじめ、合計 7595 万件におよぶ特許文献の検索が可能である（件数は 2019 年 8 月時点）。データ収録範囲としては Espacenet と重なる部分も多いが、多言語対応の検索用キーワード辞書や、化合物検索機能、検索結果の簡易統計などの機能が有用である。

③ その他の特許情報源

　複数国の情報を収録したデータベースとしては、世界各国の審査引例情報を収録した Common Citation Document（CCD）がある（http://www.fiveipoffices.org/ccd）。また各国特許庁の自国データベースが存在する。

　各国特許庁データベースは、日本特許庁「外国特許・商標等情報検索ミニガイド」（https://www.jpo.go.jp/system/laws/gaikoku/iprsupport/miniguide.html）、「諸外国の特許庁ホームページ」（https://www.jpo.go.jp/toppage/links/others.html）、新興国等知財情報データバンク（INPIT）

（http://www.globalipdb.inpit.go.jp/）等で探す事ができる。

　また特許庁以外の提供する特許データベースも、無料サービス、有料サービスともに数多く公開されている。

4 その他の有用なデータベース

J-GLOBAL[1]

　J-GLOBAL は、国立研究開発法人科学技術振興機構が提供する技術情報データベースである。研究開発において重要な 10 種類の科学技術情報（研究者、文献、特許、研究課題、機関、科学技術用語、化学物質、遺伝子、資料、研究資源）を収集し、統合的な検索環境を提供している。

　また J-PlatPat は J-GLOBAL と連携しており、J-PlatPat 側から J-GLOBAL に収録された文献、化学物質等を特許情報と同時検索する事が可能となっている。

表 1 J-GLOBAL の情報構成（出所：JST サービス紹介）

項目	収録内容	収録件数
研究者	国内の大学・公的研究機関・研究所に所属する研究者情報	約 30 万人
文献	国内外の主要な科学技術・医学・薬学文献情報	約 5,133 万件
特許	特許庁が作成する公開公報，公表公報，再公表公報，特許公報	約 1,363 万件
研究課題	国内のさまざまな研究課題や JST 実施の主な研究課題	約 6 万件
機関	国内の大学・公的研究機関・研究所の機関名，代表者，所在地，事業概要等	約 54 万件
科学技術用語	科学技術用語に関する同義語や関連語情報等	約 33 万件
化学物質	日本化学物質辞書収録の有機化合物情報	約 373 万件
遺伝子	ヒト遺伝子の名称，エイリアス，遺伝子座等	約 6 万件

---

1) J-GLOBAL　https://jglobal.jst.go.jp/

資料	JST が収集・所蔵する国内外の科学技術系資料	約 17 万件
研究資源	国内外の大学・公的研究機関等に関する研究資源名，機関名，概要等	約 5,000 件

※ 2019 年 12 月現在[2]

---

2) J-GLOBAL 収録範囲　https://jglobal.jst.go.jp/aboutus/content

1-2 データベース検索の基礎

　検索とは、砂の中から砂金を探すようなものである、と言われる。以下、角川インターネット講座 8「検索の新境地」の抜粋を紹介する [3]。

…ここでは砂がウェブページ、砂金はユーザーが見つけたいと思っているページである。まず砂金を多く含んでいそうなキラキラしている辺りをザルでガバッとすくい取る。ザルには多くの砂金が含まれていることが期待されるが、砂も多く含まれている。目標は多くの砂金を漏れなくすくいつつ、砂を含まないような取り方である。

ここで、あなたがとる戦略は二つある。

一つは、砂金を多く含んでいそうなところだけを選び抜いて、少量の砂だけを取るという戦略である。この場合、ザルの中の砂金の割合が高くなり、砂は比較的少ない。しかし選び抜いた少量の部分しか取っていないため、多くの砂金を取りこぼしている。

もう一つは砂金を少しでも含んでいそうなところも加えて、もっと大量の砂をすくう戦略である。この場合、ザルの中の砂金の割合は先程の戦略に比べれば低く、砂が多い。ただしザルにはより多くの砂金が含まれているであろう。

　砂は調査に無関係な特許、砂金は目的の特許と考えると、特許調査でも上

---

3)　高野明彦監修「角川インターネット講座 8 検索の新地平 集める、探す、見つける、眺める」(KADOKAWA, 2015 年)

記と同様の状況が発生していることがわかるだろう。

　砂金をどれだけ漏れなくすくい取れるのか、という指標は「再現率」（≒漏れがない）と呼ばれる。一方、すくい取った砂の中に砂金がどれだけの割合で含まれているのかの指標は「適合率」（≒精度が高い）と呼ばれる。

1 情報検索のタイプ

　ローゼンフェルド等によると、情報検索のタイプには大きく分けて三つあると言われている[4]。

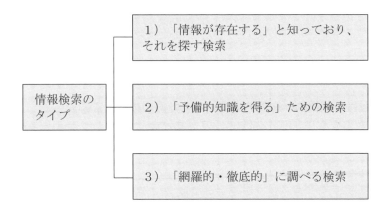

情報検索のタイプ

1）「情報が存在する」と知っており、それを探す検索

2）「予備的知識を得る」ための検索

3）「網羅的・徹底的」に調べる検索

1）一つ目は「情報が存在する」と知っており、それを探す検索である。

　日常生活においては「明日の天気を知りたい」「あのレストランは明日営業しているか。営業時間も知りたい」といった質問が該当するだろう。

　特許調査においては「ある出願番号について、権利化されているか否かを知りたい」「ある企業の昨年の特許公開件数を知りたい」などの質問も、このタイプの検索である。

4）　ルイスローゼンフェルド（Louis Rosenfeld）とピーターモービル（Peter Morville）著　篠原稔和（監訳）／ソシオメディア（訳）「Web情報アーキテクチャー最適なサイト構築のための論理的アプローチ　第2版」（オライリージャパン,2003年）

情報入手が可能なことがわかっていて（もちろん、天気予報などは気象サービス会社によって情報が違う可能性はあるが）存在している一つの正解を得よう、という検索がこれに該当する。

2) 二つ目は「予備的知識を得る」ための検索である。

日常生活においては「職場周辺でカフェを探している」などの質問が該当するだろう。

また特許調査の場面では「自動運転技術について、最近どのような特許が出願されているのか。最近の公開特許をいくつか見てみたい。」といったニーズに応えるのは、このタイプの検索である。

良い歯医者さんを探したいといっても、あるのかどうかわからないし、尋ねる相手や情報源によって意見が違うのは想像がつく。どんな答えが得られるのかわからないが、探索のヒントや事前調査になればよい、という検索である。

3) 三つ目は「網羅的・徹底的に調べる」ための検索である。

特許調査や医薬品開発におけるリサーチの多くはこのカテゴリーに該当する。

技術開発においては、先行研究者が既に開発したり発明したという情報を漏れなく探さなくては、無駄な開発費を費やす可能性があるだろう。また製品・サービスの発売前に他社権利を漏れなく探さなくては、販売後に警告を受けたり、販売差止に至るリスクもあるだろう。

本書の知識はどのような特許調査でも役立てられるが、特に「網羅的・徹底的に調べる調査」に役立つことと思う。

本項の冒頭で「情報検索は砂浜にこぼれた砂金を拾うようなもの」という例え話を紹介した。データベースの中身を直接見る事はできないため、網羅的・徹底的に調べようと思えば、必ず「まだ漏れがあるのではないか」という疑念が生じるし、検索漏れを拾い上げようとすれば「不要な情報が大量に

増えて読み切れない、また分析をするにもノイズが多くては困る。要するに純度の高い集合が欲しい。」というジレンマに陥る。

　本項では「漏れなく」と「精度を上げる」に関連する、検索技術の基礎について説明を進めていく。

② 「漏れなく（再現率）」と「精度（適合率）」の狭間

　この2つは一般にトレードオフの関係にある。

　漏れなく検索しようとすれば多くの砂も拾わなければならず。多くの砂が混入することを嫌って精度を高めようとすれば、必ず検索漏れが発生する。

　現代の検索エンジンを使っても砂金だけを吸着する、すなわち必要なデータと無関係のデータを正確に分別するのは不可能というのが定説である。

　特許調査においては、再現率と適合率のコントロールは業務の成果や効率にも直結する。侵害予防調査においては、明らかな検索漏れは避けたいところであるし、無効化の資料調査においては検索精度を高め、なるべく早い段階で有力な資料を発見したいケースも多い。

　すなわち、特許調査においては調査目的に合わせて、再現率と適合率を最適化するというテクニックが必要になる。なお、実際には膨大な件数の特許情報（J-PlatPat の収録は1億件を超えている）から適合情報をすべて探そうとすると、大量のノイズも拾うことになる。再現率100％（1件も漏れない）の実現は不可能と考えるのが自然である。

③ キーワード検索と特許情報

　突然だが、ここで簡単な Web 検索の問題を出したいと思う。ぜひ答えを思い浮かべてみてほしい。

（問題）あなたは企業の事業企画部門に所属している。競合他社が高性能な太陽電池付きの電動アシスト自転車を発売予定で「環境に配慮・自然エネルギー利用」「駐輪するだけで充電」「健康」「楽しさ」などをアピールしている、というニュースリリースを見た。自転車に限らず似たようなコンセプトの商品は世の中にあるのだろうか。取り急ぎ Web で情報を集めたいのだが、あなたはどのような検索をするだろうか。

答

　この問題では、ほとんどの人が調べようとしている事柄や状況を理解できると思う。電動アシスト自転車自体は主婦層や中高年に広く普及しているが、この商品は太陽電池を利用することによって駐輪している間に充電される。

　こういった商品で類似のコンセプトのものを探したい。必ずしも自転車でなくても、太陽電池や風力を使って環境に配慮した日常生活に利用できる製品といったところだろうか。このような探す目的や検索結果のイメージは、全員の中で一致しているのではなかろうか。

　しかしながら、思い浮かんだキーワードは、さまざまではなかろうか。

　「エコロジー　生活用品」「環境　自転車」「自然エネルギー」「自動的　充電」など、色々なキーワードと、その組合せが考えられる。このようにキーワード検索の検索語（キーワード）とは、「調べたいと考えている事柄・概念を、自分の持っている語彙から表現したもの」であるといえる。

　特許情報検索においては、多くの場合自分自身の関心事、あるいは自社の関心事についてデータベース検索を実施するものと考えられる。自身の調べたい概念に対し、自分の語彙は日常的に使っている語、すなわち職場等で使用される語となる可能性が比較的高い。

　一方、特許情報検索においては、他社情報を収集したいケースが多いと推

定されるが、自社内の日常語と他社が記述する特許明細書の表現は一致する場合も、異なる場合もあり得る。技術内容について調べる特許情報検索において、検索漏れを低減し、精度を上げる手段は２つある。一つはキーワードの改善で「他社が使用する表現をカバーするよう、同義語・類義語・異表記等を収集すること」。もう一つは特許分類の使用「他社が使用する表現がわからなくとも、分類という概念を利用して網を張る」という手法である。

　一方だけでも効果は期待できるが、２つの手法を併用することで、より検索精度向上が期待できる。

4 同義語・類義語・異表記

　世の中には異なる語であっても、同じ意味を示すものがある、これを同義語と呼ぶ。

　一般的な情報検索においても、また特許調査においても、再現率を高めたい（漏れを減らしたい）場合は、同義語を把握し、的確なデータベース検索を行う事が重要である。特許情報には、日本中もしくは世界中の出願人の膨大な概念と新たに生まれてくる同義語（類義語）が含まれており、また、特許請求の範囲を上位概念で記載する習慣もある。従って特許情報の中には膨大な同義語（類義語）が含まれており、同義語のカバーは再現率を高める事に直結する。以下、同義語・類義語・異表記の定義を説明する。

①同義語

　同義語とは、違う単語（異なる文字列）であるが、ほとんど同じ意味を持つもののことを指す。ほとんど同じ意味であることから、言い換えが可能であるもの、または同じような意味であるので、違いの説明が難しいものが「同義語」と見なされる事が多い。

　同義語の例としては「ワイン」と「ブドウ酒」、「本」と「書籍」などが挙げられる。

②類義語

　類義語とは、違う単語（異なる文字列）であり、意味も似ている語のことである。言い換えると、似た意味の言葉だが、全く同じとも言い切れないものが「類義語」である。

　類義語の例としては、「マンション」と「アパート」、「電車」と「列車」などが挙げられる。厳密に類義語とは言えないが、特許明細書中の上位概念－下位概念も類義語に近い包含関係となっているケースは多い。（例：「弾性部材」と「ばね」、「洗浄」と「水洗い」など）

③異表記

　狭義の異表記とは、同じ単語であり、同一音声で発音されるが、文字列が異なる語を指す。

　狭義の異表記の例としては「ばね」と「バネ」、「珪素」と「ケイ素」などが挙げられる。

　また広義の異表記として、同じ単語・同じ意味の語の、省略形、通称、外国語表記などが挙げられる。この例は特許情報中に多く存在する。

　広義の異表記の例としては「シリコン」と「Si（元素記号）」、「はしか」と「麻疹（専門用語）」などが挙げられる。

データベース検索と「同義語・類義語・異表記」

　データベースが情報を探す時に裏で働いているのが、検索エンジンと呼ばれるプログラムである。検索エンジンは通常、検索者が指定した文字列だけを、指定した条件下で検索する。

　指定していない文字列を探すことはできないので、検索精度を高める際には検索者がより適切な同義語・類義語・異表記を指定することが必要となる。

　なお一般的なウェブ検索では私たちが指定していない異表記も、自動的に検索対象となることが多い。この場合は、検索用辞書が検索エンジンと共に作動している。検索用辞書について、次の項目で説明する。

⑤ Web 検索と検索用辞書

インターネットの普及とともに一般的になったキーワード検索であるが、筆者が研修等を実施する際、時折下記のような話を耳にする。

> 最近、新人や若手に特許調査をさせてみると、Google 的な検索をする者が多いのです。

Google 的な検索とは、具体的にどのような検索だろうか？

たとえば、下記の文章からどのような「Google 的な検索」が考えられるだろう。皆さんも考えてみていただきたい。

> 最近、目の疲れを感じる事が多い。ふと「そういえば、この眼鏡を作ってから数年経っているな。あの頃より視力も落ちているだろうし、作り替える時期だろうか」と気が付いた。「そうそう、駅の近くに眼鏡屋があった。何という店だっただろうか。今日は、何時まで営業しているのかな。」そこで、Web 検索で調べてみる事にした。

答（検索キーワードの例）

> （　駅名　）　眼鏡

[虎ノ門　眼鏡]　というキーワードで実際に検索してみよう。

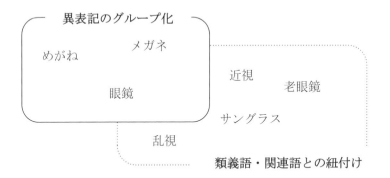

太字（囲み）の箇所がヒットした箇所である。入力した語以外（上記例では「メガネ」）もヒットしている事が画面上で確認できる。

現代の Web 検索の多くは、内部に「検索用辞書」を持ち、検索性能を高めている。具体的な検索用辞書の内容は開示されないケースが大半であるが、異表記のグループ化や関連語との紐付けを自動的に行っているとされる。

私たちユーザーが「眼鏡」と検索すると、自動的に検索用辞書が働き、特に意識せずとも「めがね・メガネ」を同時検索する。

これに対して一般的な特許データベースでは、検索用辞書がないか、辞書があってもユーザー側で ON ／ OFF を決めるシステムが大半である。すな

わち、ユーザーが意識的に同義語・類義語・異表記を決定していくことが求められるのである[5]。

6 シソーラス（同義語辞書）

シソーラスとはコンピューターなどの情報検索に使われる索引の一種である。語句を意味的に分類し、類義語、反義語、上位語、下位語などの関係を記述した辞書。コンピューターの自然言語処理においても利用され、情報検索システムなどで人間が入力した検索語を、シソーラスを用いてあらかじめ用意されたキーワードに変換したり、専門用語を含む文を解析する際にシソーラス内の語義を参照したりする。自動翻訳のシステムでも重視されている[6]。

特許データベースにおいても、かつてはシソーラス索引が整備され、広く利用されてきた経緯があるが、特許という情報（新しい概念や新しい技術用語が次々と追加される）の性質上、シソーラス整備が追い付かないという問題点があった。全文検索の普及もあり、現代では特許データベースにおけるシソーラス利用は衰退してきている。

JST シソーラス

科学技術系のデータベースでは、現在も科学技術用語を索引化したシソーラスが情報検索用に活用されている。この種のシーラスとして、国内ではJST シソーラスが最も良く知られている。JST シソーラス[7]は、国立研究開発法人 科学技術振興機構（JST）によって運営されているものであり、J-GLOBAL[8] 内から無料利用できる。このサービスで使用される科学技術用語は、JST が文献データベース作成で長年蓄積した言語資源情報を、人手で

---

5) Google Patents https://patents.google.com/ では、Web 検索と共通の仕組みを利用しているため自動的に検索用辞書が動作する。たとえば ［ めがね　累進 ］ と検索すると「眼鏡」もヒットする。
6) シソーラスの定義：コトバンク　用語解説「シソーラス」を参考とした。
7) JST シソーラス map　https://thesaurus-map.jst.go.jp/jisho/fullIF/index.html
8) J-GLOBAL　https://jglobal.jst.go.jp/

精査・集積した以下の辞書類からなる。

- ・シソーラス……用語の意味・概念による階層構造を持つ、本サービスの中心となる辞書。（約 3.7 万語）
- ・大規模辞書……概念ごとに同義語、表記揺れを集積した辞書。シソーラスとの関係付けも保持。（約 75 万語）
- ・共出現……シソーラス、大規模辞書の登録語について、文献データベースにおける共起頻度を統計的に取得した用語群。（延べ約 490 万語）

※用語数は 2019 年 7 月時点。

こららの用語を、意味のつながりに基づき一つの map 上に表示することにより、適切な専門用語の発見や、特定の概念の同義語・異表記語の網羅的取得など、情報検索に活用できる情報として提供されている。

下記は JST シソーラスの表示例（J-GLOBAL シソーラスマップ機能）である。中央に表示されている「二次電池」はこの例での検索語である。検索語にを中心として、画面上部に表示されているのが上位概念、画面下部に表示されるのは下位概念である。また左側には共出現語（ 二次電池と同時に出現する頻度が高い単語）、右側には 関連語が表示される。科学技術用語には特許明細書表現と共通する用語も多いことから、特許調査の網羅性を高める目的で JST シソーラスを参考情報として活用することも出来るであろう。

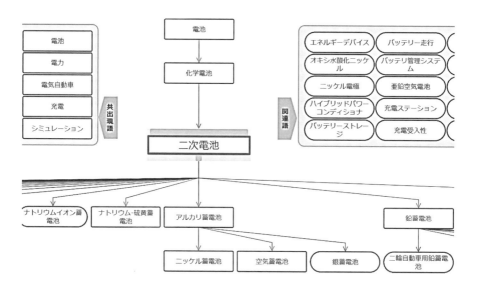

7 分類と概念（コンセプト）

　分類とは文字どおり、対象を類に従って（似たものをまとめて）分けることである。全体を共通性に従って大きく分け、分けたものをさらにまた共通性に従って細分し、体系化することをいう。分類するという行為はおそらく人類の歴史とともに古く、植物や動物の分類から始まったものとみられる。

　データベース検索においての分類は「（同義語・類義語を含めた）キーワード検索では探索が難しいが、同じ概念に属するものを探すためのインデックス」と位置づけることができる。

　先ほどの「Web 検索の問題」を思い出して欲しい。文章で言うと「自然エネルギーを使っている、日常的な生活用品」というのが概念（コンセプト）である。調べたい概念を言葉によって表現したものがキーワードである。

　すなわち先ほどの例では「自然エネルギーを使っている、日常的な生活用品に関連する情報を得たい」ということ（概念）を、キーワードで表現すると「エコロジー　生活用品」「環境　自転車」「自動的　充電」となる。した

がって「エコロジー　生活用品」と検索した結果、電気を使わない加湿器や
CO_2削減に貢献する家電製品の情報が出てきたとしても、私達は何の違和感
もなく目的の情報であると判断するのである。探したいのはキーワードでな
く、あくまでも概念だからである。この関係は、概念に対してキーワードと
自然語索引を介して結果を探している、と捉えることができる。

1) キーワード検索のケース

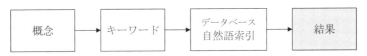

　次に分類を使うケースである。既に、データベース検索においての分類と
は「キーワード検索では探索が難しいが、同じ概念に属するものを探すため
のインデックス」である、と説明した。すなわちこの関係は「概念に対し、
分類を介して結果を探している」と捉えることができる。

2) 分類検索のケース

8 キーワード検索と分類検索の比較

　ここでキーワード検索と分類検索のメリットデメリットを比較してみよ
う。

　一般的にはキーワード検索は自然語（日常的な話し言葉・書き言葉。日本
語や英語）で検索を行うため、手軽に検索ができる点がメリットである。一
方キーワード検索のデメリットは検索結果の個人差が大きいということであ
る。 例えば調査対象とする概念の捉え方に個人差がある、語彙数（ボキャ

ブラリー）に個人差がある、技術内容に関連した調査であれば、当該技術に対する経験・知識にも個人差があるなど、あらゆる点で差が生まれやすい。

　単純に言うと、キーワード検索で非常に調査精度を高められる人もいれば、そうでない人もいるという具合である。

　分類検索には検索結果の個人差が生じにくいというメリットがある。分類そのものが「あらかじめ概念化されたインデックス」の一種だからである。調査したい概念に沿った分類を選択することができれば、誰でも同等の検索結果を得ることが期待できる。分類検索の弱点は、調査対象に対して分類が設定されているとは限らない、すなわち誰かの作った分類がなければ分類検索は利用できないということである。また分類が設定されていたとしても、多くの場合、簡単に、気軽に使えるものではない、という点が分類検索のデメリットであろう。多くの検索用分類はコード化されており、その意味を即座に理解することはおそらく不可能である。適切な分類を使うためには、その分類に対する予備知識を持ち、また分類コード表を使いこなすことが必要である。思いついた時に即座に検索するというわけにはいかないのである。

キーワード検索と分類検索の特徴

	（一般的な）キーワード検索	（一般的な）分類検索
メリット	自然語で検索できる ≒手軽・取りかかりが速い	概念が分類化されている ≒検索結果の個人差が小さい
デメリット	・主題の解釈の差 ・知識量の差 ・ボキャブラリー（語彙）数の差 ≒結果の個人差が大きい	分類がなければ使えない 分類に対する知識が必要 分類表を見る手間 ≒ハードルが高い。時間がかかる。

9 基本的な論理演算子

検索用の論理演算子には多くの種類がある。ここでは J-PlatPat で使用可能な演算子を中心に取り上げ、基本機能を説明する。

①ブール演算子 (and・or・not)

1) AND 演算

入力した検索語すべてを含む検索

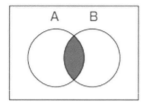

2) OR 演算

入力した検索語のいずれかを含む検索

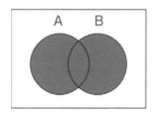

3) NOT 演算

特定の検索語を除く検索

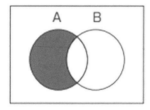

② NOT 検索の注意点

　NOT 演算を使うと、調査目的には合致していない特許、検索者にとっては「ノイズ公報、見たくない公報」が検索結果から消える。しかし、よほど意識しないと「どの特許が結果から消えたのか」がわからないのが、最大の難点であり注意点である。本来必要だった特許までリストから消してしまう可能性も高い。

　まず、分類の NOT 演算、キーワードを使った NOT 演算は避けるのが無難である。同様に「〇〇がない」「〇〇レス」の検索にも、NOT 演算は使わないのが定石である。

　例えば「砂糖を使っていない」「シュガーレス」に特徴のある特許。我々 "ヒト" の感覚では「(検索集合)NOT(砂糖+シュガー)」のように考えがちである。しかし、検索エンジンは公報の内容や意味を理解してサーチするわけではなく、NOT 演算はあくまでも機械的な除外である点に留意して頂きたい。

　実際に「NOT 砂糖」の演算を行った場合、本文中に「砂糖を使用しないことを特徴とする」と書かれた特許も、集合内から「NOT =消去」される。

　これが「内容や意味を理解しているわけではなく、機械的に除去する」という動作である。

NOT 演算を使ってよい場面は

・既にチェックが完了した部分集合の除去（同じ公報を2回以上見ない）
・自社出願など、特定出願人の除去
などが挙げられる。

③トランケーション

　トランケーションとはキーワードの一部分を指定して検索する方法である。ワイルドカードと呼ばれることもある。トランケーションには「前方一致」「後方一致」「中間一致」「前後一致」の4機能がある。

トランケーション	入力例	ヒットする語の例
前方一致	電気？	電気自動車、電気泳動、電気料金
後方一致	？電気	静電気、接触電気
中間一致	？電気？	光電気変換器
前後一致（マスク検索）	電？気	電磁気

　検索システムによって、この4つの機能すべてが揃っている場合と、一部しかできない場合がある。また、検索項目によって使い分ける場合もある。

　例えば多くの特許データベースでは、公報本文中の語句検索ではトランケーションを使用しない（常時、自動的に中間一致検索される）が、出願人／権利者名や分類コード、日付検索などでは前方一致を利用できる（なお、個々のデータベースにより機能は異なっている）。

　また、トランケーションの指定をする記号はシステムによって「＊」「？」「＠」などそれぞれ異なる。J-PlatPat と Espacenet（欧州特許庁 DB）の例を示す[9]。

システム	記号	意味	入力例
J-PlatPat	？	1 文字と置き換え	[' 携帯？電話 '/TX]
	＊	0 文字以上の任意の文字列 （英文のみ）	['project*'/TX]
Espacenet	？	0〜1 文字と置き換え	telephone?（for telephone or telephones）
	＃	1 文字と置き換え	telephone#（for telephones）
	＊	0 文字以上の任意の文字列	play*（for play, plays, player, playback, etc.）

9）　トランケーションの例示は 2019 年 8 月時点のものである。今後システムのリニューアルによって、機能変更される場合がある。

④トランケーションと言語

情報検索は米国で発達し、検索機能も英語のキーワードに対応して開発されてきた。英文はもともとすべての単語がスペースで分かち書きされている。

英語圏でのトランケーション機能は、この英単語の単数と複数（例：car と cars）を一括して検索したり、米語と英語（例：color と colour）の違いをまとめて検索するための機能として用いられてきた。

しかし日本語にはスペースによる単語区切りがなく、また単数・複数の区別はほとんどみられない、といった特徴がある。日本語を対象にした検索の際、トランケーションは複合語を検索する機能として使われる場面が多い。

例えばグループ企業において、それぞれの企業名が「グループ名称」+「個々の企業名」の複合形になっているケースは多くみられるが

> グループ企業の例
>   日立製作所
>   日立アプライアンス
>   日立オートモティブ

上記企業グループをまとめて検索する際に

> 日立？ （グループ名称＋トランケーション）

と検索する、といった使い方である。

日本語ベースの特許検索システムにおいては、明細書本文中のテキストには、自動的に（常に）中間一致検索がなされるシステムが多い。
この場合の注意点は

> 日本語特許検索　＝　短い語を入力するとノイズが多くなる

ことである。特にカタカナで指定した場合は思いがけないキーワードが一

緒に検索されることがあるので、ご注意いただきたい。

例えば「バイオマテリアル」や「バイオ燃料」「バイオエタノール」などの関連語を一緒に検索しようと「バイオ」と入力すると、多くの特許データベースでは自動的に「？バイオ？」と検索する。すると「バイオリン」「バイオレット」などが一緒にヒットする可能性がある[10]。

⑤近接演算子　（J-PlatPat では nC, nN）

日本語環境での近接演算子は、n 文字以内に、前後それぞれの単語があるレコードを検索する。近接演算子も英語圏のデータベースで開発されてきた考え方である。英文の場合は単語区切りがあるため「n 語以内」で指定する。

J-PlatPat の近接演算子

入力例	意味
（キーワード 1）、10C、（キーワード 2） 例：ニンジン、10C、ジュース /TX	キーワード 1 → 2 の順序指定検索 10C は「後の語が 10 文字以内に存在」
（キーワード 1）、10N、（キーワード 2） 例：ニンジン、10N、ジュース /TX	前後が入れ替わっても良い検索 10N は「前後の語が 10 文字以内に存在」

Espacenet の近接演算子

入力例	意味
prox/distance<x 　例　mouse prox/distance<3 trap	互いに x 単語以内の単語を検索
prox/unit=sentence 　例　mouse prox/unit=sentence trap	文内の単語を検索
prox/unit=paragraph 　例　mouse prox/unit=paragraph trap	段落内の単語を検索

---

10)　「バイオマテリアル」や「バイオ燃料」「バイオエタノール」などの関連語を一緒に検索したい場合、単純に「バイオ（自動的に中間一致）」とキーワード検索したのではノイズが増える。特許調査においては各種特許分類を使うことができるので「キーワード＝バイオ」×「関連分類」と検索すると、バイオリンやバイオレットなどのノイズを大幅に減らすことができる。

prox/ordered 　例　ia=Apple prox/ordered ia=Corp 　※この場合 Espacenet は "Apple Corp" 　　を探し "Corp Apple" はヒットしない。	指定された順序で単語を検索

⑥各種演算子の関係

　ここまで AND ／ OR の論理演算検索、近接検索について説明してきた。また演算子ではないが、検索対象を連語として検索する「フレーズ検索」も多く使用される。フレーズ検索では「キーワード＝ニンジンジュース」のように検索する。

　それぞれの検索方法でヒットする語が一連の文章中ではどのように存在しているか、を下記の模式図に示す。

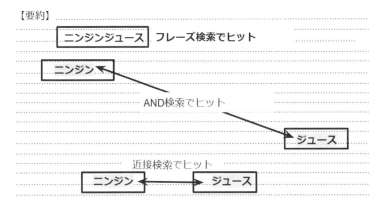

　AND 検索は、2語の距離が離れていても、ともかく指定の範囲（図では要約）内に両方の語があればヒットする。従ってノイズ（不要な情報）の混入も多いだろうが、検索漏れは少なくなる。

　フレーズ検索は「ニンジンジュース」と連語になったものだけがヒットする。この場合ノイズは少ないが「ニンジンを主成分とし、リンゴ、オレンジ

を加えたジュース」のような表現はヒットしない。すなわち、検索漏れが生じる可能性がある。

　近接検索は両者の中間である。先ほどの「ニンジンを主成分とし、リンゴ、オレンジを加えたジュース」であれば、ニンジン、20C（または 20N）、ジュースでヒットするだろう。近接検索の場合、2語間の距離を短く設定するとフレーズ検索に近づき、長く設定すると AND 検索に近づく。語間距離の設定は経験則や明細書記載を予想して行うことが多いが、慎重に実施する場合は 10C、20C、30C…（または 10N、20N…）と何種類か試して順次NOT 検索を行い、適切な距離をはかると一層適切な検索ができる。

名称	検索方法		
	AND 検索	近接検索	フレーズ検索
入力例	ニンジン and ジュース	ニンジン 5c (5N) ジュース	ニンジンジュース
	広い検索	中間	限定された検索
件数・ノイズ	多	中	少
検索漏れ	少	中	多

◇演算子の優先順位

　近接 → NOT → AND → OR　の順に論理演算子が優先される。

　（　　）で囲むことにより、（　　　）内を優先的に検索する。

　例　　（A or B) and (C and D)

1-3 特許情報の基礎

　この項ではデータベースを使って特許調査を行うための「特許情報（特許データ）の基礎」を説明する。詳細な知識がなくともデータベース検索はできるのだが、データの性質を知ることにより、効率良く検索ができる、調査の効率を高める、といった効果が期待できる。また、どこまでが検索できており、何が検索できていないかといった、調査範囲の把握・説明にも役立つ。

　本書では「実務に役立てること」を目的とし、極力「知識＋実務の場面」で説明していきたいと思う。

1 特許情報の中身

　特許データベースに収録されている情報の中身は、その成り立ちや情報の性質から、以下の2種類に大別できる。

　1）公報データ
　2）経過情報データ（通称「整理標準化データ」）

　日本特許、海外情報のいずれにも公報データ、経過情報データの2種類が存在する。また、日本特許の経過情報データは、その成り立ちから通称整理標準化データと呼ばれている。公報データは、公報が公文書であるという性質上、原則的に公報発行後に変化する事のない「固定データ」である。一方経過情報データは、審査状況や出願人の名義変更、分類の改訂情報など「変化しうる情報」を多く含んでいる、という特徴がある。

2 公報データ

　公報データとは、文字通り特許庁が発行した特許、実用新案、意匠、商標（以下、代表して「特許」と総称する）の公報データに由来する情報である。

　特許制度の「すぐれた発明に特別な権利を許可する」という性質上、特許制度が始まった当初から公文書としての公報が発行されているのだが、公報に記載された情報がデータ化されてデータベースに蓄積されたのは、第二次大戦以降である。また、出願形態が紙出願から電子出願に変わり、公報発行形態も記録媒体化されたのは1990年代以降であった。

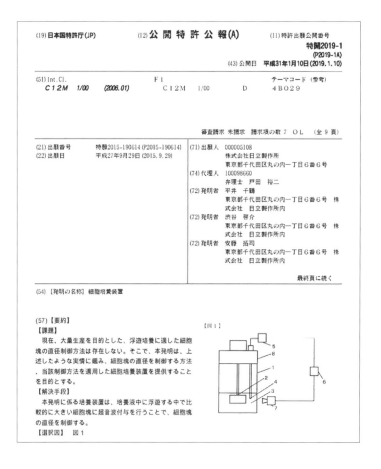

したがって、一口に「公報データ」と言っても、公報の発行年代によって検索可能な範囲、テキストの正確性（電子出願由来か、紙公報を OCR 読み取りしたものか）などには差異がある。

いずれにしても前述の通り、公報は「特許庁の発行する公文書」であり、発行後は変化する事のない固定データである。明らかな誤記などがあり、手続補正書が提出されていたとしても、公報データは決して編集されないという特徴がある。

①法区分（四法）

法区分（四法）とは「特許・実用新案・意匠・商標」の4つの法域を指す。

海外でも多くの国に特許制度が存在している。ただし、国によって制度に差異がある。例えば米国特許制度には実用新案がなく、また意匠は「Design Patent」と呼ばれ、特許の枠組みで扱われている。

(12) **United States Design Patent**
Cho et al.

---

(54) **MOBILE PHONE**

米国意匠（Design Patent）の例

J-PlatPat では、法区分ごとに検索メニューが分かれている。また海外特許庁データベースでは、Espacenet（EPO）や PATENTSCOPE（WIPO）は特許、実用新案のみを収録。USPTO の各サービスは概ね「発明特許＋意匠」と「商標」とでページが分けられている。

| 特許・実用新案 | 意匠 | 商標 |

②公報の種類

　この項目では J-PlatPat「特許・実用新案検索」の国内文献として選択できる公報類について、その種類や発行タイミング、検索上の注意点などを概説する。

　まず、現行の特許出願のフロー（日本の特許出願から権利取得までの流れ）に基づいて、発行される公報を説明する。現行フローでは公報発行タイミングは2回ある。「出願公開」と「特許公報発行」である。出願公開は特許出願から概ね1年6ヶ月後で、出願取下などを除いたほぼすべての特許出願が「公開特許公報」として公開される。特許出願された技術内容の公開、ならびに権利取得を希望する範囲の公示を目的とした公報である。

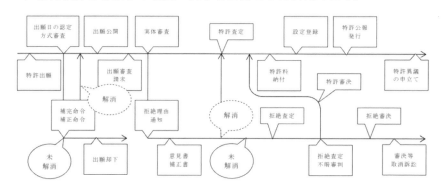

特許出願のフロー（出所：特許庁ほか「知的財産法入門」 2017年）

　特許公報発行は、特許査定および設定登録の後に行われる。設定登録され

た権利範囲を公示する目的で発行される公報である。

　J-PlatPat は特許制度開始以降、日本の特許情報をすべて収録しているため、公報の種類が多岐にわたっている。国内公報（特許・実用新案）の種類は概ね下記のように整理できる。

法域	種別	現在発行中		過去に発行
		国内公報	国際出願	
特許	公開系	特開（A）1971-	特表（A）1979- 再公表（A1）1979-	
	登録系	特許（B）1996-		特公（B）（公告公報） 特許発明明細書（C）
実用新案	公開系		実表（U）1979- 再公表（A1）1979-	実開（U）実全（U1）
	登録系	登実（U）1994- （登録実用新案）		実登（Y）（実用新案登録） 実公（Y）（実用新案公告） 登録実用新案明細書（Z）

　「現在発行中」の公報はいつから発行されているのか。公報種別により差があるが、現行公報の中では公開特許公報が最も古く 1971 年から、特許公報も 1996 年から発行されている。

　たとえば「権利期間内、20 年分の公報を検索し、内容を確認したい」という場合、J-PlatPat の特許・実用新案検索では下図のように現行公報を選択すれば十分、ということになる。（もちろん、古い公報種別に併せてチェックを入れても、調査の妨げになるということはない）

国内文献
- ☑ 特許(特開・特表(A)、再公表(A1)、特公・特許(B))
- ☐ 特許発明明細書(C)
- ☑ 実用新案(実開・実表・登実(U)、実全(U1)、再公表(A1)、実公・実登(Y))
- ☐ 登録実用新案明細書(Z)

③公報種別（公開／登録）　と特許調査での選択

　日本の特許制度には「公開系と登録系」「国内出願と国際出願」の区別が
ある。例えば国内出願の公開公報ならば「公開特許公報」、国際特許出願の
翻訳文が公開されたものは「公表特許公報」となる。

　公開制度、公開公報は「特許出願内容の公開（技術情報の公開、権利化を
希望する内容の公開）」を目的とし、取下などの例外を除いたすべての特許
出願が公開される。また特許公報は「特許審査を経て、権利化された内容の
公開（権利情報の公開）」を主目的とした公報である。

　特許調査の目的では、技術情報の収集、特許出願前の調査、無効資料調査、
侵害予防調査等が一般的であるが、J-PlatPat（または他の特許データベース）
で調査を行う際は、調査目的に合致した公報種別の選択も大切である。例え
ば技術情報を収集したい場合は、対象技術に関連する方法をなるべく広く収
集したいと考えることが一般的であろう。このような場合は、公開系の公報
を選択する。一方、侵害予防調査の場合は、どのような特許権が存在するか、
存在するとすれば、権利範囲はどこまで及び、誰が権利を保有しているか、
といった事を確認したいはずである。この場合は登録系の公報を優先する。

　J-PlatPat では検索オプション内の「登録案件検索」（登録日データをもつ
公報に絞り込む機能）が利用できる。

登録案件検索　?

☑ 登録日ありで絞り込む

　また同じ侵害予防調査であっても「公開段階だが、今後権利化される可能
性のある技術も確認しておきたい。」ケースであれば、登録系と公開系、両
方の種別を選択する。なお、J-PlatPat の場合は権利の生死状態での検索が
できないため、検索段階では生死の区別なく検索を実施し、公報内容の確認
時に１件ずつ生死確認を行うこととなる。生死状態については「経過情報（整
理標準化データ）」の項目で改めて取り上げる。

④公報ではないもの

J-PlatPat に収録される情報には「公報に似ているが、公報ではないもの」も含まれている。

1）再公表特許
2）PAJ

が、その代表例である。

1）再公表特許

再公表特許は、公報だと思われている事も多いが、公報ではない。（ちなみに他の公報類は「公開特許公報」「特許公報」のように、"○○公報"と記載されるが、再公表特許には"公報"の2文字がついていない）。改めて「公開公報」「公表公報」「再公表特許」について整理すると、次のようになる。

この3者はいずれも、特許出願を公にする目的で発行する点で共通するが、

(1) 国内出願の場合は「公開特許公報」（特許法64条）
(2) 国際出願のうち外国語でされたものは「公表特許公報」（特許法184条の9）
(3) 国際出願のうち日本語でされたものは「再公表特許」

と区別される。なお、「再公表特許」は、先行技術調査に必要な技術情報の提供を目的とする行政サービスとして公開公報データに収録されるが、法律上の公報ではない。そのため特許庁が定める公報仕様上も、「再公表特許公報」ではなく、「再公表特許」とされているものである。

調査上の注意点として「再公表特許はあくまでも行政サービスであるため、予告なく発行停止する可能性がある」事が挙げられる。実際に近年には2014年6月頃から半年以上、再公表特許が発行停止した例がある（ちなみに行政サービスであるため、特許庁に再公表特許の発行義務はない）。日本語PCT出願を監視する目的で再公表特許を含めてウオッチしているケースでは、発行停止していないか時々確認すると良いだろう。

2) PAJ（Patent Abstract of Japan）

PAJ とは Patent Abstract of Japan の省略形であり、日本特許庁が作成する日本特許英文抄録の事である。J-Platpat ではテキスト検索対象を「英文」に切り替えた際、国内文献（PAJ）として表示される。

日本国内のユーザーが利用する機会は少ないと推定される。海外特許庁データベース、例えば Espacenet で日本特許を表示した際、英文抄録として表示される内容は PAJ に由来するケースが多い。

⑤種別コード

国内外の公報類には（A）（B）等の「種別コード」が併記されている。これは公報に関係する WIPO 標準（ST.16）に定められた識別コードであり、国際的に規則性が定められている。例えば「当該国の特許審査フローにおいて、最初に発行される公報は A、次に発行される公報は B」といった規則性である。

各国では識別コードをそのまま使用したり、識別コードに数字を付与して各国独自の特許文書を表したりする。また、ST.16 で指定されている識別コードに該当しない特許文書には識別コードが付与されない。下図は日本、米国、欧州で使われている識別コードの記載例である。

(12)公 開 特 許 公 報(A)　　(10) Pub. No.: US 2019/0000001 A1

(12)特　許　公　報(B2)　　(11)　　EP 1 469 819 B1

　現在日本で発行されている公報に関連する主な ST.16 は下記の通りである。（なお、他国で使用されている識別コードについては「特許　ST.16」等のキーワードで情報入手可能である。）

ST.16

グループ 1　特許出願に基づく文献
　　A　第 1 公表レベル：最初に発行される公報＝公開公報、公表公報
　　B　第 2 公表レベル：2 番目に発行される公報＝特許公報
グループ 2　グループ 1 の文献とは異なる番号体系を有する実用新案文献。
　　U　第 1 公表レベル：登録実用新案公報

　種別コードには概ね A → B → C の順で付与される規則性があるため、ワンポータルドシエ（OPD）や Espacenet でパテントファミリーを確認する際、各国の特許制度が完全に把握できていなくても「公開系公報のみ発行されている」「登録系の公報が発行されているようだ」等、公報発行状況の簡易把握に利用する事ができる。

Simple family　**INPADOC family**　**Latest legal events**

Publication ∧	Application number ∧	Title ∧
CA2299458A1	CA2299458A	Cosmetic Compositions
CA2299458C	CA2299458A	Cosmetic Compositions
DE69815099T2	DE69815099T	Cosmetic Compositions
JP2001510777A	JP2000503809A	Cosmetic Compositions

⑥特許データベースで検索できる情報とその種類

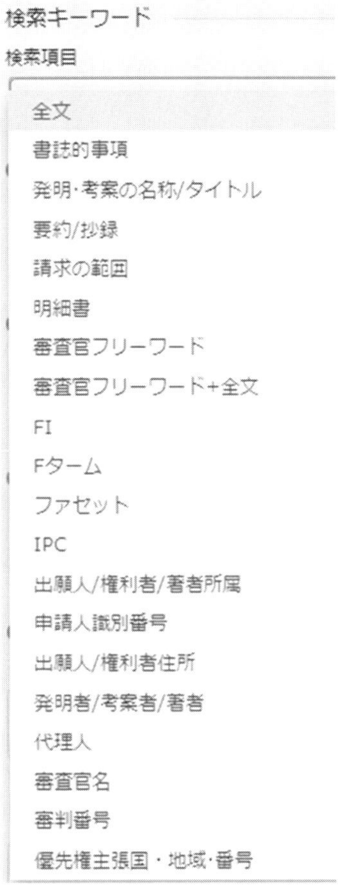

検索キーワード

検索項目

全文
書誌的事項
発明・考案の名称/タイトル
要約/抄録
請求の範囲
明細書
審査官フリーワード
審査官フリーワード+全文
FI
Fターム
ファセット
IPC
出願人/権利者/著者所属
申請人識別番号
出願人/権利者住所
発明者/考案者/著者
代理人
審査官名
審判番号
優先権主張国・地域・番号

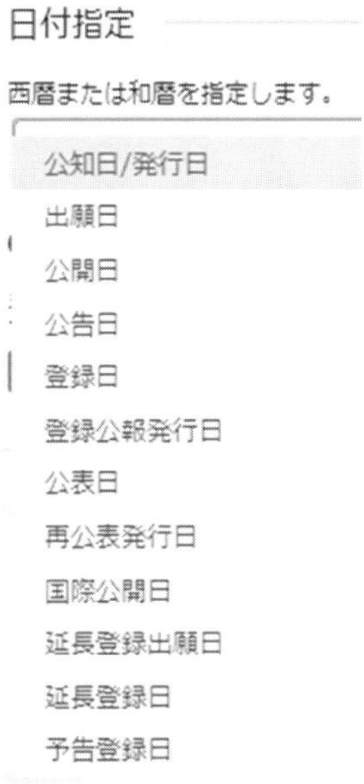

日付指定

西暦または和暦を指定します。

公知日/発行日
出願日
公開日
公告日
登録日
登録公報発行日
公表日
再公表発行日
国際公開日
延長登録出願日
延長登録日
予告登録日

　上図は J-PlatPat「特許・実用新案検索」の検索項目と日付指定をそれぞれプルダウンした例である。すなわち J-PlatPat では左図の項目を検索可能である、といえる。

　J-PlatPat における検索可能項目の大部分は、公報データに由来する情報（公報データ）である。

上記は特許公報（B2）フロントページの例である。公報内の記載項目の多くは J-PlatPat「特許・実用新案検索」の検索項目と対応している。

公報に記載されていない情報としては、審査官フリーワード、審判番号、延長登録出願日などが挙げられ、こちらは経過情報データに由来する。参考までに、後述する「生死情報」や「最新の出願人／権利者情報」も代表的な経過情報データであるが、J-PlatPat で検索する事はできない。

特許データベースの種類（どのサービスを利用するか）によって検索可能項目は異なる。多くの商用（有料）データベースでは審査データを対象とした検索が可能となっており、このような検索可能範囲はデータベース選択の

検討基準の一つになりうる（他には表示機能や表示速度、出力可能な内容、費用対効果などを併せて検討基準とするケースが多い。）。

③ 経過情報（整理標準化データ）

本項では経過情報を「特許審査過程で発生する各種の情報」と定義する。経過情報には公報記載されない情報が多い。例えば特許公報に掲載される「審査請求日」や「参考文献（引用文献）」は、公報に掲載される数少ない経過情報の一つといえる。一方、拒絶理由や手続補正の有無、査定種別、年金支払状況や最終処分などは公報には掲載されない情報である。

この項では経過情報の中でも確認頻度の高い「生死情報」「引用情報」について説明する。

①生死情報

生死情報（生死状態）とは通称である。特許が生きているとは「登録後、権利存続中である」＋「審査に係属中で、今後権利化の可能性がある」をまとめた表現、また死んでいるとは「登録後、権利が消滅した」＋「登録前の段階で、権利化の可能性がなくなった」ものをまとめた表現、といえる。以下、本書ではまとめて「生死情報」と呼ぶことにする。

特許の生死状態

	権利化前	登録済
生存中	審査請求が可能（出願から3年未満） 審査係属中 審判係属中　など	年金納付済＆権利満了前
消滅（死）	未審査請求（見なし取下） 拒絶確定 放棄、取下　　など	権利期間満了 年金未納による消滅

　生死情報は、その多くが「経過情報」のカテゴリーに属している。J-PlatPat では生死情報に関連する検索は殆ど不可能であり、「出願日から20年の日付指定検索」「登録の有無によるふるい分け」ができる程度である。

　しかし、生死情報に関連した情報の閲覧・表示は可能で、J-PlatPat の得意分野でもある。
　検索結果から「経過情報」に遷移し、表示される情報から審査、審判の経過や生死情報を読み取ることができる。生死情報の読み取りの基礎は「2-4 審査経過情報」、実務関連のトピックは「3-6 実務における審査経過・権利情報の確認」でそれぞれ説明する。

②引用情報

　引用情報（Citation）とは、特許出願に関連した過去の技術を引用した情報である。
　引用情報には次のような種類がある。
1）引用者による分類
　出願人引用：出願人自らが出願に関連情報として提供した情報

審査官引用：主に特許審査の段階で、審査官が引用例または関連技術として提示した情報

第三者引用：出願人でも審査官でもない、第三者によって提供された情報

2) 情報の種類による分類

特許情報（特許文献）：公開特許や特許公報など、特許庁が発行する公報。引用情報の文脈では実用新案系の公報も一般的に「特許情報」に含まれる。

非特許情報（非特許文献）：特許情報以外の技術文献。学術論文や雑誌・新聞記事などが主だが、近年はインターネット上の情報が非特許情報として引用されるケースが増加している。

3) 引用と被引用

引用（Cited）：審査で参照した先行特許や技術文献

被引用（Citing）：後の特許審査で参照された先行特許や技術文献

　特許出願と引用情報とは互いに関連性の高い技術内容を記載している事から、技術情報の収集や無効資料調査などでは引用情報の確認・参照を行う事が多い。

　また、多くの特許出願から被引用されている特許出願は「後の技術開発に大きな影響を与えた技術内容」と推測することができる。そこで特許の被引用回数を技術的重要性を図る尺度の一つとして利用する考え方も提案されている[11]。

4 海外公報データ

①パテントファミリー

　パテントファミリー（Patent Family）とは、同じ優先権を基礎に各国に出願された、同一の発明に関する出願、またはその出願のまとまりを指す用語である。第1国出願を基礎に優先権主張した場合、2カ国目以降でも、優

---

11)　飯田康「引用情報の活用」（日本特許情報機構　Japio YEAR BOOK 2007 pp198-207）https://www.japio.or.jp/00yearbook/files/2007book/07_3_07.pdf

先権主張日を基準に特許審査が行なわれる。すなわち出願人側は、新規性、進歩性、先願などの判断基準日が第1国と同じになるメリットが得られる。

パテントファミリー内の各出願は、原則的に「同じ発明」でなくてはならず、各国の公報は同じ技術内容を記載している。従って、調査の際にはより理解しやすい言語で内容把握できるメリットがある。また一般的には、出願人が重視している発明ほど複数の国に出願される傾向があることから、多くのパテントファミリーがある発明は出願人が重視している発明、と推定する材料ともなる。

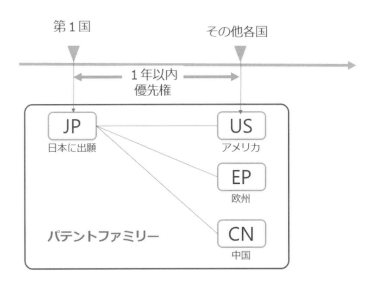

J-PlatPat からパテントファミリー情報を確認する際は、ワンポータルドシエを利用するとよい。また Espacenet でも手軽にパテントファミリー情報を確認することができる。従来より EPO（欧州特許庁）は全世界の公開特許情報と優先権情報を集める「情報センター」の機能を果たしている。

EPO 側では収集した出願情報と優先権情報の紐付けを行い、パテントファミリーデータを生成、Espacenet を通じての情報提供や、ファミリーデータの配信を行っている。

②海外公報と国コード

海外公報は「国ごと」「制度ごと」に発行される。アメリカ特許は国単位の特許制度、欧州特許条約は地域の特許制度、PCT 条約は国際的な出願の枠組み、という位置づけである。このため、全世界で多くの種類の公報が発行されている。公報を発行した国・国際機関を識別する 2 桁コードが「WIPO 標準 ST.3（国及び機関 2 文字コード）」として定められている。

下図は国コードの例であり、他には［JP・日本］［CN・中国］［KR・韓国］なども使用頻度が高い。［WIPO ST 国コード］等の検索キーワードで国・機関名情報を探すことができる。

(10) International Publication Number

WO 2010/102988 A1
PCT

(10) **Pub. No.:** US 2005/0196373 A1
米国

(11) 欧州 **EP** 1 348 441 A1

③海外の公報とデータベース検索可能な項目

多くの海外公報においても、日本の公報と同様の項目が掲載されている。すなわち番号・日付、出願人名、発明者、要約、請求の範囲、実施例などの各項目である。

US 20150023896A1

(19) **United States**

番号・日付

(12) **Patent Application Publication** (10) Pub. No.: US 2015/0023896 A1
PRENDERGAST (43) Pub. Date: Jan. 22, 2015

発明の名称

(54) SYSTEM AND METHOD OF
COMPLIMENTARY DAY/NIGHT
CHILDREN'S SKIN CREAM COMPOSITIONS

A61K 8/97   (2006.01)
A61K 8/34   (2006.01)
A61K 8/36   (2006.01)
A61K 8/27   (2006.0
A61K 8/92   (2006.0

特許分類

(71) Applicant: William Scott PRENDERGAST,
Leesburg, VA (US)

(52) U.S. Cl.
CPC A61K 8/29 (2013.01); A61K 8/27 (2013.01);
A61Q 17/04 (2013.01); A61Q 19/00 (2013.01);
A61K 8/37 (2013.01); A61K 8/922 (2013.01);
A61K 8/73 (2013.01); A61K 8/498 (2013.01);
A61K 8/97 (2013.01); A61K 8/342 (2013.01);
A61K 8/361 (2013.01); G09F 3/02 (2013.01);
A61K 2800/30 (2013.01); A61K 2800/592
(2013.01); G09F 2003/0273 (2013.01)
USPC 424/59; 206/459.5

(72) Inventor: William Scott PRENDERGAST,
Leesburg, VA (US)

出願人
発明者

(21) Appl. No.: 14/506,081

(22) Filed: Oct. 3, 2014

Related U.S. Application Data

(63) Continuation of application No. 14/262,165, filed on
Apr. 25, 2014, now Pat. No. 8,894,978, which is a
continuation of application No. 13/310,455, filed on
Dec. 2, 2011, now Pat. No. 8,747,817.

(60) Provisional application No. 61/418,940, filed on Dec.
2, 2010.

Publication Classification

(57)   ABSTRACT

要約

A new skin care sys   includes day and night skin cream
com   trients and antioxidants for use
by c   ths and eighteen years of age.
The day skin cream composition provides protection from
UV radiation and the night skin cream composition contains
no sun protection ingredients and elevated levels of nutrients

　日本の公報データとの相違点は「公報のすべての記載項目を検索できると
は限らない」ことである。例えば「検索範囲は書誌事項（番号・日付・発明
の名称・出願人等）と要約まで」というケースが多々ある。一般的な傾向と
して、次のような事がいえる。

1）自国と他国

　自国特許庁では全文検索ができるが、他国特許庁での検索では、検索範囲
が限定されるというケースがある。例えばJ-PlatPatでは日本特許を全文検
索できるが、Espacenetでは英文抄録（PAJ）が検索対象となるのはこの例
である。

2）大規模庁と小規模庁

　出願件数の多い大規模特許庁、いわゆる「Big5」（日米欧中韓）などは検
索用全文データの整備が進んでいる。出願件数の少ない機関や発展途上国で
は、データ整備が進んでいない可能性が高い。

④海外の審査経過情報（リーガルステータス）

　海外にも審査経過情報があり、リーガルステータスデータと呼ばれる。世界中で汎用的に利用されている経過情報はINPADOC（インパドック）リーガルステータスである。INPADOCリーガルステータスは、欧州特許庁が各国経過情報の収集・整理・配信を行っているもので、パテントファミリー情報と同様の枠組みで運用されている。

　これに近いものが「ドシエシステム」である。J-PlatPatの「ワンポータルドシエ」もドシエシステムに属しているのだが、こちらは各国の経過書類システムを相互接続した仕組みである。

　両者の違い、特徴は次のようになる

・INPADOCリーガルステータス：　収録国数が多い。経過情報（項目・日付）のみ収録

・ドシエシステム：　国数は少ない。経過書類も閲覧可能。

1-4 公報の読み方の基礎

① 公報を読めることの重要性

　本書では主に「特許調査の基礎」として「特許データベース検索の基礎」を扱うのだが、データベース検索の実施後は多くの場合「検索結果の公報を読む」という段階を踏むことになる。

　また近年、公報を読めることの重要性が増している、と言ったら、実感できている方はどのくらいいるだろうか。たとえば仕事の場面で「英語、勉強しなければ」と感じる事はあっても「公報が読めるようにならなければ」と感じる事は少ないのかもしれない。

　それでは、下記の話題を見聞きしたことはあるだろうか。いずれも 2018 年以降、ニュースとなったものであり、特許権を巡って争われた事例である。

任天堂 VS コロプラ特許訴訟
ニコン、190 億円受け取りで ASML と和解
アップル、特許訴訟でクアルコムと和解 全世界で訴訟取り下げ
ブリヂストン、中国 WANLI タイヤ社との特許権侵害訴訟で勝訴

　公報が読める、ということは、公報に記載された技術内容がわかる、ということ。そして自社製品（サービス）との関係が確認できる、ということでもある。

　そこで本項では「公報の基本的な読み方」を説明する。初心者の方、日頃

特許業務に携わっておらず、たまに特許調査をする程度、という方を念頭におき、極力法律用語を使わず簡略化した説明を行う。特許法に基づく正確な説明を必要とする場合は、脚注の資料も参考にして欲しい [12] [13] [14]。

② 「公報」とは何か

特許とは「発明をした者に対して、国が特別に権利を許可」する制度である。特別に許可される権利の主な内容は下記の通りである。

一定期間、その技術を独占的に実施できる。

権利を侵害された場合、差止や賠償請求ができる。

実施権を許諾することができる（ライセンス）

侵害時の立証責任の転換

「特別な権利の許可」を求めるのであるから、発明の内容を文章で表現し、国（特許庁）に出願をする。この書類が「特許願」である。

特許願に記載された出願の内容は、一定期間経過後に公開される。（公開公報）

また、特許が認められた際は、権利内容が公示される。（特許公報）

---

12) 制度・手続き　https://www.jpo.go.jp/system/index.html

13) 特許庁　制度・手続き「初めての方へ」https://www.jpo.go.jp/system/basic.html

14) 特許庁　「デザイナーが身につけておくべき知財の基本」https://www.jpo.go.jp/resources/report/kyozai/chizai_kyozai-designer-kihon.html

発明を文章で表現。特許庁に提出（出願）

出願から1年6ヶ月後に「**公開公報**」
出願された内容を知る事ができる

特許にしてよいか審査される

新しいか？（新規性）
従来技術より進化しているか？（進歩性）　など

権利が特別に許可される（特許成立）特許料を納付する

登録時に「**特許公報**」
権利化された範囲を知る事ができる

権利が発生する
独占的な実施。排他的権利。

　言い換えると

　「公開公報」「特許公報」として公開された文章によって、技術の内容や権利化された範囲を知る事ができる。また、自社製品（サービス）との関係が確認できる。

③ 公報に書かれている事

出願から1年6ヶ月後に「**公開公報**」
出願された内容を知る事ができる
すべての出願が公開される

登録時に「**特許公報**」
権利化された範囲を知る事ができる

書誌事項	出願日　公開日　登録日 出願番号　公開番号　登録番号 出願人　発明者　特許分類　など	― （特許分類は一種の 技術情報）
要約、代表図	発明のポイント（公開公報のみ）	技術情報
請求項	権利の及ぶ範囲。権利書本体に相当	権利情報
背景技術・課題	発明の属する技術分野　従来技術の説明 従来からの課題　発明の目的	技術情報
発明の詳細な説明	課題を解決するための具体的な方法 実施例　実験結果　図面　化学式　組成 　など	技術情報

　公報には大きく分けて「書誌事項」「要約」「請求項」「背景技術・課題」「発明の詳細な説明」が掲載される。このうち「権利の内容」は請求項で、他の項目は権利を説明するための技術説明に相当する。

　本項の冒頭で挙げた「最近の特許関連事件」は、すべて特許権で争っており、「請求項＝権利範囲に、問題の製品（サービス）が含まれるか否か」が問題になっている、といえる。

④ 技術的内容を読む

　公報に記載された技術内容を把握するためには、まず従来の技術と問題点、解決したい方向性を把握する事が大切である。以下、特許第5306525号「チョコレート付きスティック状プレッツェルの製造方法」の記載内容を例に説明する。

　技術内容を把握するには、公報記載内容を「問題解決のストーリー」として読むと理解の助けになる事が多い。はじめに発明の名称・要約で「菓子の発明である」と把握。技術内容を読む場合は、要約に続く「特許請求の範囲」は一旦飛ばしても差し支えない。

公報を技術内容から読む

> **発明の名称・要約** 「チョコレート付きの菓子」に関する発明、と把握

> **発明の属する技術分野**
> 本発明は、チョコレート付きプレッツェル及びその製造方法に関し、詳しくは濃厚なバター風味を有するチョコレート付きプレッツェル及びその製造方法に関する。

生地練り込み→歯応えが悪化

> **従来技術1**
> プレッツェル生地に**バターを練り込む**場合、穀粉100重量部に対し30重量部程度が限度であり、それを超えるとグルテンの形成が不十分なため**成形性が悪化**したり、焼成後の生地ダレによる変形や強度不足による**折れ**が生じたり、**歯応えある食感**が実現できない。

チョコ→コーティングが困難

> **従来技術2**
> バター風味を向上するために、**チョコレートにバターを添加**すると、チョコの粘度が大幅に上昇し、プレッツェルに均一にチョコレートを**コーティングすることが困難**となる。

> **本発明の目的**
> 本発明は、**バター風味が濃厚で、歯ごたえのある食感**を有するチョコレート付きプレッツェル製品及びその製造方法を提供することを目的とする。

> **実施例(又は 請求範囲)**
> 目的を達成する具体的な方法はどんなものか? を読み取る

　「特許請求の範囲」の後には殆どの公報で「発明の属する技術分野」が記載されている。ここで「より詳しくは、濃厚なバター風味を有するチョコレート付きプレッツェル及びその製造方法」に関する発明であると確認する。

　続く「従来の技術」には、既存の技術とその問題点が記載されている。

　例題公報の場合は「生地にバターを練り込むと、成形性が悪化したり折れが生じたりする。また歯ごたえある食感が実現できない」「チョコレートにバターを添加すると、均一にチョコレートをコーティングすることが困難となる」という問題があり、バター風味を有するプレッツェルの製造は難しかったという問題点を述べている。

　そこで本発明の目的では「バター風味が濃厚で歯ごたえのある食感を有するチョコレート付きプレッツェル製品」を製造し提供することが目的である、と記載。発明の属する技術分野から本発明の目的は、一連のストーリーになっているのである。

　上記の目的を達成可能とした具体的な発明の内容、及びその説明が実施例であり、発明内容を権利範囲としてまとめた文章が「特許請求の範囲」となる。

⑤ 権利範囲を読む

　上記の問題点を解決可能とした発明内容を「権利範囲」としてまとめた文章。例題公報の「特許請求の範囲（請求項1）」を下記に示す。

> 小麦粉を含む穀粉100重量部に対しバターを5〜20重量部練り込んだスティック状の生地を焼成する工程、
> 澄ましバター及びバターオイルからなる群から選ばれる少なくとも1種のバター成分を焼成スティック状プレッツェルに上掛けして浸み込ませる工程、
> バター成分を浸み込ませたプレッツェルにチョコレートを被覆する工程

をこの順に含み、前記バター成分がスティック状プレッツェル 100 重量部に対し 10 ～ 20 重量部使用されることを特徴とする、濃厚なバター風味を有するチョコレート付きスティック状プレッツェルの製造方法。

(特許第 5306525 号)

権利範囲を読む際には、発明を構成要件に分ける事が基本となる。構成要件とは、文字通り「 発明を構成する技術要素」を差し、例えば部品や材料、工程などは技術要素といえる。上記の権利範囲は下記 A~D の工程に分けることができる。

A) 小麦粉を含む穀粉100重量部に対しバターを5～20重量部練り込んだスティック状の生地を焼成する工程

B)…バター成分を焼成スティック状プレッツェルに上掛けして浸み込ませる工程、

C) …プレッツェルにチョコレートを被覆する工程をこの順に含み、

D) 前記バター成分がスティック状プレッツェル100重量部に対し10～20重量部使用される…プレッツェルの製造方法。

次に権利の読み方、権利判断であるが、基礎的な手順は次の通りである。

1) 請求項に記載された発明を、いくつかの構成要件に分ける

2) 構成要件と製品とを対比

3) 権利の及ぶ範囲は「すべての構成要件を有するもの」

請求項に記載された発明に、製品と異なる部分が見受けられない場合は「侵害」。

言い換えると「請求項に記載されたすべての特徴を有する実施製品は侵害品」となる。

次の表は一番左に「本発明の構成（構成要件 A~D)」を、菓子 1~3 には本発明に似た、各種のチョコレート付きプレッツェル菓子の例を示したものである。表のように「単にスティック状プレッツェルにチョコレートをコーティングしたもの」は、構成 B、D を有さないので「非侵害」である。また菓子 3 はトッピングを加えた例だが、飾りなどを施し、外見上は差があったとしても、すべての構成要件（A~D）を備えていれば「侵害」となる。

構成要件	菓子1	菓子2	菓子3
本発明の構成 ↓			
A　スティック状の プレッツェル	○	○	○
B　バターを染みこ ませる	－	○	○
C　チョコレートを 被覆	○	○	○
D　バターの使用率	－	○	○
			+トッピング
判断→	非侵害	侵害	侵害

本発明の特徴(構成要件)を
すべて備えている　＝　侵害

◇侵害ではないか、と思ったときは

　上記の「構成要件の読み取り」はあくまでも「基礎の基礎」である。

　業務の場面では、以下のポイントも是非念頭に置いて頂きたい。

1) 落ち着いて「権利が有効か？」を確認

　公開公報は「権利化を申請した内容」であって、権利が許可された内容ではない。公開公報ならば、まず「その後登録になっているか」を確認しよう。

　登録されていた場合、また、特許公報を確認していた場合は「権利が有効か？」を確認しよう。一旦登録されていても、出願から 20 年が経過し権利が切れていたり、維持費用を払っていない（年金未納）ため権利が無効に

なっている可能性もある。権利が有効か否かの確認方法は「2-4 審査経過情報」に記載している。

2) 明細書本文も参考にする。

　構成要素は抽象的に記載されていることが多い（上位概念）。例えば特許請求の範囲に「穀類製品」と書かれていた場合、「どんな穀類でも権利範囲に入るのか（小麦・大麦・米…）」「どんな製品でも権利範囲に入るのか（麺、パン、菓子…）」と言うと、多くの場合答えは「否」で、明細書本文や実施例で詳しく説明されている内容に限定される事も多い。権利範囲を正確に把握するためにも、明細書本文を参考にするとよい。

3) 難しい時は知財部門・弁理士（特許事務所）など、権利範囲を正確に把握できる専門職に相談。

　自力での権利範囲の解釈が難しい場合は、知財部門や弁理士への相談を強く推奨する。権利範囲の解釈は、先に述べた実施例の記載の他、経過情報からの判断、場合によっては裁判例などを加味して行うものであり、また、製品との関連性ではグレーゾーンが残るケースも珍しくない。自己判断、特に自己流での「大丈夫」「問題ないだろう」という判断は危険である。

4) 成立した特許権も無効化できる場合がある。（異議申立・無効審判）

　成立した特許権も無効化できる場合がある。異議申立、無効審判などの制度の利用である。異議申立・無効審判を行う際には、その特許権が無効である理由の提出が必要である。多くの場合は「新規性、進歩性を否定する資料」を探し出し特許庁に提出する（無効資料調査）。　異議申立・無効審判には、申立ての可能な時期や条件が定められているため、無効化を検討する場合も専門家（知財部門・弁理士）への相談を推奨する。

1-5 特許調査の種類と特許調査の基礎

　本項では特許調査の種類について、場面と目的別にその概要を述べる。種別毎のテクニックや注意点については、「3-4 調査の種類とポイント」で項を改めて詳述する。

1 企業活動と特許調査の主な種類

　図に企業活動とこれに関連した知的財産活動、及び特許調査の主な種類を示した。

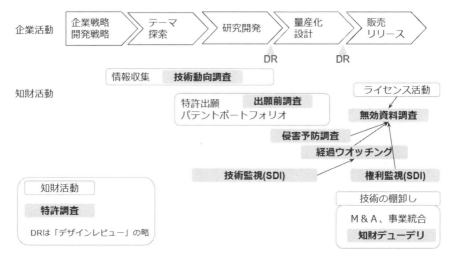

　図の一番上は企業活動のフェーズである。企業活動は企業の中長期の戦略や研究開発戦略からスタートする。また、図示しないが企業の歴史やカルチャーが色濃く影響する例が多い。本書では

・企業戦略（中長期）

・テーマ探索

・研究開発

・量産化設計

・販売

の段階に分けて例示した。

　特許調査においては、「この段階でこの調査をしなくてはならない」もしくは「この調査を行ってはならない」等の決まり事が存在するわけではない。

　存在するのは「この時期にこの種の調査をすると業務を効果的に進められる」という、一種の「目的志向」であり、目的に沿って特許調査が実施される。

② 各種特許調査の呼称例

　以下、各種特許調査についてその場面や目的を説明していくが、特許調査の種類に関しては、業界ごと、また企業ごとに色々な呼称が存在する。すべてを網羅するのは難しいが、筆者の経験した範囲での呼称例を図に示す。

本書での呼称	呼称の例
①技術動向調査	動向調査、他社動向調査、ベンチマーク調査、先行例調査
②出願前調査	特許出願前調査、先行例調査
③侵害予防調査	パテントクリアランス、実施前調査、FTO、抵触性調査
④無効資料調査	有効性調査、先行例調査、先行資料調査、異議資料調査
⑤ SDI	ウオッチング調査

①技術動向調査

　「技術動向調査」は、広く情報収集を目的として実施されることが多い。一言で技術動向調査と言っても、その目的とレベル感には非常に幅がある。下記に目的・レベル感の異なる技術動向調査の例を挙げる。

1)「耐熱性の高い樹脂」という自社技術がある。既存製品以外の用途で、新

しい販売先を探索する事はできないか？（用途探索）

2)「画像の類似判定アルゴリズム」を応用して新たな産業分野に進出したい。この分野で多くの特許を保有する企業について情報を知りたい。（技術動向＋出願人動向）

3)「二次電池用のセパレーター向き不織布」の開発を進めている。近年、トレンドになっている材料や競合他社が注目している材料を特許情報から把握したい。（技術動向）

　上記1）〜3）は同様に「技術動向調査」にカテゴライズされることも多いのだが、その目的や調査範囲は大きく異なっており、その調査対象の広さは概ね1）＞2）＞3）と推定される。

　調査目的によって調査範囲の広さが大きく異なるのが技術動向調査の特徴の一つであり、調査の目的・調査範囲の把握が技術動向調査の成否を左右する、といえる。

②出願前調査

　国内あるいは海外特許庁に特許出願をする前に、その技術・アイデアについて、類似した内容が公知になっていないかを確認する調査である。

　その目的は

・特許審査で簡単に拒絶されない（新規性・進歩性の事前確認）

・より広く有効な権利の取得

・強い特許網の構築（パテントポートフォリオ）

のうち一つ、あるいは複数を目的とする事が多い。

　代理人に特許明細書作成から出願手続を依頼する場合、特許出願には数十万円程度の費用がかかる。特許審査で拒絶された場合、この費用が無駄になる可能性もあることから、特許出願前に類似の内容が公知になっていないかを確認するのが、出願前調査の主目的である。

　また、類似の内容が公知になっていた（先行例）としても、本願の特許明

細書において先行例との違いを説明し、本件の特徴を際立たせる事によって、出願前調査がより有効な権利の取得につながる可能性もある。

③侵害予防調査

　製品・サービスの投入前に、その製品が第三者の特許権を侵害するおそれはないかを確認するために実施する調査である。

　「特許権は国ごとに設定される」という性質から、海外で製品・サービスを製造／販売／提供する場合は、対象国ごとに調査を行うのが原則である。

　また「特許権を侵害していないか」を確認するため、調査対象としては、まず生存中の特許権を選択する（生存中特許権に、今後権利化の可能性のある公開特許を加える場合もある。）。

　他社特許を侵害した場合、製造販売の差し止めや損害賠償、ライセンス料の支払い、またそれらの対応も含めて、自社事業に大きな影響は避けられない。したがって侵害予防調査では一般的に高い再現率（漏れの少ない調査）が求められる。

　侵害予防調査の対象は「権利範囲」すなわち「特許請求の範囲の記載が、実施予定の製品と関係する公報」を探す調査である。特許請求の範囲は一般的に上位概念で記載されることから、単純なキーワード検索では探しにくい特許権も数多く存在する。特許分類の併用をはじめとするインデックスの知識や、データベースの挙動に関する知識を学ぶことは、侵害予防調査を筆頭とする「高い再現率を要求される調査」の遂行に有用であると考えられる。

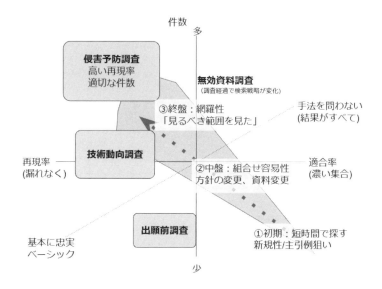

④無効資料調査

　特定の特許出願を対象に「その特許を無効化するための先行資料を探す調査」の総称が無効資料調査である。

　無効資料調査の目的（利用場面）は広く、以下のような調査目的が挙げられる。

・SDI（定期監視）調査で、将来自社事業の障害となりうる公開特許を発見した。情報提供を検討したい。
・登録特許のSDIで、自社製品に関連しそうな登録特許を発見した。無効化を検討したい。
・SDI調査（公開／登録）で、クロスライセンス先の気になる出願を発見した。次回ライセンス交渉に備え、先行資料調査を実施しておきたい。
・侵害予防調査で問題特許を発見した。無効化を図りたい。
・クロスライセンスの更新で先方から特許リストを受け取った。自社事業と関連性の高い特許から順に無効化を図りたい。
・他社から警告状が来た、または特許権侵害で提訴された。

・M&A の検討が始まっている。相手先の特許権が無効理由を含んでいないかどうか、確認作業を進めたい（特許購入予定時）。
・自社特許で権利行使を考えている。有効性を確認しておきたい。

　以上のように、無効資料調査のタイミングや目的は様々であり、それぞれのレベル感にも幅があり、概ね下記のようなレベル感が存在する、と推定される。

　1）何か関連資料が見つかれば OK
　2）請求項を減縮できる程度の資料が欲しい
　3）警告への反論・無効主張ができるレベル
　4）草の根を分けても探す。必ず無効化する

　また比較的「緊急の調査」が多いのも無効資料調査の特徴である。すなわち、持ち時間とレベル感で調査の進め方が変動しやすく、レベル感の見極めも重要であろう。

　無効資料調査には「調査の段階・状況に応じて調査戦略が順次変化していく」という特性がある。便宜上 i）初期　ii）中盤　iii）終盤　に区分して説明する。

i）初期　短時間で適合率重視

　無効資料調査には「強い先行例を見つけることができれば、検索漏れはさほど問題にしない」という特性がある。これは侵害予防調査との大きな違いといえる。特に早い段階で有力な先行例を発見できた場合は、調査以降の業務が一変する可能性がある（特許権者への対応時間に余裕ができる、等）。
　このため無効資料調査の初期段階には「適合率の高い集合を素早く作る」と、大きな成果につながる可能性がある。

ⅱ）中盤　組み合わせ容易性の検討、調査方針・調査対象の検討

　初期段階で強い先行例が見つからなかった場合、一般的に進歩性（組み合わせ）で資料を探す事となる。組合せの可能性は複数考えられるが、説得力のあるもの、ないものが存在しうる。調査戦略の立案においては審査基準（新規性・進歩性の判断）の知識も有用であろう。資料発見状況によって、調査方針を変える、調査対象の技術分野を変更するといった方針変更も検討しなくてはならない。

　また無効資料には国内の特許文献（公報類）に限らず、外国特許や非特許文献（学術文献、カタログ、雑誌など）も利用することができる。一般的な無効資料調査では国内公報からスタートするケースが多いと推定されるが、国内公報で有力な資料が発見できなかった場合、外国公報に切り替えるのか、非特許文献が適切か、こういった「調査対象の変更」も中盤でスタートすることが多い。

ⅲ）終盤

　先ほど無効資料調査のレベル感について述べたが、特に 4）「必ず無効化する」でありながら、調査が難航した場合「有効な資料が存在しない事を証明する」調査が求められる場合がある。調査続行する中で有効な先行例が見つかれば問題ないのだが、発見できなかった場合は「先行例が存在する可能性のある範囲はすべて見た」という形で調査終了となるケースが多いと推定される。この場合「可能性のある範囲はすべて見た」点が 重視され、調査は再現率重視となる。

⑤ SDI（定期監視）

　ある特定の条件でヒットする公報を定期的にチェックする調査である。SDI は、Selected（選択された）、Dissemination（配信）、Information（情報）の略で、関心のある特許情報だけを選択的に配信する事を意味する。

　他社の技術開発状況の監視を主目的とした「公開公報の SDI」と、権利化

状況の監視を主目的とした「特許公報のSDI」に大別される。

SDIで重要なことは二つ。

---

1) 配信された情報を確実にチェックする
2) ピックアップ公報へのアクション・情報共有

---

1) 配信された情報を確実にチェックする

SDIをつい溜め込んでしまう、溜め込みすぎて見ることができなくなった、という話を時折耳にする。これではSDIを実施していないのと同じである。

確実にチェックするためには様々な施策が考えられるが、簡単なものでは配信件数を増やしすぎないこともその一つである。1回あたりの配信件数が多い場合、出張や繁忙期が続き、2、3週間チェックできないと、その後の負荷が非常に大きくなる。多少忙しくなっても無理なく回せる現実的な件数、というのも一つの目安であろう。

また開発部門全体をまとめた配信条件から、技術テーマごとの配信条件に変えることによって 配信内容への関心度が高まり、結果的に情報を確実にチェックできるようになったという事例も存在する。

2) ピックアップ公報へのアクション・情報共有

ピックアップした公報は、公開公報であればその後の権利化状況を確認する「経過情報ウオッチング」を継続することが好ましい。審査の状況によっては権利範囲が減縮され、ウオッチングを継続する必要がなくなるケースも考えられる。従って、SDI自体は技術部門が主体で実施している場合であっても、知財部門がウォッチングのフォローを行い、両者で情報共有を行うのが理想的である。

第2章

特許調査の
基本的なテクニック

2-1 「簡易検索」と J-PlatPat の基本操作

　この項目では J-PlatPat の「簡易検索機能」を利用しながら操作・機能の確認を行う。J-PlatPat の操作に慣れている方は飛ばして頂いても構わない。

　J-PlatPat のトップページ[1] にアクセスした際、表示されているのが簡易検索である。

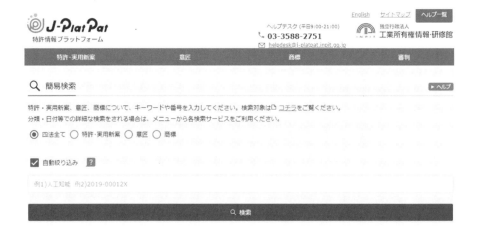

　初期表示では四法すべてが選択されている。また、同じく初期状態で選択されている「自動絞り込み」とは、該当件数を自動的に 3000 件以内に絞り込む機能である。検索結果の表示は 3000 件が上限であるため、このような機能が準備されている。

---

1) https://www.j-platpat.inpit.go.jp/

1 キーワード検索

　試しに「食品」で検索すると、下に示すように自動絞り込みが働き下のように特許・実用新案は 2204 件に絞り込まれた。なお、簡易検索では「キーワード」または「番号」で検索が可能である。番号は自動認識（四法種別がなくても当該番号を含む公報があれば検索）される。

☑ 自動絞り込み　?

> 食品

```
                                              🔍 検索
```

🔍 検索結果一覧

特許・実用新案 （2204）	意匠 （2324）

検索結果が3000件を超えたため（135397件）公知日/発行日で絞り込みを行いました。

　キーワードでの絞り込みの方法はもう一つある。「複数キーワードをスペース区切りで入力する」方法である。［食品　乳酸菌　健康］と入力すると該当は 314 件になる。簡易検索で複数のキーワードを入力した場合は自動的に「AND 演算」（入力した語すべてに合致するものを検索）が行われ（特許・実用新案検索では「OR 演算」）、番号と見なされる文字列を入力した場合は自動的に OR 演算（いずれかに該当するものを検索）となる（「1-2 データベース検索の基礎」参照）。

☑ 自動絞り込み ❓

食品 乳酸菌 健康

🔍 検索

🔍 検索結果一覧

特許・実用新案 (314)	意匠 (0)

　検索結果の下には「検索一覧オプション」、続いて「結果一覧」が表示される。この表示形式は「特許・実用新案検索」でも共通で、全体的には縦にスクロールしながら利用するデータベース、とイメージしておくと良い。（ちなみに検索条件を変更したい時にはページの最上部までスクロールする。）

　画面表示順に従い、検索一覧オプションを説明する。一覧オプションは簡易統計と絞り込み検索を併せ持つ機能である。公知年別／ FI 別の該当件数は簡易統計であり、その中で特定の年、あるいは特定の FI を選択すると絞り込み検索として作用する。

検索一覧オプション

公知年別 ： 全て ｜ 2019年(3件) ｜ 2018年(8件) ｜ 2017年(4件) ｜ 2016年(12件) ｜ 2015年(12件) ｜ (9件) ｜ 2011年(10件) ｜ 他(243件)

FI別 ： 全て ｜ A23(297件) ｜ A61(160件) ｜ C12(90件) ｜ A21(10件) ｜ C07(10件) ｜ C08(5件) ｜ A C02(3件)

一覧画面の表示指定 ❓ ：

◉ 最先公知優先 ○ 公告・登録優先

　なお「最先公知日」とは「最初の公報が発行された日」である。多くの場合は特許公開日なのだが、登録実用新案の場合は「登録日」、早期審査対象の特許で、公開公報より先に特許公報が発行された場合は「登録日」が公知日になる。

　「一覧画面の表示指定」は、公開系／登録系、両方の公報が発行されている場合に、公報番号の表示を切り替えるものである、「最先公知優先」の場合は最先公知日の公報番号を表示する。「公告・登録優先」の場合は、公告・登録公報の番号を優先して表示する（ソート符号を▼（降順）にすると公告・登録公報から表示される）[2]。

② キーワードの異表記展開機能 （特許・実用新案検索ヘルプより）[3]

　公報には、同一の意味であっても異なる表記で記載されている場合があるため、入力されたキーワードを異なる表記に展開（異表記展開）して検索を行っている。

　自動的に展開される表記は以下のとおり。

> 長音記号「ー」、マイナス「−」、ハイフン「‐」、ダッシュ「—」

例：「1‐2」と入力した場合、「1ー2」、「1−2」、「1‐2」、「1—2」で検索される。

> 平仮名と片仮名のよう音、及び促音（「ア」と「ァ」、「ッ」と「ッ」、「よ」と「ょ」など）

---

2) 用語「文献番号」：ヘルプ［？］表示では「最先公知日の公報の文献番号を表示する」「公告・登録番号の文献番号を優先して表示する」と表示される（2019 年 8 月時点）。J-PlatPat や特許庁サイト内での「文献」は概ね「公報」と読み替えることができる。（なお「先行文献」≒「先行資料」なのだが、この文脈では文献＝特許文献＋非特許文献、と読み替えるのが妥当と思われる。）

3) 異表記展開について　https://www.j-platpat.inpit.go.jp/manual/ja/topics/four_point.html

例：「シェア」と入力した場合、「シェア」、「シエア」、「シィア」、「シェァ」
で検索される。

全角 ／ 半角

例：半角で「book」と入力した場合、全角「ｂｏｏｋ」や半角「book」な
どで検索される。

アルファベットの大文字、小文字

例：大文字「ABC」と入力した場合、「ABC」以外にも「abc」や「Abc」
などで検索される。

なお、上記以外の異表記については自動的に展開されないため、以下の例
のように各キーワードをスペース区切りで入力し、OR検索を行う。

自動展開されない例 （スペース区切りで入力する）
　　プレイヤー　プレーヤー
　　バイオリン　ヴァイオリン
　　センチメートル　cm

また、英文では活用形による展開が自動的に行われる。
例えば、動詞「see」と入力した場合、過去形「saw」、過去分詞「seen」、
現在分詞「seeing」、三人称単数形「sees」でも検索される。

③ 結果一覧と印刷・CSV 出力機能

結果一覧の周辺には各種の表示用機能／出力用機能がレイアウトされてい

る。画面左側から主な機能を説明する。

・ソート機能:文献番号（公報番号）、出願番号等の欄に表示された▲がソート（並べ替え）機能である。クリックで昇順（▲）／降順（▼）を切り替える。
・文献（公報）表示画面の表示形式：テキスト表示／PDF 表示を切り替える
・分類コードランキング：FI メイングループ（例：A23B9）単位の該当件数ランキング。分類コードのリンクから分類表画面を参照可能
・出力機能：一覧印刷、CSV 出力

一覧表示画面

　一覧印刷は、検索結果の一覧表示画面と同等の内容を印刷用に表示する機能である。

　表示内容の選択、カスタマイズはできない。またソート機能、公報や分類へのリンクは無効となる。

一覧印刷画面の例　（番号、分類等のリンクが無効になっている）

| | | | | | | 印刷 | | | |

Q 検索結果一覧(国内文献)

No.	文献番号	出願番号	出願日	公知日	発明の名称	出願人/権利者	FI
1	特開2019-116468	特願2018-235522	2018/12/17	2019/07/18	オゴノリ科植物の水抽出物または その発酵体の使用、ならびに 神経疾患を治療および／または 緩和する医薬組成物および／ま たは健康食品	財団法人工業技術研究院	A61K36/04 A23L33/105 A61K9/14 他
2	特開2019-106977	特願2017-255318	2017/12/15	2019/07/04	コンニャク糊とオリゴ糖とプロ バイオティクスを一度に食べら れるヨーグルト	相澤　利夫	A23L33/10 A23L33/135 A23L33/125

　CSV 出力は検索結果が 100 件以下の場合のみ使用できる（100 件を超えて いる場合は、絞り込みを促すメッセージが表示される）。　またユーザー登 録（無料）が必要である。「CSV 出力」選択で右上に利用申請が表示される。

■CSV認証　　　　　利用申請　　ご利用申請はこちら

ユーザIDとパスワードを入力して下さい。

ユーザID

パスワード　　●●●●●●●●●●●●

パスワード変更　　ID・パスワードを忘れた方はこちら

ログイン　　　　　閉じる

CSV 利用申請にはメールアドレス、パスワードのみが必要である。

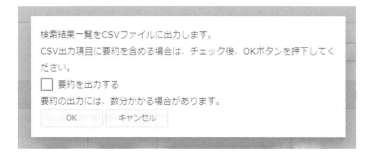

出力項目は基本的に選択できない（これは特許・実用新案検索でも同様である。）。要約出力の有無を選択できる程度である。出力開始されると、一覧画面の右下隅にメッセージが表示される。ダウンロードも同じく画面右下隅である。

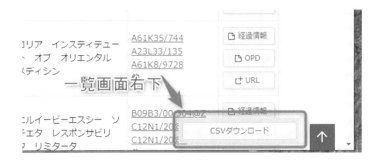

　CSV 出力データの例を示す。前述の通り出力項目は基本的に選択できない。要約の有無を選択できる程度である。各種の番号・日付、発明の名称、出願人／権利者、ならびに文献 URL が出力される。文献 URL はいわゆる「固定 URL」で、出願単位[4] で設定されている。

CSV 出力データの例

4　公報表示と PDF ファイルの入手

　公報表示は一覧表示の「文献番号（公報番号）」からリンクをクリックし

---

[4]　出願単位の固定 URL：同一出願で公開公報と特許公報があった場合、別個に表示されるのではなく、出願番号単位で紐付けられ、単一の固定 URL として表示される。後出の「文献固定 URL 表示結果の例」の画面も参照。

て行う。またテキスト表示／ PDF 表示の切り替えが可能である。この表示切り替えも特許・実用新案検索と共通である。また、詳細表示後にもテキスト表示／ PDF 表示の切り替えは可能である。

　下記はテキスト表示画面全体を示す例である。左にテキスト表示、右に図面表示の構成であり、この例のテキスト表示は　書誌／要約／請求の範囲／詳細な説明／図面／配列表　と分かれている。図面や配列表を含まない出願もあり、また、公表公報（国際出願）の場合は末尾にサーチレポートが表示されるケースが多い。各項目右側の［開く＋］から内容表示できる。

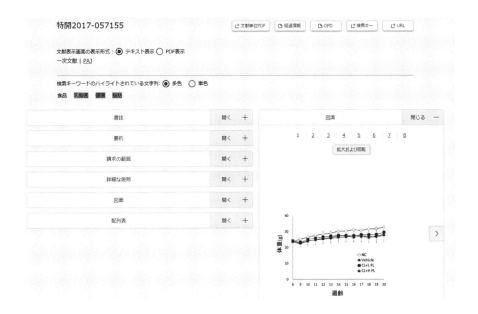

下は画面上部より PDF 表示に切り替えた例である。この表示モードでは公報1ページ = PDF1 ファイルで構成されている。(つまり、10ページの公報は10ファイルに分かれている)

1ファイルに複数ページを収録した公報 PDF データを入手したい場合は、画面上部の「文献単位 PDF」を利用する。

5 固定 URL 機能

J-PlatPat における固定 URL とは「各出願単位に対して個別に設定されており、基本的に変動しない URL」と定義できるかと思う。固定 URL は、固定リンク、パーマリンクとも呼ばれる事がある。なおパーマリンクとはパーマネントリンク(Permanent Link)の略である。

固定 URL は CSV 出力から一括出力できる(上限は1回100件)。また、公報表示画面右上の[URL]ボタンから個別に入手可能である。

文献固定 URL 表示結果の例

文献表示画面の表示形式： ○ テキスト表示 ● PDF表示

No.	出願番号 ▲	公開番号 ▲	公告番号 ▲	登録番号 ▲	審判番号	その他	各種機能
1	特願2001-560349	WO01/060977	-	特許4207108	-	再表01/060977	📄 経過情報 📄 OPD

6 経過情報

　経過情報は一覧表示、または公報表示画面上の［経過情報］ボタンで表示する。経過情報／出願情報／登録情報／審判情報の各タブを切り替え情報表示する（審査状況によって表示されないタブもある）。また、表示形式の切り替えも適宜利用できる。

7 OPD とは

　OPD とは「ワンポータルドシエ」の略称である。ワンポータルドシエとは、五大特許庁（日米欧中韓）が主体となって運営する「ドシエシステム」の一つで、加盟する各特許庁の経過書類照会システムを相互接続した仕組みである。日本のワンポータルドシエでは、五大特許庁に加え WIPO-CASE 参加

庁[5] の経過書類も閲覧可能である。画面上［OPD］のボタンから利用する。

下図は OPD 照会結果の例である。主な機能は

・パテントファミリー表示

・引用情報の表示

・経過書類の表示（PDF 等。書類内容が確認できる）

・経過情報の表示（イベント名＋日付）

・公報の表示である。

なおすべての国・地域で前記すべての表示ができるわけではなく、ファミリー番号のみが表示される国、ファミリー番号＋経過情報のみ表示される国なども多く存在する。

OPD 画面より［すべての分類・引用情報を表示］で、各国の特許庁が保有する引用文献情報を一括表示できる。この機能も特許・実用新案検索と共通である。引用情報では、引用文献番号やカテゴリー（X 文献、Y 文献、A

5）WIPO-CASE https://www.wipo.int/case/en/

文献）、引用箇所、対象の請求項などが表形式で表示され、利便性が高い[6]。

＜特許文献関連＞

起案日：2019-01-29　　　　引用種別：拒絶理由通知書

No.	引用文献番号	形式	公知日	カテゴリ	引用箇所	請求項
1	EP.2428254.A	docdb	-	Y,X	-	8,1,3,5-7,9-10
2	JP.H0418974.A	docdb	-	Y	請求項, Page3 Upper-left-column Line18 - Lower-left-column Line5	8
3	JP.H04506165.A	docdb	-	A	Whole Document	-

---

6)　引用情報の一括表示で OPD と同じ情報源（欧州特許庁の docdb）を利用した類似システムとしては Common Citation Documents がある。 http://ccd.fiveipoffices.org/CCD-2.1.8/

J-PlatPat の更新予定と
収録範囲（蓄積情報）の確認

特許データベースの「収録範囲」とは、

1）どの国の公報を収録しているか。

2）どの公報種別（公開／登録）を収録しているか。

3）いつからいつまでの公報発行分を収録しているか。の情報である。

また「更新予定」とは、各収録情報の更新頻度や次回更新予定の情報である。

J-PlatPat の「特許・実用新案検索」ならびに「特許・実用新案番号照会／ OPD」では、いずれも検索画面左下の「＋関連情報」から収録範囲（蓄積情報）を確認できる。

　「関連情報」内には「データ更新予定」「文献蓄積情報」のメニューが表示される。

　「データ更新予定」には特許・実用新案の他、意匠、商標、審判の各更新予定が掲載される。例えば特許・実用新案の更新予定は「毎週水・木曜日（公報発行日）」であり、公報発行毎に毎週データ更新されている。

　「文献蓄積情報」は法域毎に「特許・実用新案」「意匠」「商標」「審判」と分かれて掲載されている。「特許・実用新案に関する審判情報の蓄積」について知りたい場合は、審判メニュー表示後に、同じくページ左下「＋関連情報」を確認する。

　特許・実用新案の蓄積範囲には「国内文献（国内公報）」「外国文献（外国公報）」「非特許文献」が掲載される。

目 文献蓄積情報(特許・実用新案)

表示可能な文献の蓄積範囲は、以下の通りです。

最終更新日
2020/01/09

国内文献			閉じる ─
文献種別	蓄積範囲		最終蓄積番号
A：公開特許公報	昭46-000001	～	2019-221136
A：公開特許公報テキスト(紙公報)	昭46-000001	～	平04-373400
A：公表特許公報	昭54-500001	～	2019-537923
A：公表特許公報テキスト(紙公報)	昭54-500001	～	平07-509837
B：公告特許公報	大11-000001	～	平08-034772
B：公告特許公報テキスト(紙公報)	昭45-000044	～	平05-088920
B：特許公報	2500001	～	6628610

　図中「最終更新日」と示した箇所の日付は、国内文献が最後に（最も最近）更新された日付である。また「最終蓄積番号」と示した番号は、各公報種別で最も新しい番号である。

特許リストの xlsx / csv 出力ー Espacenet

　欧州特許庁の Espacenet（URL https://worldwide.espacenet.com/）
は 2019 年末に新システムへの移行が実施され、各種機能強化が図られ
た。なお、従来の検索画面は Classic Espacenet の名称で 2020 年末頃ま
で並行稼働する予定とのことである。

　以下、本コラムでは 2019 年末刷新版を「新 Espacenet」として説明する。

　新 Espacenet では 3 種類の出力機能が搭載された。

　　1）リスト出力｜ xlsx 形式

　　2）リスト出力｜ csv 形式

　　3）フロントページ出力｜ pdf 形式　　である。

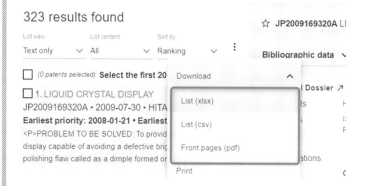

　リスト出力（xlsx ／ csv ）の出力件数上限はいずれも 100 件である。
J-PlatPat と同様、出力項目の選択はできない。

Espacenet のリスト出力（xlsx 形式）の特徴

1）Espacenet へのリンク

　Publication number　の項目には Espacenet への固定リンクが挿入さ
れる。Espacenet はパテントファミリー情報や INPADOC リーガルス
テータスを持つことから、固定リンクの有用性は高いと考えられる。

2）検索条件の出力／保存

　Result（結果一覧）とは別シートで Query（検索条件）を出力する。検索条件はリンク形式であり、クリックで Espacenet の検索画面が起動、検索条件を再現するようになっている。

引用情報の出力 （CCD）

　パテントファミリー内の引用情報を一括表示／出力するシステムの元祖、と言えるのが Common Citation Documents（CCD）[7] である。五大特許庁（IP5）が共同運営し、欧州特許庁が保有する docdb データがベースとなっている。

　CCD はその名の通り引用情報（Citation Documents）に特化したオンラインシステムである。検索機能は番号検索のみ。照会番号に対して、ファミリー公報とその引用情報だけを表示する。多機能化が進む特許データベースの中にあっては、シンプルなサービスの部類である。
　検索画面上から Original Document を呼び出し、引用公報入手も可能である。

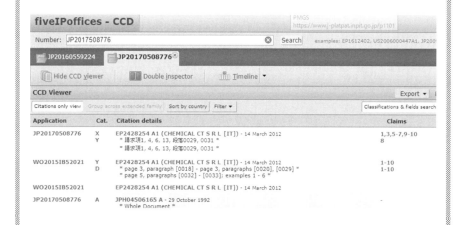

　下図は CCD の Export（出力）機能で、Excel 出力を行った結果である。ファミリー公報、及び引用公報へのリンクが設定されている。下図で

7）http://ccd.fiveipoffices.org/CCD-2.1.8/

は非表示だが、非特許情報（文献類）の書誌情報も出力される。

fivelPoffices Provided by the EPO

European Patent Office　Japan Patent Office
Korean Intellectual Property Office　State Intellectual
Property Office of the People's Republic of China
United States Patent and Trademark Office

Europäisches
Patentamt
European
Patent Office
Office européen
des brevets

Application JP20170508776

INPADOC family has approximately 1 simple families with 14 family members
Loaded 1 simple family with 14 family members

Filter "Hide applicant cita... ファミリー公報　　　　　　　　　引用公報
Filter "Hide applications without citations"　Espacenetにリンク　　　　Espacenetにリンク

Fa	App	ApplnCC	ApplnNrEPODOC	ApplnNrDOCDB	C	CitnOrigin	CitnType	PublnNr	PublnDate
1	1	TN	TN20160000477	TN2016000477					
1	2	BR	BR20161125084	BR112016025084					
1	3	MA	MA20150039375	MA39375					
1	4	MX	MX20160013641	MX2016013641					
1	5	JP	JP20170508776	JP2017508776	1	National Search Report	PAT	EP2428254	2012-03-14
1	5	JP	JP20170508776	JP2017508776	2	National Search Report	PAT	JPH0418974	1992-01-23
1	5	JP	JP20170508776	JP2017508776	3	National Search Report	PAT	JPH0450616	1992-10-29
1	6	CN	CN20158023573	CN201580023573					

2-2 「特許・実用新案検索」と基本テクニック

　本項では J-Platpat の検索メニュー「特許・実用新案検索」[8) の操作を例に、特許調査の基本テクニックと注意点を解説する。具体的には「 キーワード検索」「各種番号による検索」「日付指定・期間指定」「出願人検索」「発明者検索」である。分類検索は項を改め、次項「2-3 特許分類を使った検索」で扱うこととする。

① キーワード検索

　ある技術に関連する特許を探したい、調べたい場面では、技術用語を使った検索が広く使われる。また「1-2 データベース検索の基礎」の「 ⑦ 分類と概念」「 ⑧ キーワード検索と分類検索との比較」でも説明した通り、キーワード検索は予備知識なく、気軽に、スピーディに行える検索でもある。

　J-Platpat の「特許・実用新案検索」は 下図のような画面からなる。検索画面の最上部には検索方法の選択メニューがある。「選択入力」「論理式入力」の 2 項目である。ここではまず「選択入力」の例で説明を進める。 本項ではキーワード検索の例を中心に説明するため、検索実行から情報表示までの基本操作は「2-1「簡易検索」と J-PlatPat の基本操作」も参照していただきたい。

---

8)　J-PlatPat 「特許・実用新案検索」 https://www.j-platpat.inpit.go.jp/p0100

🔍 特許・実用新案検索　　　　　　　　　　　　　　　　　　　　　　　▶ ヘルプ

書誌的事項・要約・請求の範囲のキーワード、分類（ＦＩ・Ｆターム、ＩＰＣ）等から、特許・実用新案公報、外国文献、非特許文献を検索できます。
対象の文献種別や検索キーワードを入力してください。（検索のキーワード内は、スペース区切りでOR検索します。）
分類情報については、🗋 特許・実用新案分類照会(PMGS)を参照ください。

選択入力	論理式入力

検索方法の選択

テキスト検索対象
◉ 和文　◯ 英文

文献種別	詳細設定 ＋

☑ 国内文献（ao）　☐ 外国文献　☐ 非特許文献　☐ J-GLOBAL

検索キーワード

検索項目	キーワード	
書誌的事項　∨ 🔗	例）インフルエンザ	近傍検索 🔗

❌ 削除　　　　AND

　特許・実用新案検索の初期表示では、検索項目とキーワードのセットが
4行並んでいる。下記は2行分を示した模式図である。　検索項目1行には、
複数のキーワード（検索語）を入力できる。同じ行内のキーワードは、スペー
ス区切りでOR検索される。また、異なる行（例：1行目と2行目）は常時
AND検索される。（OR検索とAND検索については、「1-2 データベース検
索の基礎」を参照）

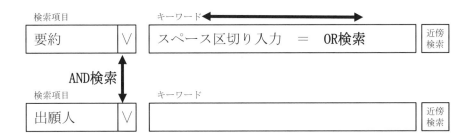

検索例

みかん　または　トマト、いずれかを使った果物ジュースに関連する公報を探す。

日本国内で発行された特許実用新案を対象とし、出願時期の限定は不要である。

また、公開／登録の公報種別は問わないものとする。

---

①検索方法－選択入力

　特許データベース検索に利用できる検索項目にはいくつか種類がある。公報（明細書）中の独立した項目は、検索対象としても独立していることが多く、代表的な例としては発明の名称、要約、特許請求の範囲、全文　などがある。特許・実用新案検索のメニュー上ではプルダウンあるいはポップアップで検索対象を選択する。

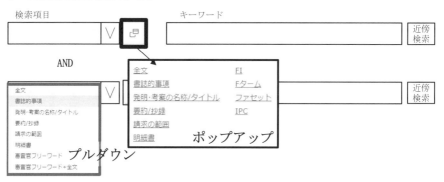

　「にんじん　または　トマト、いずれかを使った野菜ジュース」の検索をベン図と論理検索子で表現すると右図のようになる

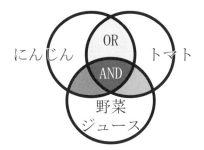

(にんじん　OR　トマト)　AND　野菜ジュース

　「特許・実用新案検索」の行内はスペース区切りで OR 検索、異なる行は AND 検索であるから、にんじんまたはトマトいずれかを使った野菜ジュースを検索するには次のように入力する。

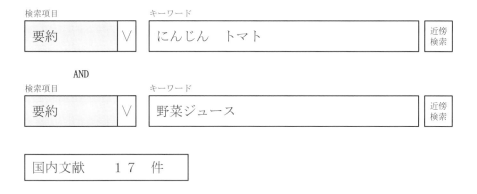

検索項目		キーワード	
要約	∨	にんじん　トマト	近傍検索

AND

検索項目		キーワード	
要約	∨	野菜ジュース	近傍検索

国内文献　　１７　件

　検索実行すると「国内文献 17 件」と結果が出る。(以降、記載する該当件数はすべて 2019 年 8 月時点の参考例である。時間経過、新規公報発行により該当件数は随時変化する点、ご了承頂きたい。)(検索実施以降、詳細表示・出力の操作は「2-1「簡易検索」と J-PlatPat の基本操作」参照)

◇基本テクニック１：キーワードの長さ

　同じ文字列を含む検索キーワード(例：「野菜ジュース」と「ジュース」)

を思いついた場合、どちらを選択するのが適切だろうか。一般的に、日本語・英語などの「自然語」（人間の話し言葉・書き言葉）のキーワードを利用した場合、その文字列の長さと検索結果には一定の関係が生じる。

文字列	該当件数	集合の精度（適合率）	検索漏れ（再現率）
短い 例：ジュース	増える	下がる（ノイズが多い）	少なくなる
長い 例：野菜ジュース	減る	上がる（ノイズが減る）	多くなる

　この例でも2行目のキーワードを「野菜ジュース」から「ジュース」に変更すると、件数は17件から107件に変動し、90件の増加である。

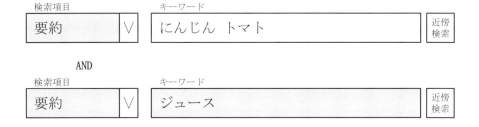

　増加した90件には、調査概念に合致した公報、具体的には「野菜ジュースと記載してはいないが、トマトを含む飲料」などを記載した場合が含まれることになる。これは「再現率が上がった（漏れが少なくなった）」状態である。

(57)【要約】
　【課題】甘味料を添加したトマト含有飲料においても、トマト本来の風味を保持し、呈味性や嗜好性、特にのどごしやすっきり感を改善する技術を提供する。
　【解決手段】トマト搾汁液由来のトマトジュースを含むトマト含有飲料であって、さらに、パイナップル等の果汁調整液を含む、トマト含有飲料により解決する。特に、漿液比粘度が、１．０５～１．４５の範囲内であり、かつ、沈殿重量比が、２．５～８．０％の範囲内である、トマト含有飲料により、トマト本来の風味を維持し、のどごしやすっきり感を改善したトマト含有飲料が得られる。

　その一方で、有毒物質の除去に関する公報もヒットしている。これは公報の要約に「トマト」「ジュース」の文字列が含まれているためであり、こちらは「適合率が下がった（ノイズが増えた）」状態である。

【解決手段】
　システインまたはシスチンを構成アミノ酸として、合計で1.5～40重量％（乾燥重量）含有するタンパク質またはペプチドを含む飼料、好ましくはケラチンを主成分とするフェザーミールを生鮮貝類に給餌することにより、生鮮貝類から１１位に硫酸エステル基をもつ麻痺性貝毒成分を除毒する。また、１１位に硫酸エステル基をもたない麻痺性貝毒成分を、ポリフェノール溶液中、好ましくはタンニン酸、エラグ酸、クロロゲン酸、クマリン、カテキン、没食子酸、没食子酸プロピルまたはピロガロールを含む溶液、あるいはリンゴ、トマト、茶、ワインまたはブドウジュースなどのポリフェノール含有食品で分解させることにより除去する。

　このように、キーワードの長さは検索結果の該当件数、適合率、再現率に影響する。この例では「野菜ジュース」と「ジュース」、一箇所を変更しただけであるが、実際の検索では複数のキーワードを編集する場合も多く、キーワードの変更は検索結果に対し複雑な影響を及ぼす。

キーワードの長さと複合語

「検索キーワードの長さ」を意識した事はあるだろうか？

　キーワードの長さとは「1検索キーワード毎の文字数」である。単純に「電気自動車」なら5文字、「ハイブリッドカー」なら8文字と数える。半角文字でも同様に「car」は3文字、「vehicle」は7文字、と数える。
　また「電気自動車」は「電気」と「自動車」の複合語でもある。同等のキーワードで検索するのであれば、複合語を使うとキーワードが長くなり、複合語を分解しAND検索に分ければ、個々のキーワードは短くなる。

　筆者が下記（図1）のような複合語検索をしていると、

検索項目		キーワード	
要約	∨	ハイブリッドカー　ハイブリッド自動車　電気自動車	近傍検索

図1

「そこは（ハイブリッド＋電動……）×（自動車＋カー＋車両……）ではないのですか？」という質問を受ける事がよくある。すなわち

検索項目		キーワード	
要約	∨	ハイブリッド　電動　電気	近傍検索

AND

検索項目		キーワード	
要約	∨	自動車　カー　車両	近傍検索

図2

　という検索である（図2）。質問の意図は色々ありそうだが、検索漏れを危惧しての質問が多そうな気がする。実際に図1の検索では「ハイブリッド車両」や「電動自動車」などはキーワード欄に入力していない

し、検索結果にも上がってこない。検索漏れが生じるだろう、と予測しながら、なぜ図1のような検索をしているのか。これは「多少の検索漏れは許容する代わりに、できるだけノイズを減らす」ことを目的とする検索だからである。

　検索の目的、状況によって、キーワードの長さ・複合語の分解具合を調節すると、データベース検索を含む一連の作業がスムーズになる事が多い。複合語と個々の単語、それぞれを使った場合に期待される検索結果は、およそ下記の通りである。

検索のタイプ	期待できる効果とデメリット	入力キーワードの例
短い単語を AND演算	○入力キーワードを単純化できる ○検索漏れが少なくなる ×ヒット件数が多くなりやすい ×ノイズが多くなる	ハイブリッド and カー 炭素 and 繊維
短い単語を 近接検索	○入力キーワードの単純化が図れる 検索上の効果は「AND演算」と「複合語、フレーズ検索」の中間	ハイブリッド,5C,カー 炭素,10C,繊維
複合語や フレーズで検索	○ノイズを減らす事ができる ○ヒット件数を絞りやすい ×入力語が複雑化しやすい 　（例｜電動車両と電動式車両は 　　別キーワードになる） ×検索漏れが発生する	ハイブリッドカー 炭素繊維

　各タイプの使い分けとして、次のような状況が想定できる。

1）ヒット状況の確認、件数調整
　複合語（長い単語）で検索してみたが、思っていたほどヒットがない場合、短い単語に分解して検索し直す（ヒット件数が増える。意外な公報がヒット）。

逆に、短い単語で検索してみたが、件数もノイズも多すぎる場合は、一旦検索漏れ覚悟で複合語検索をすると、件数・ノイズともに減少し、「当たり公報はこのような内容」というイメージを早く掴める。

2）検索初期、試し検索に

複合語検索は「ノイズ・ヒット件数ともに少なくなりやすく、当たり公報を探しやすい」特徴があるため、分類（FI）をスムーズに発見するための手段として、検索初期の試し検索（あるいは予備検索）にも向いている。

しかし、検索漏れが生じやすい特徴を持っているので検索精度を要求するなら、後で、分類・キーワードをブラッシュアップすることを念頭に置いて欲しい。

◇基本テクニック２：同義語・類義語・異表記

　データベース検索では同義語・類義語・異表記の利用により、再現率が上昇する（検索漏れが減少する）事が知られている。ここではにんじんの表記として「ニンジン・人参」、ジュースの同義語（＋上位概念）として「飲料」を追加し、再び検索を実行する。検索結果は357件に増加した。

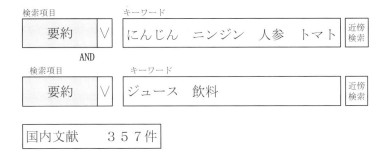

　また、該当公報の明細書表現に着目すると、下記例のように「○○飲料」の表現が多く使われている。

　　低糖質野菜飲料
　　低糖類のニンジン搾汁液およびニンジン含有飲料
　　高リコピントマト含有飲料及びその製造方法
　　トマト含有飲料及びその製造方法
　　ニンジン含有飲料の酸味低減方法、ニンジン含有飲料及びその製造方法

J-GLOBAL 同義語

　特許・実用新案検索を行う際、画面上部の「J-GLOBAL」にチェックマークを入れておくと、J-PlatPat と J-GLOBAL との同時検索が行われる。

　同時検索後の検索結果例を示す。検索結果には「J-GLOBAL 科学技術用語」「J-GLOBAL 同義語」を含む。

　「J-GLOBAL 科学技術用語」では、JST が収集した科学技術用語シソーラス（「1-2 データベース検索の基礎」参照）から、同義語・関連語・上位語・下位語が表示される。それぞれリンクから関連情報の参照が可能である。またシソーラスマップを利用することができる。

No.	科学技術用語
1	ニンジンジュース
2	トマトジュース
3	野菜ジュース
4	野菜製品

用語 J-GLOBAL ID：200906056313990844

野菜ジュース

主題カテゴリー：食品
同義語 (1件)：
　野菜汁
関連語 (1件)：
　野菜・果物ジュース (Fruit and Vegetable Juices)
上位語 (2件)：
　野菜製品 (processed vegetable)
　ジュース飲料 (juice drink)
下位語 (3件)：
　トマトジュース (tomato juice)
　ニンジンジュース (carrot juice)
　青汁 (green leaf squeeze)
シソーラスmap：
　シソーラスmap

「term:飲料」の同義語
・term:ドリンク
・term:ビバレッジ
・term:ベバリッジ
・term:ベバレッジ
・term:飲み物
・term:飲料品
・term:飲料物
・term:飲料製品
・term:飲料類
・term:飲物
・term:飲用物
・term:Beverages
・term:beverage

　「J-GLOBAL 同義語」では、J-PlatPat で検索に利用した各キーワードの同義語が表示される。（日本語・英語）

J-GLOBAL シソーラスマップ

　「J-GLOBAL 科学技術用語」の検索結果末尾に表示されるのがシソーラスmap である。

　中央に表示されている「野菜ジュース」がこの例での検索語である。検索語を中心として、画面上部に表示されているのが上位概念、画面下部に表示されるのは下位概念である。また左側には共出現語（野菜ジュースと同時に出現する頻度が高い単語）、右側には 関連語が表示される。J-PlatPat にお

いては、いずれの語も同義語・類義語の参考情報として使用できる（検索語を転記する機能はない。目視確認と取捨選択をして、自分でJ-PlatPatに入力する）。

検索語「野菜ジュース」のJ-GLOBALシソーラスマップ表示例

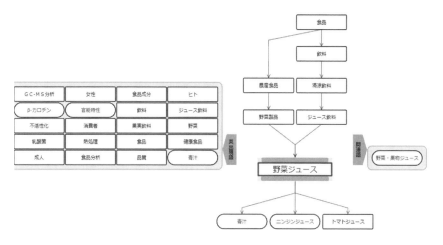

J-GLOBAL同義語、J-GLOBALシソーラス マップはいずれも便利な機能であり、同義語・類義語の充実に活用できる。なお特許調査における同義語・類義語・異表記の検討では、次の点を意識しておくことが望ましい。

・特許明細書中で多く使われる表現は、検索キーワードとしても有用性が高い。
・逆にシソーラスに収録されていても、特許表現に使われない言葉はヒットが少ない（有用性が低い。語の内容によっては検索漏れを発生させる可能性がある。）。
・ 競合他社・同業他社の特許出願内容を、自然語キーワードで探す場合は「他社が明細書中でよく使用する表現」を検索キーワードに使う（自社内でなじみのある表現が、他社でも使われているとは限らない）。

◇基本テクニック３：検索対象－名称、要約、請求の範囲　の選択

　検索項目（発明の名称、要約、請求の範囲）の変更に　よっても該当件数と含まれる公報の傾向が変化する。「検索項目」と「集合の内容（検索結果）」には概ね以下の関係が成り立つ。ここでも「適合率（精度よく）」と「再現率（漏れなく）」は相反する関係となっている。

検索項目	発明の名称	要約	請求の範囲	公報全文
該当件数	少	中		多
検索漏れ	多	中		少
ノイズ（無関係公報）	少	中		多

　ここでは「にんじん　トマト……」の検索対象は要約のまま変更せず、「ジュース　飲料」の検索対象を変えて変化を確認する。

にんじん・ニンジン・人参・トマト	ジュース・飲料	該当件数	コメント
要約	発明の名称	222	無関係公報は ほぼゼロ
	要約	357	多少ノイズあり
	請求の範囲	278	要約より件数少ない
	公報全文	903	ノイズ（無関係公報）目立つ

　該当件数は以上の通りなのだが、ここで疑問を感じる方がいるかもしれない。「要約と請求の範囲、どちらを選択するべきだろう」「なぜ要約より請求の範囲の方が件数が少ないのだろう」「全文検索はノイズが増えるので、調査に使いにくいものなのか？それとも漏れのない調査を重視し、件数が増えるのは我慢するべきか？」などが代表的な疑問ではなかろうか。これらの疑問に順番に答えたいと思う。

・要約と請求範囲、どちらを選択するべきだろう

　この疑問には、調査テーマごとに「適切と思われる選択」はあり得るが、絶対的な正解や定説、「いかなる場合もこちらが正しい」という答えは 存在しないと解答せざるを得ない。自力で「適切と思われる選択」をできる技術を持つのが早道だろう。後述の「基本テクニック４：自己チェックの技術」の項目で選択の技術を概説する。

・なぜ要約より請求の範囲の方が件数が少ないのだろう

　一般的には公報中の「要約」よりも「特許請求の範囲」の文字数が多い傾向にある。従って上記のように同じキーワードを使った比較であれば、「要約」よりも「特許請求の範囲」を使用した方が該当件数が多く出る傾向がある。

　検索結果（件数）からみて、「要約」では「ジュース、飲料」と表現し、「特許請求の範囲」ではこの表現を使っていない公報が数十件存在する、と判断できる。問題はその中身である。例えば要約ではジュース、飲料と表現しているのに「特許請求の範囲」でジュースとも飲料とも言っていないとすれば、どのようなパターンが考えられるだろうか。「飲料」以外、別の表現で「ジュース、飲料」に関連した権利範囲を記載しているのかもしれない。この「別の表現」も「同義語・類義語」である。

　すなわち、そのような公報を特定し、記載内容を分析することによってキーワード検索の精度を高められる可能性がある。公報の特定や記載内容の分析についても「基本テクニック４：自己チェックの技術」で説明していく。

・全文検索はノイズが増えるので、調査に使いにくいものなのか？それとも漏れのない調査を重視し、件数が増えるのは我慢するべきか？

　始めに筆者の見解を述べさせて頂くと、全文検索は「公報（明細書表現）をよく見てうまく使うもの」という感覚を持っている。その例が「キーワードのレベル感の利用」や「近接検索の利用」である。

　特許調査における「キーワードのレベル感」とは、そのキーワードが公報中の「どの部分」に出現しやすいかという意味の、筆者の造語である。

　ここではまず「レベル感とは何か」から説明していく。

　先ほどの野菜ジュースの例では、おそらく次のようなレベル感が内在する。

公報中の記載箇所	「ジュース、飲料」分野での出現箇所予測例			
	人参・ニンジン	根菜 / 根菜類	Daucus carota（学名）	ベータリッチ（品種名）
発明の名称	○	△	―	―
要約	○	△	△	△
請求の範囲	○	○	△	△
明細書	○	○	○	○

　ここで列挙した「人参・ニンジン」、「根菜 / 根菜類」、「Daucus carota（学名）」、「ベータリッチ（品種名）」は、いずれも「ニンジン」を表現しうるキーワードである。

　しかし、同じ「ニンジン」を表現していても、明細書中の使われ方はそれぞれ違っている。「ニンジン」は「ニンジンジュース」という記載に使われるとすれば、明細書中のどの部分に出てきてもおかしくない。一方で「Daucus carota（学名）」や「ベータリッチ（品種名）」は、おそらく発明の名称には使われないだろう。要約、請求の範囲に登場するケースも少ないと想像される。

　あくまでも予測の範囲だが、明細書本文中で学名を挙げて人参という植物を説明する、特定の品種名を挙げ、甘味や栄養、香りなどの点で「この品種

が特に好ましい」といった説明をするのではないだろうか。「キーワードの
レベル感」とは、以上のように「公報中のどこにでも使われるキーワード」
と「主に明細書の本発明の説明で使われるキーワード」がある、という意
味である。

　前置きが長くなったが、ここでの疑問は「全文検索はノイズが増えるので、
調査に使いにくいものなのか？」というものであった。確かに全文検索は
一般的に該当件数とノイズを増やす傾向がある。しかしながら前述の「キー
ワードのレベル感」と合わせて考えてみると「主に明細書の本発明の説明
で使われるキーワード」は、発明の名称・要約・請求の範囲で使われるケー
スが少ない。

　この種のキーワードは、全文検索（あるいは明細書検索）に使ってこそ
効果を発揮する。逆に「公報中のどこにでも使われるキーワード」には一
般的な表現が多く、多くの公報で出現する可能性が高い。このタイプのキー
ワードはノイズを増やしやすい。全文検索に使う場合は、調査業務の効率
と正確性を両立させるためには工夫が必要である。この工夫の代表的な例
が近接検索といえる。

　「1-2 データベース検索の基礎」で述べた通り、AND 検索と近接検索、フ
レーズ検索には下記のような関係が成り立つ。近接検索の方法については
次の項目「検索方法−近接検索」で説明する。

名称	検索方法		
	AND 検索	近接検索	フレーズ検索
入力例	ニンジン and ジュース	ニンジン 5C ジュース	ニンジンジュース
件数・ノイズ	多	中	少
検索漏れ	少	中	多

②検索方法－近接検索

　近接検索には入力支援機能を使うと便利である。キーワード欄右側の「近傍検索」ボタンで支援機能が表示される。

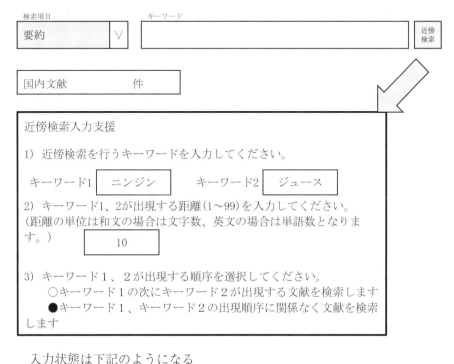

　入力状態は下記のようになる

　なお、近接検索で左右に入力できるのはそれぞれ１単語である。

【エラーになる例】（ニンジン　にんじん　人参）,10C,（ジュース　飲料）

　複数の語で近接検索を行う場合は、論理式を利用しすべての組み合わせを展開する。

> [ニンジン ,10C, ジュース /AB]+[にんじん ,10C, ジュース /AB]+[人参 ,10C, ジュース /AB]

◇基本テクニック４：自己チェックの技術

　検索式の作成は試行錯誤の連続である。キーワードを加えるべきか否か、上位階層の分類を選ぶのが良いか、下位階層が適当か、など、試行錯誤の対象やその組み合わせパターンは無限といってもよいほどである。

　一般的に特許調査は何らかの業務上の目的を伴って行うことが多い。その際「適合率を高めて（濃い集合）、早期に何らかの結果を出す調査」や「再現率を高める（漏れの少ない）調査」など、目的に応じて理想的な適合率・再現率と調査のスピードとが潜在的に存在している。

　ある程度再現率を要求する調査の場合は、本当に再現率が上がっているのか否かの自己チェック実施が必要である。

　自己チェックは NOT 検索機能を利用して行う。前出の近接検索を利用して説明する。

> [ニンジン ,10C, ジュース /AB]+[にんじん ,10C, ジュース /AB]+[人参 ,10C, ジュース /AB]

上記検索でのヒットは 27 件。（2019 年 8 月時点）

　ここで「ニンジンを用いた『飲料』」と記載した公報もありそうだ。しかし、飲料という語はジュースの上位概念でもある。ノイズが増えはしないだろうか。」と考えたとしよう。

　このような場合に NOT 検索を実行し、
・人参を用いた飲料と記載した公報は、確認すべき内容か
・ノイズを極端に増やさないだろうか

の 2 点を確認する。

検索条件は下記のようになる。前半（太字）が追加検討中の検索条件で、[前半（検討中）] NOT　[後半（検索済み）]　の構成になっている。

[[ニンジン ,10C, 飲料 /AB]+[にんじん ,10C, 飲料 /AB]+[人参 ,10C, 飲料 /AB]] − [[ニンジン ,10C, ジュース /AB]+[にんじん ,10C, ジュース /AB]+[人参 ,10C, ジュース /AB]]

上記差分検索の結果例を示す。該当は 37 件であった。

発明の名称	出願人 / 権利者
低糖類のニンジン搾汁液およびニンジン含有飲料	キリン株式会社
杜仲葉及び高麗人参抽出物を含む液体組成物、並びにその製造方法	サンスター株式会社
ニンジン含有飲料の酸味低減方法、ニンジン含有飲料及びその製造方法	カゴメ株式会社
ニンジン汁の甘味抑制方法、ニンジン汁の製造方法及びニンジン汁	カゴメ株式会社
ニンジン含有飲料の基本味向上方法、ニンジン含有飲料及びその製造方法、並びに、ニンジン微細物	カゴメ株式会社
ニンジンエキスおよび蜂蜜を含有する飲料	株式会社ヤクルト本社

結果には「高麗人参」も混ざるものの、37 件中およそ 30 件（約 80％）は野菜の「ニンジン」を原料に加えた飲料であった。したがって一般的には「この条件は検索に加えるべき」と判断できる範囲と考えられる。

同様の方法で、下記のような項目も自己チェックが可能である。

> ・検索項目　（要約で検索するのが適切か、請求の範囲か、全文検索か）
> ・分類　（どちらの分類を選ぶのが適切か）
> ・近接検索　（キーワード間の距離は何文字が適切か）　　　等

2 番号検索

　公報に記載された各種番号（出願番号、公開番号、登録番号 等）からの検索には、「特許・実用新案番号照会／ OPD」を利用する。

　画面上部の「検索対象」では「文献／ OPD」のいずれかを選択する。文献とは概ね公報類を指しており、文献を選択した場合、特許・実用新案、外国文献、非特許文献（公開技報）の各種公報を照会できる。OPD とは「ワンポータルドシエ」の略である。OPD 照会を選択した場合、世界各国の特許庁が保有する出願・審査関連情報（ドシエ情報）を照会できる。

　国内及び海外の公報に関連する基本情報は既に「1-3 特許情報の基礎」で説明している。本項では番号検索に関連する情報を補足する。

番号入力の例

発行国・地域/発行機関	番号種別	番号
日本(JP) 〔∨〕	特許番号(B)	7123456

主な国内公報の番号

特許出願番号、公開番号・公表番号（A）、公告番号（B）の入力形式

公報発行年	公報の記載	J-PlatPat での入力例
昭和	特開昭 61-123456 特公昭 50-12345	Xyy-nnnnnn　（元号の頭文字アルファベット＋年（2 桁）＋連番 6 桁） あるいは yyyy-nnnnnn　（西暦年＋連番 6 桁） 「-」記号は「ハイフン」
平成元〜11 年	特開平 05-123456	
平成 12（2000）以降	特開 2001-123456	

登録番号（B）：7 桁で入力する

発行国・地域/発行機関
日本（JP）	V

番号種別
特許番号(B)

番号
7123456

3 日付指定、期間指定

　選択入力画面では「検索オプション」メニューを展開すると日付指定欄が表示される。

検索項目
発明者／考案者	V

キーワード
特許太郎

近傍検索

AND

検索項目
	V

キーワード

近傍検索

検索オプション
日付指定
公知日／発行日	V	20150101	〜	20181231

指定可能な日付の種類は以下の通りである。

公知日／発行日　出願日　公開日　公告日　登録日　登録公報発行日
公表日　再公表発行日　国際公開日　延長登録出願日　延長登録日
予告登録日

---

4 出願人検索

新旧社名の OR 検索が安全。

　業界再編による企業合併や、企業変革の一環としての社名変更など、今や
伝統ある大手企業でも社名の変更は珍しくない。社名変更が行われた際、知
財部門では特許庁に「（一括）名義変更届」を提出し、既出願分をまとめて
名義変更する例が多い。それでは、社名変更後の検索は新社名で行なえば良
いのだろうか？

　その答えは使用するデータベースによって異なるのだが、J-PlatPat の場
合、新旧社名の OR 検索が安全と考えられる。

例：(旧) 新日鐵住金は、2019 年 4 月 1 日に「日本製鉄」に社名変更している。

　下記公報番号は新日鐵住金による公開特許の例である。
　<u>出願人／権利者名＝新日鐵住金</u>　にて検索を行っている。

No.	文献番号 ▲	出願番号 ▲	出願日 ▲	公知日 ◆	発明の名称 ▲	出願人/権利者
1	特開2019-090070	特願2017-217719	2017/11/10	2019/06/13	高圧水素用ニッケル鋼材	新日鐵住金株式会社

　同公開特許の「経過情報」を確認すると、実際には出願人名義変更が完了
している。経過情報に記載された出願人名は「日本製鉄株式会社」である。

出願記事	特許 2017-217719 (2017/11/10) 出願種別(通常)
公開記事	<u>2019-090070</u> (2019/06/13) 総通号数(873) 年間通号数(190022) 発行区分(0304)
出願人・代理人記事	出願人 東京都千代田区 (000006655) 日本製鉄株式会社

　以上のように J-PlatPat「特許・実用新案検索」の検索用データ及び結果表示には「公報記載データ」が使用されている。出願人検索は「公報発行時点」の会社名で検索する必要がある。社名変更の確認方法やその他の注意点は「3-5 出願人検索」で詳述する。

5　発明者検索

　選択入力画面では下図のように、検索項目「発明者／考案者／著者」を選択。発明者名を入力し検索する。

発明者/考案者 ∨	特許太郎	近傍検索

　なお J-PlatPat のデータ上では、同一の人物や会社であっても名前の間にスペースが含まれる場合とスペースが含まれない場合がある。スペースが含まれる場合とスペースが含まれない場合の両方を検索したい場合は、論理式画面から以下のように設定する。

[特許　太郎 /IN]+[特許太郎 /IN]

　発明者が外国人の場合、公報の記載には「姓 , 名」「名・姓」「名（スペース）姓」など、いくつかのパターンがある。

　例えば、同一人物でも、

　　　　ジョーンズ，ニコラス

　　　　ニコラス・ジョーンズ

　　　　ニコラス　ジョーンズ

と記載され得る。

　上記パターンをまとめて検索したい場合は以下のように設定する。

発明者/考案者 ∨	ニコラス, 1N, ジョーンズ	近傍検索

　上で、「,1N,」は順番が入れ替わってもよい近接演算子である（近傍演算子「C」は語順を認識するが「N」は認識しない）。「ニコラス」と「ジョーンズ」の間に入るのは「,（カンマ）」「・（中黒）」またはスペースなので、距離は最短の 1N とした。ミドルネームやイニシャルを考慮する場合は、［ニコラス，10N，ジョーンズ］のように、適宜距離を長くするとよい。

2-3 特許分類を使った検索

　本項前半では J-Platpat「特許・実用新案検索」における特許分類の入力方法を紹介する。後半では日本で使われている特許分類（IPC（国際特許分類）、FI、F ターム）の探し方を説明する。

1 基本的な入力方法

① IPC（国際特許分類）　及び　FI

　IPC と FI ｓの入力方法は概ね共通である。　なお展開記号、分冊識別記号は FI のみに設定されている。

　FI が「C04B35/49」の公報を検索する場合

検索項目		キーワード	
F I	∨	C04B35/49	近傍検索

　「A23F3/06」で、展開記号「301」の分冊識別記号「E」を検索する場合

検索項目		キーワード	
F I	∨	A23F3/06, 301@E	近傍検索

　展開記号の前にカンマ（,）を、分冊識別記号の前にアットマーク（@）を入力する。

　「A23F3/06」で、展開記号「301」の分冊識別記号が付与されていないものを検索する場合

検索項目		キーワード	
ＦＩ	∨	A23F3/06, 301@¥	近傍検索

　展開記号の前にカンマ (,) を、展開記号の後ろにアットマーク (@) と円マーク (通貨記号＝¥) を入力する。

　また特許・実用新案分類照会 (PMGS) で分類コードをクリックすると、特許・実用新案検索に転記する事ができる。Ｆタームでも同様である。

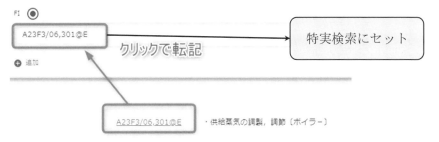

②ファセット

　ファセットとは検索に違った側面、異なる切り口を提示する役割を示すインデックスで、主にFIと連動している。ファセットの種類や性質は「3-2 精度上げのための特許分類」で詳述する。特許・実用新案検索では下記のように3桁の英文字を入力する。

検索項目		キーワード	
ファセット	∨	ZHV	近傍検索

③Ｆターム

　Ｆタームは特許審査用のデータベース検索を効率化する目的で作られた日本独自の特許分類である。IPCやFIとは異なる観点が設定されている。特許・実用新案検索では「テーマコード」と「観点・数字」を続けて入力する。

検索項目　　　　　　　キーワード

Fターム	∨	4L047CC08	近傍検索

Fタームには付加コードが設定されている場合がある。付加コードはピリオドに続けて入力する（3-2 **8**「Fタームと付加コード」を参照）。

検索項目　　　　　　　キーワード

Fターム	∨	3D201EA03. A	近傍検索

② 特許分類の探し方

①分類表を参照する方法

特許分類の内容や意味はそれぞれの「特許分類表」で定義されている。

J-PlatPat では 特許・実用新案分類照会（PMGS）が、分類表の閲覧ツールである[9]。

世界中の多くの国で利用されている国際特許分類（IPC）は、正式版は英語版・フランス語版と定められており、WIPO（世界知的所有権機関）のWeb サイトで参照できる[10]。アメリカと欧州を中心に採用されている共通特許分類（CPC）は、欧州特許庁の Espacenet で参照できる[11]。

いずれの分類表でも以下の探し方が可能である。

1）階層構造に沿って分類表を探す

2）分類定義文を対象にキーワード検索をする

但しキーワード検索を行う場合は「自分の入力するキーワード」と「分類

---

[9]　特許・実用新案分類照会（PMGS）　https://www.j-platpat.inpit.go.jp/p1101

[10]　WIPO：International Patent Classification　https://www.wipo.int/classifications/ipc/ipcpub/

[11]　Espacenet：Classification https://worldwide.espacenet.com/classification?

定義文の表現」とが一致しなければ探せない、という特徴がある。例えば
JPlatPat の特許・実用新案分類照会（PMGS）の「キーワード検索」で検索
する場合、[D04H1/728……静電紡糸によるもの] が目的の分類であるのに、
自分の入力語が「静電紡績」では目的の分類にたどり着くことができない。

　従って、分類表のキーワード検索でめぼしい分類が見つからない場合は、
後述の「予備検索」を推奨したい。

　また、上記各分類（IPC、FI、CPC）をまとめて参照するツールとして、
日本特許庁が「分類対照ツール」を提供している [12]。分類対照ツールでは分
類コードを直接参照するか、分類定義文を対象としたキーワード検索が可能
である。

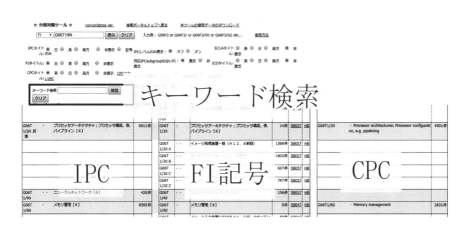

　分類対象ツールには、各分類の「およその該当件数」が併記されている。

②予備検索で探す方法

　自分が探したい技術を含むキーワードでテキスト検索をして、検索結果と
して得られる公報を確認し、どんな分類が多く付与されているかを調べる方

---

12)　分類対照ツール（特許庁）https://www.jpo.go.jp/cgi/cgi-bin/search-portal/narabe_tool/narabe.cgi

法である。この方法を「予備検索（あるいは試し検索）」と呼び、「3-1 特許
調査と精度上げの基本手順」で説明している。

　より簡便な方法として「集計データ」も利用できる。

　J-PlatPat「特許・実用新案検索」では、結果の一覧表示右上に 分類コー
ドランキングが表示され、検索結果に付与された分類の傾向を簡単に知るこ
とができる。集計対象は FI のみで、メイングループ単位である。

順位	件数	FI	
1	24/27	H01M4	電極 [2]
2	22/27	H01M10	二次電池；その製造 [2]
3	2/27	C08F8	後処理による化学的変性…

メイングループ単位で表示

　類似の機能は近年多くのデータベースに普及しつつある。J-GLOBAL[13] も
平成 5 年以降の特許情報を収録しているのだが、J-GLOBAL では下記の分
類範囲を集計している．

　・IPC　　サブグループまで
　・FI　　分冊識別記号まで
　・F ターム　　全桁集計

---

13)　J-GLOBAL https://jglobal.jst.go.jp/

IPC

H01M 10/056（500）	☐
H01M 10/058（297）	☐
H01M 4/62（197）	☐
H01M 10/052（187）	☐
H01M 10/0562（201 0.01）（16 0)	☐
もっと見る	

Fターム

5H029AM12（486）	☐
5H029AK03（462）	☐
5H029AL07（337）	☐
5H029AK01（332）	☐
5H029AL11（304）	☐
もっと見る	

FI

H01M10/0562（414）	☐
H01M10/0585（212）	☐
H01M4/62 Z（198）	☐
H01M 10/056（153）	☐
H01M10/052（131）	☐
もっと見る	

J-GLOBAL
・IPC サブグループまで
・FI記号 分冊識別記号まで
・Fターム 全桁集計

　また、公報タイトルをクリックして表示される抄録に示された各分類には検索ボタンが付され、これをクリックするとその分類に対応した公報リストが表示される。一連の操作により具体的な分類コードが判明しやすく、利便性が高い。

2-4 審査経過情報

　経過情報とは、特許が出願されてから、審査、登録、審判、放棄・失効に至るまでの手続きを記録した情報の総称であり、J-PlatPat で閲覧が可能である。本項では「審査経過情報の確認」と「読み方の基礎」を説明する。なお J-PlatPat で審査経過情報を表示する手順は「2-1 ⑥ 経過情報」で説明している。

① 審査経過情報で確認できる内容

　J-PlatPat の「経過情報照会」画面例である。この例では６つのタブ「経過記録」「出願情報」「登録情報」「審判情報」「分割出願情報」「侵害訴訟情報」が表示されている。タブの数は審査経過に応じて変化（増加）する。例えば公開後間もない出願では「経過記録」「出願情報」のみであるが、特許査定と登録料納付の後に「登録情報」のタブが増える。

　ページ上部には現在の状況（査定の有無、権利生存中か否か 等）が表示される。

特許出願 2009-057635　公開2009-161556

登録5207392 無効審判の確定による抹消　　　現在の状況

審判1 査定不服審判 2012-015108　審判2 査定不服審判 2012-015481　審判3 全部無効（新々無効）　2015-800226

経過記録	出願情報	登録情報	審判情報	分割出願情報	侵害訴訟情報

表示形式　● カテゴリ別表示　○ 時系列表示

審査記録

種類 （J-PlatPat の表示）	内容	確認できる内容の例
経過記録	審査の経過	審査請求されたか？ 実体審査は進んでいるか？
出願情報	出願の概要・分類情報	
登録情報	権利者・権利維持状況	権利者は誰か？維持されているか？
審判情報	審判の経過	どんな審判か（査定不服、無効審判、 異議申立）。当事者は？結果は？
分割情報	分割出願の有無	分割出願との親子関係
侵害訴訟情報		事件記事および最高裁へのリンク

①経過記録

　経過記録では、審査＋審査の経過も確認できる。またリンクより書類の閲覧が可能である。

◇経過記録の収録年代

> 経過情報は　昭和 39（1964）年出願分から収録。
> 審査経過書類は　平成 2 年（1990 年）以降の出願案件から収録。

　令和元年（2019 年）5 月 7 日より、J-PlatPat の経過情報、審査書類の照会範囲が拡充され、審判書類の照会も可能となっている。概要は次の通りである [14]。

〈経過情報〉　　　　　昭和 39 年（1964 年）以降の出願
〈審査・審判書類〉
・特許・実用新案　　平成 2 年（1990 年）以降の出願の審査書類
　　　　　　　　　　平成 12 年（2000 年）以降の審判書類

---

14)　特許情報プラットフォーム（J-PlatPat）の概要　https://www.inpit.go.jp/j-platpat_info/index.html

　・意匠　　　　　　　平成 31 年（2019 年）以降の審査・審判書類
　・商標　　　　　　　平成 31 年（2019 年）以降の審査・審判書類

　経過情報は 1964 年以降が照会可能とされているが、筆者が確認した範囲では J-PlatPat の一覧表示上では概ね「名称・出願人」の表示があれば経過情報の照会も可能、と判断できそうである。

　J-PlatPat のヘルプ「経過記録を参照する[15]」によると、「照会できる経過情報は、平成 2 年（1990 年）1 月以降に出願された案件です。ただし、平成元年（1989 年）以前に出願された案件であっても、平成 10 年（1998 年）4 月以降に何らかのデータ更新（審査、登録、審判等の手続き）がある場合は、照会できます。」とも説明されている。

名称・出願人なし≒経過情報なし

名称・出願人あり≒経過情報あり

15）　ヘルプ「経過記録を参照する」https://www.j-platpat.inpit.go.jp/manual/ja/topics/four_infomation.html

審査記録	手続補正書	2018/7/9
審査記録	出願審査請求書	2018/7/9
審査記録	国内書面	2018/7/9
審査記録	早期審査に関する事情説明書	2018/7/9
PCT国際出願記録等	日本語国際公開（職権）	2018/7/11
審査記録	早期審査に関する報告書	2018/8/2
審査記録	拒絶理由通知書	2018/8/23
PCT国際出願記録等	国際調査報告（日本語）	2018/9/25
審査記録	意見書	2018/10/22
審査記録	特許査定	2018/11/6
審査記録	登録料納付	2018/11/19
審判記録	異議申立書	2019/7/5
審判記録	異議番号通知	2019/7/16
審判記録	予告登録通知	2019/7/16
審判記録	取消理由通知書	2019/11/1
審判記録	意見書	2019/12/23
審判記録	訂正請求書	2019/12/23

◇経過記録のポイント

　経過記録では「審査が進んでいるか否か」「権利範囲の変化はあったか」を確認する場面が多い。

1）出願審査請求の有無

　出願日と審査記録上「出願審査請求書」が提出されているか否かを合わせて判断する。

　2019年5月以降、J-PlatPatの経過情報表示はタイムラグが短縮され、特許庁が書類を発出してから審査・審判経過情報が参照可能になるまでの期間を、約3週間から、原則1日に短縮している[16]。出願日より3年経過後、経過情報に「未審査請求包袋抽出票作成」が掲載されると「審査請求なし（見なし取下）」と判断できる。

---

16) 特許情報プラットフォームの機能改善について（特許庁）https://www.jpo.go.jp/support/j_platpat/kaizen.html

2) 権利範囲の変化（補正）

　権利範囲が変化する、すなわち補正内容を記載した書類が「手続補正書」である。

　補正内容だけならば「手続補正書」で確認できるのだが、多くの場合「拒絶理由通知書（と引用文献）＋手続補正書＋意見書」がセットになっており、対比検討する事によって補正の根拠・出願人の論点を理解する事ができる。

　無効資料調査の際、状況分析には欠かせない資料である。以下のポイントに着目して読むと良い。

> 拒絶理由通知書は　「請求項」「引用文献」「理由」をセットで確認

拒絶理由通知書の例（部分）

> 理由 4（進歩性）について
> （4）
> ・請求項 8,10,11
> ・引用文献等 1,2,3,5
> ・備考
> 　トマトジュースにリコピンが含まれ、リコピンが身体によく、リコピンが多く含まれるトマトジュースが望まれることは、引用文献 3（0001 段落）、引用文献 5（0003 段落）に記載されているように周知な技術的課題である。
> 　そうすると、引用文献 1,2 にそれぞれ記載の脱酸トマトジュースにもリコピンを適宜配合することは当業者が容易になし得ることである。
> 　したがって、本願請求項 8,10,11 に係る発明は、引用文献 1,2,3,5 に記載された発明に基いて当業者が容易に発明をすることができたものである。

（途中省略）

〈引用文献等一覧〉

1. 特開 2012 － 223142 号公報
2. 特開 2012 － 223144 号公報
3. 特開 2012 － 152173 号公報（周知技術を示す文献）
4. 特開 2012 － 223140 号公報
5. 特開 2014 － 030388 号公報（周知技術を示す文献）

上記例の場合
　・指摘された請求項（8、10、11）の確認
　・引用文献等の記載箇所を確認　（例：引用文献 3（0001 段落））
　　　→実際に指摘通りの内容が記載されているか？
を確認する。
　複数の理由が挙げられている場合は、すべての内容を確認する。

　続いて「意見書」の内容を確認する。多くの場合、意見書には

　・拒絶の理由は解消した旨の意見
　・補正の内容と根拠　　　※請求項の補正があればここに記載される
　・なぜ拒絶理由を解消できているのか？の説明
　・結論

が記載されるため、拒絶理由通知書と対比して読むと補正の根拠を理解しやすくなる。

意見書は　「拒絶理由通知書」「補正内容」「出願人の説明」をセットで確認

意見書の例（部分）

2. 出願人の意見　　　※拒絶の理由は解消した旨の意見

　本意見書と同日付け手続補正（以下、「本補正」という。）によって特許請求の範囲の記載が補正されたので、本願に対する拒絶の理由は、解消しました。具体的には、以下のとおりです。

3. 補正の内容及びその根拠　　　※補正があればここに記載

　本補正は、特許法第17条の2第3項及び第4項に規定する要件を満たしています。具体的には、以下のとおりです。

(1) 本願の請求項1の記載

　本願の請求項1の記載に対応するのは、補正前の請求項1の記載を以下のとおり補正したものです。

（途中省略）

6. 理由4（進歩性欠如）に対して　※なぜ拒絶理由を解消できているのか？の説明

　当該理由4は、解消しました。すなわち、本願の請求項1から6に係る発明は、引用文献1から5の記載に基いて、当業者が容易に想到できたものではありません。その理由は以下のとおりです。

(1) 拒絶理由通知書における（3）の記載に対して

　引用文献1又は2に記載のものに基いて、前述の相違点1及び2に至ることは、動機づけられません。本願発明の課題は、低酸度トマト含有飲料におけるリコピンの増量であり（本願明細書の段落［0007］）、それを解決する手段は、……

（途中省略）

（2）拒絶理由通知書における（4）の記載に対して

6（1）で述べたものと同様の理由により、本願の請求項4から6に係る発明は、引用文献1から3及び5の記載に基いて、当業者が容易に想到できたものではありません。

②出願情報

「出願情報」は文字通りの出願人・出願日等の情報に加え、分類情報と審査引用文献の情報を掲載している。特許出願後、合併・社名変更等に伴って名義変更が行われた場合はこの欄に「現在の出願人」が記載される（登録以降については「登録情報」の特許権者欄も合わせて更新される）。

③登録情報

概ね登録料納付以降に追加されるタブである。維持年金の納付状況と権利残存状況、権利満了予定日が掲載される。なお「本権利消滅日」の記載があれば、特許権は既に満了し、権利消滅している。

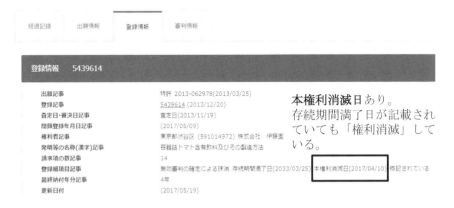

無効資料調査の際には調査着手前に本欄で「権利生存中であること」を確認するとよい（調査検討を始めたところ、権利消滅していた、というケースは珍しくない）。また、警告状を受け取った場合にも、早い段階で「権利者

は誰か？権利は生存しているか？」を確認しておきたい。

④審判情報

審判請求以降に追加されるタブである。審判情報には請求人・非請求人の情報や審決の決定事項等が掲載される。詳細な経過情報は前出の「経過記録」に掲載され、審判情報タブには掲載されない。

⑤分割出願情報

登録・審判と同様「分割出願が存在する場合」のみに追加されるタブである。（分割出願がない場合、タブも表示されない）親出願－子出願の関係がわかりやすく表示される。画面の上の段が本件出願、下の段が関連（分割あるいは親）出願である。

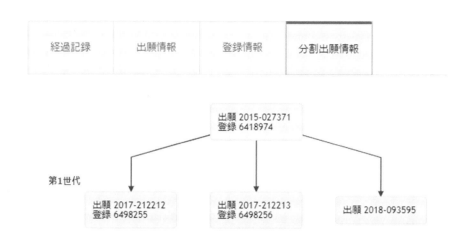

❷ 審査経過情報の表示可能範囲とタイムラグ

2019年5月より、J-PlatPat で閲覧可能な経過書類の範囲が拡充された[17]。

特許・実用新案では、従来は審査書類のみ閲覧可能で、審判書類は審決が表示できる程度であったが、現在は審判請求書等の書類も閲覧可能となっている。但し、すべての書類が閲覧できるわけではなく、例えば早期審査に関する事情説明書、手続補足書、刊行物等提出書などは閲覧の対象外である。

タイムラグは「経過記録」での説明と重複するが、2019年5月より J-PlatPat のタイムラグは従来より短縮されている。特許庁が書類を発出してから審査・審判経過情報が参照可能になるまでの期間は従来約3週間であったが、現在は原則1日に短縮している。

◇生死判断の基礎

「特許が有効か・失効しているか」を一般に生死状態（生死状況）と呼ぶ。余談であるが、

米国特許庁のデータベースでも商標の生死を「LIVE ／ DEAD」と表示し、欧州特許庁のデータベースでは「in Force ／ Not in Force」などと表示される。

さて、特許の生死状態には大別して4つのパターンがある。「権利化前／以降」と「生／死」である。まとめると下記のようになる。

状態	権利化前	権利化以降
生（有効）	審査請求が可能（出願から3年未満） 出願〜審査・審判の途中段階	登録され、権利維持中
死（失効）	未審査請求、拒絶査定が確定	登録後に消滅／権利満了 ・無効審判／異議申立 ・年金未納による失効　等

---

17) 特許庁「意匠・商標の審査・審判書類が J-PlatPat で照会可能となります」https://www.jpo.go.jp/support/j_platpat/tokkyo_platform_181129.html

1）権利化前・有効

A）審査段階にあるもの

経過情報の最上部に（査定無し）の記載があり、かつ、最終処分の記載がなければ「権利化前で、今後権利化の可能性が残っている」事を意味する。

査定種別（査定無し）

下記例のように、審査請求前、審査請求後のいずれでも「審査の結論が出る前」は「査定無し」と表示される

審査請求前の「査定無し」例

査定種別（査定無し）

経過記録		
審査記録	特許願	2018/01/29
審査記録	明細書	
審査記録	請求の範囲	
審査記録	要約書	
審査記録	手続補正書	2018/02/08
審査記録	上申書	2018/02/08

審査請求後の「査定無し」例

査定種別（査定無し）

経過記録		
審査記録	特許願	2018/05/15
審査記録	明細書	
審査記録	請求の範囲	
審査記録	要約書	
審査記録	出願審査請求書	2018/05/15

（途中省略）

審査記録	手続補正書	2019/04/16
審査記録	意見書	2019/04/16

査定とは

　特許審査における「査定」とは「審査の結論」の意味であり、「登録査定」「拒絶査定」の２種類だけである。また「査定無し」とは「審査の結論は出ていない」という意味である。

B）拒絶査定後、審判係属中のもの（拒絶査定不服審判）

　審査で拒絶査定となった後、審判請求を行い係属中のケースも「生存中」である。

査定種別（拒絶査定）

審判 査定不服審判 2019-XXXXXX 　　　　　　※審決が出ていない

　ページ上部の記載は後述する「査定不服審判で拒絶が確定」と同様であるため、「審決」の有無で区別する。

拒絶査定不服審判中の例

査定種別（拒絶査定）
審判 査定不服審判 2019-XXXXXX

経過記録

審査記録	特許願	2017/11/15
	（途中省略）	
審査記録	拒絶理由通知書	2018/10/17
審査記録	引用非特許文献	2018/10/17
審査記録	手続補正書	2018/11/06
審査記録	意見書	2018/11/06

審査記録	拒絶査定	2019/03/04
審判記録	手続補正書	2019/05/10
審判記録	審判請求書（その他の請求書・申立書を含む）	2019/05/10
	（途中省略）	
審判記録	審査前置解除	2019/07/12　　※審決が出ていない

2）権利化前、失効（今後権利化の見込みがない）

A）「査定無し」で「未審査請求によるみなし取下」

文字通り、所定期間内に出願審査請求されず、みなし取下となったもの。

> 査定種別（査定無し）最終処分（未審査請求によるみなし取下）

<u>未審査請求によるみなし取下の例</u>

査定種別（査定無し）最終処分（未審査請求によるみなし取下）

経過記録		
審査記録	特許願	1990/02/19
審査記録	出願番号通知	1990/03/16
審査記録	一括住所変更届（代理人）	1997/02/26
審査記録	未審査請求包袋抽出票作成	1997/05/15

B）「拒絶査定確定」と推定されるもの

拒絶査定以降の動きが併記されておらず「拒絶査定」のみが表示されている。

> （4485）査定種別（拒絶査定）

出願細項目記事に「査定種別（拒絶査定)」とあり、審判情報のない場合は、「拒絶査定確定で、今後権利化の見込なし」と推定できる。拒絶査定後、謄

本送達日から 3 か月以内は「不服審判」を申し立てる可能性があるが、現在は J-PlatPat のタイムラグが 1 日程度に短縮しているため、拒絶査定から 4 ヶ月程度経過していれば、概ね「拒絶査定確定」と判断できる。（なお、在外出願人の場合は手続期限猶予（+1 ヶ月）も考慮する）

<u>審査請求後の「査定無し」例</u>

査定種別（査定無し）

経過記録			
審査記録	特許願	2016/08/25	
審査記録	明細書		
	（途中省略）		
審査記録	出願審査請求書	2016/09/02	
審査記録	拒絶理由通知書	2017/07/04	
審査記録	拒絶査定	2018/01/09	※日付を確認

C）拒絶査定後に、査定不服審判で拒絶が確定したもの

査定種別（拒絶査定）
審判 査定不服審判 2018-XXXXXX　　　　※審決が出ている

　拒絶査定後、査定不服審判を請求しているが「本件審判の請求は、成り立たない」旨の決定出ているケースである。ページ上部の記載は「審判係属中で生存」と同様であるため、「審判記録　審決」の有無で区別する。

<u>査定不服審判で拒絶が確定した例</u>

査定種別（拒絶査定）
審判 査定不服審判 2018-XXXXXX

経過記録		
審査記録	特許願	2013/12/03
	（途中省略）	

審査記録	拒絶理由通知書	2017/07/04
審査記録	手続補正書	2017/08/29
審査記録	意見書	2017/08/29
審査記録	拒絶査定	2018/01/23

審判記録　　　　　審判請求書（その他の請求書・申立書を含む）　　2018/04/06

（途中省略）

審判記録　　　　　審決　対応受付番号（XXXXXX）対応番号（01）　　2019/02/05

3）登録され、権利有効

「登録番号　＋　本権利は抹消されていない」の記述がポイントである。

審査段階で特許査定された場合

> 登録 XXXXXXX　　本権利は抹消されていない

審判を経て登録された場合

> 登録 XXXXXXX　　本権利は抹消されていない
> 審判 査定不服審判 2013-XXXXXX

　登録後で権利有効の場合は、「登録情報」タブで現在の権利者、権利満了予定日などを確認できる。

登録後、権利が有効（生存中）である例

登録 XXXXXXX　　本権利は抹消されていない

登録情報　　XXXXXXX	
出願記事	特許 2012-XXXXX（2012/XX/XX）
登録記事	XXXXXXX（2013/XX/XX）

査定日・審決日記事	査定日（2013/XX/XX）
権利者記事	○○○○○○株式会社
発明等の名称(漢字)記事	○○○○○○○○○
請求項の数記事	11
登録細項目記事	本権利は抹消されていない 存続期間満了日（2032/02/28）
最終納付年分記事	7 年
更新日付	（2019/03/12）

4）登録後に、消滅／権利満了

A）権利期間満了の場合

> 登録 XXXXXXX　存続期間満了による抹消

　特許出願から 20 年（医薬品等で存続期間延長登録が行われていれば所定の期間経過）後、期間満了に伴い抹消されたパターンである。登録情報にも「閉鎖登録年月日記事」「存続期間満了による抹消」等の情報が記載されている。

存続期間満了の例

登録 XXXXXXX　存続期間満了による抹消

登録情報	XXXXXXX
出願記事	特許 H10-XXXXXX　（1998/XX/XX）
登録記事	XXXXXXX　（2005/XX/XX）
査定日・審決日記事	査定日（2005/04/20）
閉鎖登録年月日記事	（2018/05/23）
権利者記事	○○○株式会社
発明等の名称(漢字)記事	○○組成物
請求項の数記事	11
登録細項目記事	

存続期間満了による抹消	存続期間満了日（2018/03/04） 本権利消滅日（2018/03/04）移記されている
最終納付年分記事	13年
更新日付	（2018/05/23）

B）無効審判等による抹消

　一旦登録になったものの、無効審判等の理由で権利抹消されたケースである。

　　登録番号　＋　抹消理由　が表示される

　　登録XXXXXXX　無効審判の確定による抹消
　　審判1 判定 2014-6XXXXX　　審判2 全部無効（新々無効）2015-8XXXXX

　経過情報には「審判請求と審決（審判の結論）」が含まれる。また、登録記録には権利の消滅記録が記載される。存続期間満了日も併記されているが、このような場合は本権利消滅日が優先される。

無効審判による抹消例

登録XXXXXXX　無効審判の確定による抹消

審判1 判定 2014-6XXXXX　　審判2 全部無効（新々無効）2015-8XXXXX

経過記録			
審査記録	特許願	2013/03/25	
	（途中省略）		
審査記録	特許査定	2013/11/25	
	（途中省略）		
審判記録2	審判請求書（その他の請求書・申立書を含む）	2015/04/27	
	（途中省略）		
審判記録2	審理終結通知書	2017/02/16	

審判記録2　　審決　　　　　　2017/03/08

審判記録2　　確定登録通知 請求人（請求人代理人）　　2017/05/02

登録情報	XXXXXXX
出願記事	特許 2013-XXXXXX（2013/XX/XX）
登録記事	XXXXXX（2013/XX/XX）
査定日・審決日記事	査定日（2013/11/19）
閉鎖登録年月日記事	（2017/XX/XX）
権利者記事	株式会社○○○○○
発明等の名称(漢字)記事	○○○○○○○○○○○
請求項の数記事	14
登録細項目記事	
無効審判の確定による抹消	存続期間満了日（2033/03/25） 本権利消滅日（2017/XX/XX）移記されている
最終納付年分記事	4 年
更新日付	（2017/XX/XX）

　以上、生死情報の主なパターンと J-PlatPat の記載のポイントを紹介した。重要な案件で、より詳細な経過情報分析を行うケースでは、別途審査／審判経過書類の入手や特許原簿の閲覧をするとよい。J-PlatPat では公開されない書面の内容も確認できる。その際「相手方に自社の動きを知られたくない状況」であれば、複写業者経由での手配が推奨される（閲覧記録を残さないため）。

第３章

特許調査の精度上げと
調査実務の要諦

3-1 特許調査と精度上げの基本手順

　「1-2 データベース検索の基礎」では、適合率（精度が高い）と再現率（漏れがない）を同時に上げるのは難しいということを述べた。漏れなく検索しようとすれば多くの砂も拾わなければならず、多くの砂が混入することを嫌って精度を高めようとすれば、必ず検索漏れが発生する、というものである。

　しかし調査業務の場面では、適合率と再現率を極力両立させる事を求められるのもまた事実である。適合率が高ければ業務効率が向上するし、再現率が高いということはすなわち調査の信頼性が高いということを意味するからだ。本項では「精度上げ」を、特許調査において適合率と再現率、両方を同時に上げる事、と定義し、以下精度上げの基本テクニックを概説する。

　調査精度を上げるには、大きく分けて二つの要素がある。一つは検索漏れの生じやすい状況を把握し、検索漏れの生じにくい検索方法をとること。この手順は本項で説明していく。もう一つは個々の調査テーマに合わせ、検索式の最適化を行うことである。こちらは次項以降で説明する。

① 精度上げの基本〜なぜ検索漏れが生じるか

　先に述べた通り、調査精度を上げるためには「なぜ検索漏れが生じるか」を知ることが大切である。データベースの収録情報や検索エンジンの性質上、検索漏れが生じやすい状況、あるいはノイズが発生する状況はある程度予測可能である。検索漏れなどが生じやすい状況とは、別の事柄に例えて言うならば、さながら「セキュリティホール」のようなものといえるかも知れない。

　脆弱性の生じやすい箇所がわかっていて、対策を立てるようなもの、と考

えると イメージしやすいかと思う。

　この「セキュリティホール」、具体的にはどのようなことなのだろうか。「1-2 データベース検索の基礎」では「概念とキーワード」「概念と分類」の関係について述べた。通常の特許データベースでは、キーワード検索と分類検索の両方が使えるので、調査したい概念（コンセプト）と検索結果の関係は、次のように表すことができる。

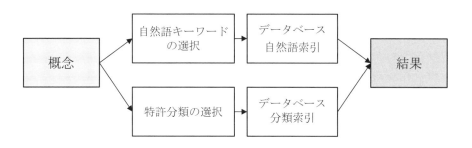

　また、同じく「1-2 データベース検索の基礎」で、一般的なキーワード検索と分類検索はそれぞれ次のような特徴がある、と説明した。

	（一般的な）キーワード検索	（一般的な）分類検索
メリット	自然語で検索できる ⇨手軽・取りかかりが速い	概念が分類化されている ⇨検索結果の個人差が小さい
デメリット	・主題の解釈の差 ・知識量の差 ・ボキャブラリー（語彙）数の差 ⇨結果の個人差が大きい	分類がなければ使えない 分類に対する知識が必要 分類表を見る手間 ⇨ハードルが高い。時間がかかる。

　上記の「一般的なキーワード検索・分類検索」の特徴に、特許データベース特有の特徴を加えると、次のような関係になる。

	特許 DB のキーワード検索	特許 DB の分類検索
メリット	自然語で検索できる ≒手軽・取りかかりが速い ・分類がわからなくてもある程度調査可能 ・分類が確立されていない新規概念を調査	概念が分類化されている ≒検索結果の個人差が小さい ・出願件数が多い分野 ・キーワード検索困難な概念 ・古い文献の調査
デメリット	・主題の解釈の差・知識量の差 ・ボキャブラリー（語彙）数の差 ≒結果の個人差が大きい ・同じ用語が異分野で使われた場合にノイズが乗りやすい ・機械的構成や数値限定などは、基本的にキーワード検索に不向き ・新概念は表現が定まっていない事が多く、キーワードでは探しにくい	分類に対する知識が必要　分類表を見る手間 ≒ハードルが高い。時間がかかる。 分類がなければ使えない　→ 新語・新概念は分類未整備の場合がある 調査したい概念に合致する分類があるとは限らない

　簡単にいうと「キーワード検索だけでは漏れる」「分類検索だけでも漏れる」とイメージすると良いだろう。

　特許分類は全体的な傾向として「キーワード検索しにくい技術を概念化し、検索性を高めている」ため、キーワード検索で探しにくい情報は分類検索で探す、分類検索で探しにくい情報はキーワード検索で探す、という補完関係を持たせることが、特許情報検索における精度上げの基本形と考えられる。

② 特許調査の基礎的な流れ

　下記は特許調査の基本的な流れを表した図である。「1-2 データベース検索の基礎」での説明の通り、データベース検索は調査したい概念をキーワード化することから始まる。概念のキーワード化のために、調査テーマを 50 文字程度に要約することを推奨したい。わずかの文字数の中で調査テーマを説明する、とすれば、最低限「調査テーマはどのような技術・製品・サービ

スに関連するか」＋「他の類似技術と、調査対象の技術を区別する要素」が含まれる事になるだろう。これが「検索キーワードの抽出」であり、調査したい概念がキーワードに置き換えられた状態である。

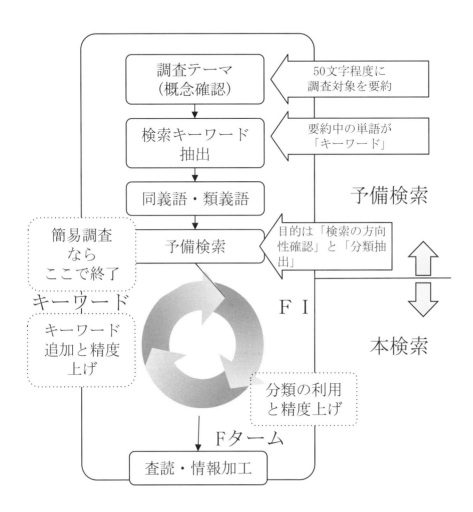

検索キーワードが特定できれば、直ちに検索することも可能ではあるが、「1-2 データベース検索の基礎」でも説明した通り、データベース検索においては「同義語・類義語」を加えると、より広範囲を検索することができる。

後で詳しく説明するが、この段階での同義語・類義語追加は「検索漏れを減らすこと」を目的とはしていない。次のステップ「予備検索（1回目のデータベース検索）」において、該当件数が極端に少ない、という状況を回避するためのものである。

1回目のデータベース検索「予備検索」の目的は二つある。まず「調査テーマ（概念）を正しく検索キーワードとして抽出できているか？」を含めた検索の方向性の確認。方向性が正しいとすれば、続いて分類情報の抽出を行うことが目的である。また簡易的な検索を目的としている場合は、調査目的に合致した公報が得られれば、ここで検索を終了しても良い（本検索・精度上げ作業は必要としない）。

同義語・類義語の説明に戻るが、予備検索の結果、該当件数が極端に少ない場合は、まずキーワードの方向性が正しいか否かを的確に判断することが難しい。また、調査テーマに関連する公報が検索結果に含まれなかった場合、「本当にそのような特許出願が存在しないのか」「それとも検索がうまくいっていないのか」を判断することもできない。したがって予備検索ではある程度の公報がヒットするようにする事が望ましい。このように、予備検索の段階では 検索漏れ防止を主な目的としていないため、網羅的な同義語・類義語の収集は特に必要としない。常識的に想定され、また、自分自身が簡単に思いつくことのできる関連語を入力できれば、それで十分である。

③ 予備検索

ここからは「エレクトロスピニング法（電界紡糸法）を使いリチウムイオン二次電池のセパレータを製造する技術」の例で、検索の流れを説明する。検索前にはどの程度精度を上げるか、の計画も重要である。ここでは「特許出願前に、公報の確認も含めて半日弱程度の工数で先行例の確認をしたい。侵害予防調査レベルの漏れ防止は必要ないが、特許審査段階であげられそうな、本件アイデアに近い公報はなるべく拾い上げたい」という方向性のサーチ、と定義する。

　下図1、2はエレクトロスピニング法の説明図である[1][2]。エレクトロスピニングとは紡糸ノズル内のポリマー溶液に高電圧を加えることにより、直径サイズ数nm（ナノメートル）のナノファイバー（微細繊維）を生成する技術を指す（図1）。

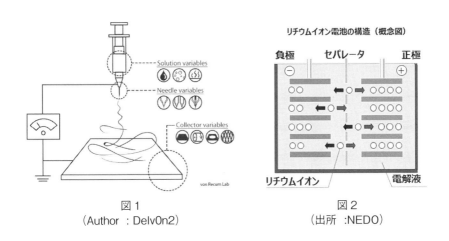

図1
（Author ：Delv0n2）

図2
（出所 ：NEDO）

　提唱されたのは1930年代と古い技術なのだが、超微細繊維の不織布を製造できるため、近年はリチウムイオン二次電池のセパレーター用途で再び注目され（図2）、ポリフッ化ビニリデン（PVDF）樹脂でつくるナノファイバー不織布を、ポリエチレンテレフタレート（PET）樹脂で補強する構成が検討されている[3]。

　この技術を検索する際、出発点となる要約は次のような内容が考えられる。

> エレクトロスピニング法を使い、リチウムイオン電池のセパレータ用不織布を製造する技術

　この要約からキーワードを取り出すと

---

1)　図1：Electrospinning/electrospraying schematic with variations for different processing outcomes　／Author Delv0n2／CC BY-SA 3.0
2)　図2：NEDO「リチウムイオン電池の仕組み」https://www.nedo.go.jp/hyoukabu/articles/201901toshiba/index.html
3)　https://www.nikkan.co.jp/articles/view/00437600

エレクトロスピニング、リチウムイオン電池、セパレータ、不織布

となり、更に「検索者が簡単に思い出せる範囲」でキーワードを追加する
と

エレクトロスピニング　電界紡糸　電界紡績
リチウムイオン電池　リチウムイオン二次電池　リチウムイオンバッテリ
セパレータ
不織布

のようになった。このキーワード群を特許データベースに入力すると、第
1回目の検索（予備検索）となる

検索項目　　　　　　キーワード

| 要約/抄録 | ∨ | エレクトロスピニング　電界紡糸　電界紡績 | 近傍検索 |

AND

| 要約/抄録 | ∨ | リチウムイオン電池　リチウムイオン二次電池　リチウムイオンバッテリ | 近傍検索 |

AND

| 要約/抄録 | ∨ | セパレータ | 近傍検索 |

AND

| 要約/抄録 | ∨ | 不織布 | 近傍検索 |

国内文献　　2　件

No.	文献番号 ▲	出願番号 ▲	出願日 ▲	公知日 ◐	発明の名称 ▲
1	特開2014-026787	特願2012-165045	2012/07/25	2014/02/06	電池用セパレータ及びその製造方法並びにリチウムイオン二次電池
2	特開2014-025157	特願2012-165058	2012/07/25	2014/02/06	ポリシルセスキオキサン系不織布及びその製造方法、電池用セパレータ並びにリチウム二次電池

　上記条件では2件の公開公報がヒット（2019年8月現在）し、内容も調査テーマに合致しているように見受けられるが、調査の方向性確認も行いたいため、検索条件を若干変更する。検索条件変更の例を2つ示す。

1）全文検索を利用する

　「リチウムイオン電池…」と「セパレータ」を全文検索に変更すると該当件数は16件に変化する。全文検索を行う基準は、調査したい概念に沿って決定すると良い。　この検索例では「エレクトロスピニング 技術によって不織布を作る」事が主題で、その用途は「リチウムイオン電池のセパレータ」であると考え、調査の主題であるエレクトロスピニング技術、不織布を要約／抄録、用途であるリチウムイオン電池、セパレータを全文検索としている。

　（もしも「リチウムイオン電池のセパレータ」が調査の主題で、公報全体の、どこかにエレクトロスピニング技術と書いてあれば良い、という調査であれば、逆の選択をする。）

検索項目　　　　　　　　　キーワード

| 要約/抄録 | ∨ | エレクトロスピニング　電界紡糸　電界紡績 | 近傍検索 |

AND

| 全文 | ∨ | リチウムイオン電池　リチウムイオン二次電池　リチウムイオンバ　テリ | 近傍検索 |

AND

| 全文 | ∨ | セパレータ | 近傍検索 |

AND

| 要約/抄録 | ∨ | 不織布 | 近傍検索 |

国内文献　　　１７　件

2）検索条件を間引く

　4行目「不織布」を省いた検索である。「リチウムイオン電池用の（AND）セパレータを（AND）エレクトロスピニング技術によって製造した」ものであれば、「不織布、という単語は公報中に含まれていても良いし、含まれなくても良い」という検索である。件数は24件に増加した。

検索項目		キーワード	
要約/抄録	∨	エレクトロスピニング　電界紡糸　電界紡績	近傍検索

AND

| 要約/抄録 | ∨ | リチウムイオン電池　リチウムイオン二次電池　リチウムイオンバッテリ | 近傍検索 |

AND

| 要約/抄録 | ∨ | セパレータ | 近傍検索 |

AND

| | ∨ | | 近傍検索 |

国内文献　　２４件

　以上、2種類の予備検索のための検索式の変形例を紹介した。両者を組み合わせて「検索条件を間引き、かつ、検索条件の一部を全文検索とする」という方法を使っても良い。

　いずれにしても「検索式の方向性を確認できる程度に、十分な件数の公報を含んでいる」「一件だけでなく複数の当たり公報（調査テーマに合致していると判断できる方法）を含んでいること」が理想的な予備検索である。

　上記の検索例とは逆に「予備検索の該当件数が多すぎて困る。どのように絞り込んだら良いか」という相談を受けるケースがある。結論からいうと、本検索での精度上げを予定しているのであれば、件数を気にする必要はない。

　該当件数が極端に多く、データベースが定める表示可能件数の上限を超えている場合のみ、日付検索などで該当件数を絞って一覧表示を行い、内容確認をする。件数が多くとも一覧表示が可能な場合は、絞りこみは行わず内容確認に入った方がよい。予備検索の目的は「方向性の確認」と「特許分類の

選択」であるからだ。

　予備検索の内容確認では「 新しい公報（より近年に発行された公報）を
優先する」のもポイントである。多くの公報がヒットしている場合は、公知
日（J-PlatPat 以外では公報発行日、公開日など）を降順に設定すると、簡
単に新しい公報を確認できる。 公報内容を確認し、調査テーマに合致する
公報に付与された「FI」をメモする。ここでピックアップする公報の件数
はできるだけ複数とする。的確な分類選択のためには、該当公報が多いほど
良いのだが、多くの候補を確認すると負担も増える。現実的には数件程度と
いったところであろうか。

　一覧表示内の「発明の名称」を確認した段階で「ほとんどすべての公報が
調査テーマに関連していそうだ」と判断できる場合は、「分類コードランキ
ング」も便利である。この調査では、大半の公報が調査テーマに関連、と判
定し分類コードランキングを利用する。

　分類コードランキングはヒットした公報の FI を出現回数順に集計表示し
する機能である。下記の表示例より「エレクトロスピニング技術」は繊維・
不織布に関する技術であるから、D01D5、D04H1 が関連しそうだ、と見当
がつく。また、ランキング中のリンクから分類表（PMGS）を表示できる。

順位	件数	FI	説明
1	23/46	H01M2	発電要素以外の部分の構造の細部またはその製造方法 [2]
2	22/46	D01D5	フィラメント，より糸あるいはその類似物の形成
3	21/46	D04H1	全部または大部分がステープルファイバまたは類似の比較的短い繊維で構成された不織布

　分類参照の結果、[D04H1/728……静電紡糸によるもの] が特定でき、対応
F タームテーマコードは 4L047（不織物）と判明した。また、溶融紡糸方法
の下位分類 [D01D5/08@D　電界、磁界、レーザー光または超音波を付与す
るもの] も、調査に使用できそうである。対応テーマコードは 4L045（紡糸
方法及び装置）である（FI、F タームについては「2-3 特許分類」で解説し
ている）。

D04H1/70	・フリースまたは層の形成方法を特徴とするもの, 例. 繊維の再配列 [4, 2012.01]	🗋ハンドブック 🗋コンコーダンス	4L047
	（途中省略）		
D04H1/728	・・・静電紡糸によるもの [2012.01]	🗋ハンドブック 🗋コンコーダンス	4L047

◇予備検索まとめ

　予備検索の目的は二つ。「検索の方向性の確認」と「分類情報の入手」
方向性確認のために同義語・類義語・異表記を使う。精度上げはまだ意
識しなくて良い。
ヒット公報の数はある程度多い方が良い。

ごく少数では方向性の確認、分類情報の入手のいずれも難しい。

引き続き、これより「本検索」と精度上げの技術を説明する。

4 本検索

◇基本テクニック1ー分類とキーワードを両輪にして精度を上げる

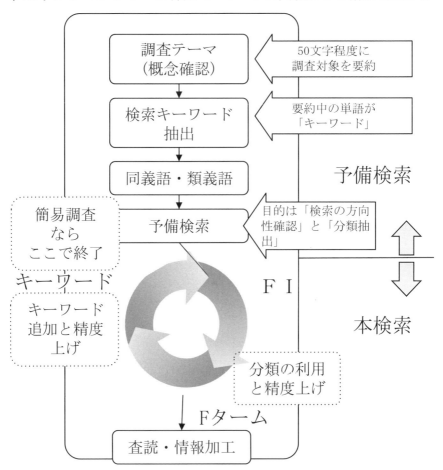

本検索では「分類（FI／Fターム）側」と「キーワード側」を車の両輪に見立て、両方を使って検索精度を引き上げていく。

1）分類の利用

予備検索の段階で、エレクトロスピニング法に関連するFIとして[D04H1/728……静電紡糸によるもの]が特定でき、対応Fタームテーマコードは4L047（不織物）と判明した。分類表の内容を下図に示す。

D04H 1/00		全部または大部分がステープルファイバまたは類似の比較的短い繊維で構成された不織布	47	件	4L047	HB
D04H 1/72	・・	繊維が不規則に配列されたもの［1，2012.01］	196	件	4L047	HB
D04H 1/724	・・・	繊維形成中のウエブ形成，例．フラッシュ紡糸［2012.01］	380	件	4L047	HB
D04H 1/728	・・・	静電紡糸によるもの［2012.01］	1321	件	4L047	HB
D04H 1/732	・・・	流体の流れ，例．エアレイ，によるもの［2012.01］	464	件	4L047	HB
D04H 1/736	・・・	繊維を配列する装置に特徴のあるもの（D04H1／728，D04H1／732が優先）［2012.01］	666	件	4L047	HB
D04H 1/74	・・	繊維が方向づけられているもの，例．平行	279	件	4L047	HB
D04H 1/76	・・	平面状以外の方法，例．管状の方法［2012.01］	360	件	4L047	HB

FI

観点		Fターム							
CC	機能	・力学的特性（←強度、伸度、弾性率）	・高剛性	・音特性（←防音・吸音性）	・熱特性	・・断熱性	・・断熱性	・吸液性	・通気性
CC	CC00	CC01	CC02	CC03	CC04	CC05	CC06	CC07	CC08
	用途	・衣料用	・芯地	・医療・衛生材	・おむつ	・生理用品	・寝具類	・詰め綿	・工業用
		CC11	CC12	CC13	CC14	CC15	CC16		
		・・製紙用（←抄紙フエルト）	・口過材（←フィルター、セパレーター）	・強化材（←FRP用補強材）	・その他工業用（F）	・農業・水産用	・その他の用途（F）		
DA	後処理	DA00							
EA	装置	EA00	EA01	EA02	EA03	EA04	EA05	EA06	EA07	EA08
		・ウエブ形成装置	・・カード	・ランドウエバー	・クロスラッパー	・溶融紡糸装置	・糸条牽引	・フィブリル化	・ウエブ結合装置
		EA11	EA12	EA13	EA14	EA15	EA16	EA17	EA18
		・・高周波	・・超音波	・・赤外線	・ニードリング装置	・・ニードル針	・・ニードルボード	・・ベッドプレート	・制御
		EA21	EA22						
		・・ローラー	・その他の装置（F）						

Fターム 4L047「不織物」

予備検索の際、調査テーマを要約し、キーワード（構成要素）を取り出した。

構成要素と特許分類表を対比すると、FI「D04H1/728」は静電紡糸による不織布、を意味するため「エレクトロスピニング」AND「不織布」から置き換えが可能である。

エレクトロスピニング　電界紡糸　電界紡績	D04H1/728
不織布	
リチウムイオン電池　リチウムイオン二次電池　リチウムイオンバッテリ	
セパレータ	

Fターム「用途」にはズバリの分類（電池・二次電池／セパレータ）はなく、工業用途に分類される。また「装置」にもズバリの分類（静電紡糸）はなく、溶融紡糸装置に分類される。

そこで、ここではFIを利用し検索を実施する。

検索項目　　　　　　　　　キーワード

| F I | ∨ | D04H1/728 | 近傍検索 |

AND

| 全文 | ∨ | リチウムイオン電池　リチウムイオン二次電池　リチウムイオンバッテリ | 近傍検索 |

AND

| 全文 | ∨ | セパレータ | 近傍検索 |

AND

| 要約 | ∨ | | 近傍検索 |

国内文献　　５３　件

　FI（≒発明の主題）が「エレクトロスピニング法による不織布」の意味であることから、リチウムイオン電池、セパレータ等の記述は必ずしも要約、請求項などに出現しない可能性を考え、キーワードは全文検索とした。

　ヒット内容を確認後、この検索条件は論理式に展開し、一旦保存しておく。

[D04H1/728/FI]＊[リチウムイオン電池/TX+リチウムイオン二次電池/TX+リチウムイオンバッテリ/TX]＊[セパレータ/TX]

　続いてキーワード側で検索精度を上げる準備をする。キーワード側の精度上げ＝未知語の収集が主体であるため、論理式検索画面のまま、次のように検索する。

[D04H1/728/FI]＊[リチウムイオン電池/TX+リチウムイオン二次電池/TX+リチウムイオンバッテリ/TX]＊[セパレータ/TX]-[エレクトロスピニング/TX+電界紡糸/TX+電界紡績/TX]

選択入力画面では次のようになる

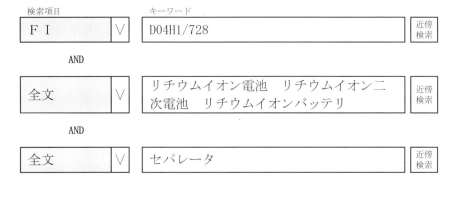

検索項目		キーワード	
ＦＩ	∨	D04H1/728	近傍検索

AND

検索項目		キーワード	
全文	∨	リチウムイオン電池　リチウムイオン二次電池　リチウムイオンバッテリ	近傍検索

AND

検索項目		キーワード	
全文	∨	セパレータ	近傍検索

除外キーワード

検索項目		キーワード	
全文	∨	エレクトロスピニング　電界紡糸　電界紡績	近傍検索

国内文献　　１０　件

　差分検索結果を確認し、公報中の表現を特定すると「エレクトロスピニング」に関連する同義語が確認できる。また、上記では件数（サンプル数）が少ないため、より多数の公報から同義語を抽出したい場合は

> [D04H1/728/FI]- [エレクトロスピニング/AB+電界紡糸/AB+電界紡績/AB]

などと検索してもよい。上記検索により、下記の同義語を抽出できた。

> 静電紡糸、溶融紡糸

2) キーワード側の精度上げ

キーワード側の精度上げでは、収集した同義語を「予備検索」の検索概念に追加する。太字は追加したキーワードである。(リチウムイオン電池関連語も修正している)

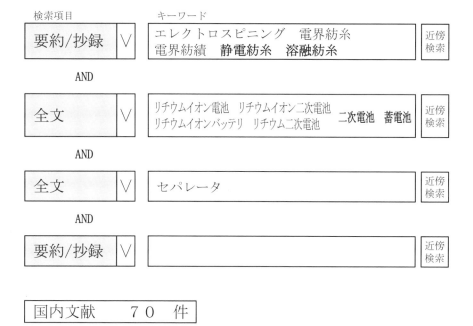

キーワード修正後、件数は70件に増加した。該当特許一覧を確認し、調査の方向性に一致していれば、こちらの検索条件も論理式に展開する。

[エレクトロスピニング/AB+電界紡糸/AB+電界紡績/AB+静電紡糸/AB+溶融紡糸/AB]＊[リチウムイオン電池/TX+リチウムイオン二次電池/TX+リチウムイオンバッテリ/TX+リチウム二次電池/TX+二次電池/TX+蓄電池/TX]＊[セパレータ/TX]

　キーワード検索には分野特有のコツなども存在する。例えば明細書に特有の「特許用語」、化合物を検索する方法、製品名・規格名などを有効に利用する方法などである。このようなキーワード検索の応用は、「3-3 技術テーマ調査の実践」で説明する。

◇基本テクニック２－性質の異なる部分集合を組み合わせる

前半で保存した検索条件（FI 使用）と

> [D04H1/728/FI]＊[リチウムイオン電池/TX+リチウムイオン二次電池/
> TX+リチウムイオンバッテリ/TX]＊[セパレータ/TX]

後半の検索条件（キーワードに同義語・類義語追加）を

> [エレクトロスピニング/AB+電界紡糸/AB+電界紡績/AB+静電紡糸/
> AB+溶融紡糸/AB]＊[リチウムイオン電池/TX+リチウムイオン二次電
> 池/TX+リチウムイオンバッテリ/TX+リチウム二次電池/TX+二次電
> 池/TX+蓄電池/TX]＊[セパレータ/TX]

OR 検索で繋ぐと下記のようになる

> [D04H1/728/FI]＊[リチウムイオン電池/TX+リチウムイオン二次電池/
> TX+リチウムイオンバッテリ/TX]＊[セパレータ/TX]+[エレクトロスピ
> ニング/AB+電界紡糸/AB+電界紡績/AB+静電紡糸/AB+溶融紡糸/AB]
> ＊[リチウムイオン電池/TX+リチウムイオン二次電池/TX+リチウムイ
> オンバッテリ/TX+リチウム二次電池/TX+二次電池/TX+蓄電池/TX]
> ＊[セパレータ/TX]

　検索結果は 144 件となり、ほぼすべてが「エレクトロスピニング」に関連した公報である。
　初回の予備検索が「2 件」だった事を思い出して欲しい。ここまでが精度上げの基本的な流れである。

◇基本テクニック３－部分集合の評価

　検索精度を上げていく過程で、ある分類、またはキーワードを追加するべきか否か迷うケースがある。このような場合は「部分集合の評価」が有効である。部分集合の評価には NOT 検索機能（除外キーワード）を利用する。

　先ほどの「エレクトロスピニング」の検索では利用しなかったＦターム「4L047 不織物」の「用途」で説明する。

CC	CC00	CC01	CC02	CC03	CC04	CC05	CC06	CC07	CC08
		・衣料用	・・芯地	・医療・衛生材	・おむつ	・生理用品	・寝具類	・・詰め綿	・工業用	
		CC11	CC12	CC13	CC14	C15	CC16			
	用途	・・製紙用（←抄紙フェルト）	・・口過材（←フィルター，セパレーター）	・・強化材（←ＦＲＰ用補強材）	・その他工業用（Ｆ）	・農業・水産用	・その他の用途 どちらが適切か？ いずれも不適切か？			
DA	DA00									
	後処理									
EA	EA00	EA01	EA02	EA03	EA04	EA05	EA06	EA07	EA08	
		・ウエブ形成装置	・・カード	・・ランドウエバー	・・クロスラッパー	・・溶融紡糸装置	・・糸条牽引	・・フィブリル化	・ウエブ結合装置	布

　この調査テーマでは「リチウムイオン二次電池のセパレータ用途」を探すことから、Ｆタームリストの観点「用途」の中では「工業用」または「その他工業用」に当たると推定される。Ｆタームリストには解説書が付属しており、解説書の中で当てはまる用途を記述している場合もあるが、残念ながら本テーマの解説書には具体的な用途は記述されていなかった。そこで検索による評価を実施する事とする。

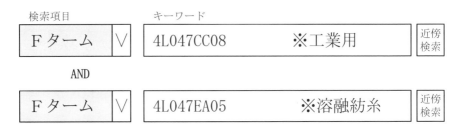

検索項目　　　　　　　キーワード

| F ターム | ∨ | 4L047CC08　　　※工業用 | 近傍検索 |

AND

| F ターム | ∨ | 4L047EA05　　　※溶融紡糸 | 近傍検索 |

国内文献　　　６５４　件

　該当 654 件と少々件数が多いため、全文キーワード「電池」を追加する（AND 検索）。件数は 85 件となる。

検索項目　　　　　　　キーワード

| F ターム | ∨ | 4L047CC08　　　※工業用 | 近傍検索 |

AND

検索項目　　　　　　　キーワード

| F ターム | ∨ | 4L047EA05　　　※溶融紡糸 | 近傍検索 |

AND

検索項目　　　　　　　キーワード

| 全文 | ∨ | 電池 | 近傍検索 |

国内文献　　　８５　件

　同様に「その他工業用」を確認。比較的件数が少なく（17 件）、「CC08 工業用」が多く付与されている事が確認できる。

検索項目　キーワード

Fターム ∨ 4L047CC14 ※その他工業用（F） 近傍検索

AND

Fターム ∨ 4L047EA05 ※溶融紡糸 近傍検索

AND

全文 ∨ 電池 近傍検索

国内文献　　１７　件

　続いて「CC08 工業用」の有用性を NOT 検索で確認する。ここでは論理式検索を利用する。

　式が複雑化しているが、これは「F ターム×電池」NOT「[FI ×キーワード]＋[キーワード検索]」の構造となっている。

[4L047CC08/FT]＊[4L047EA05/FT]＊[電池/TX]- [[D04H1/728/FI]＊[リチウムイオン電池/TX+リチウムイオン二次電池/TX+リチウムイオンバッテリ/TX]＊[セパレータ/TX]+ [エレクトロスピニング/AB+電界紡糸/AB+電界紡績/AB+静電紡糸/AB+溶融紡糸/AB]＊[リチウムイオン電池/TX+リチウムイオン二次電池/TX+リチウムイオンバッテリ/TX+リチウム二次電池/TX+二次電池/TX+蓄電池/TX]＊[セパレータ/TX]]

　件数は 85 件で、先ほどの「F ターム×電池」と同じである。
　したがって「ここまでの検索条件と全く重なっていない」とわかる。

　引き続きヒット内容の評価を行う。ヒット内容の評価は全数評価ではなく、抜き取りによるサンプリング確認で十分である。抜き取りの際は、発明の名称や出願人を見て「より調査テーマに関連しそうな公報」を選択すると良い。

　また、同一の出願人は類似した出願を行っている可能性があるので、異なる出願人から複数公報を選択すると、よりサンプリングの効果が高い。

　本検索例でサンプリングした公報内での「不織布製造方法の説明」は下記の内容だった。

> 本発明の不織布の製造装置では、吐出された紡糸液に対し、紡糸液の吐出方向と平行を成すように加熱ガスを吐出する。（加熱ガス流）

> 本明細書で論じる方法は、遠心力を利用して材料を繊維に変える方法である。（遠心力）

> 第1繊維を、搬送される多孔質基材の第2主面側から第1吸引面を備える第1吸引装置により吸引しながら、第1主面に堆積させる第1堆積工程と、を具備する。　（吸引）

　いずれもナノファイバーで不織布を形成しているものの、ガス流や遠心力を利用しており、「エレクトロスピニング法」ではない、と判定された。
　この調査テーマでは「特許出願前に、公報の確認も含めて半日弱程度の工数で先行例の確認をしたい。侵害予防調査レベルの漏れ防止は必要ないが、特許審査段階であげられそうな、本件アイデアに近い公報はなるべく拾い上げたい。」という方向性でサーチを定義していた。したがって、このFタームを加える必要性は低いと判断し、Fターム検討は終了する。

　もしも「より広く特許調査を行い、侵害予防調査レベルの漏れ防止を行いたい」ケースであれば、他に使用すべき特許分類はないか？という点を中心に追加検討を行う。同時に検索キーワードの充実を図り、調査精度を向上させると良い。
　（キーワード検索のコツ、TIPSは「3-3技術テーマ調査の実践」で紹介している。）

「論理式入力」を利用するメリット

　J-PlatPat の「特許・実用新案検索」には「論理式入力」機能がある。論理式入力の利用には 3 つのメリットがある。

1）同じ検索式を繰り返し利用したい時

　ウオッチング（SDI）のような目的で、定期的に同じ検索をする場合は、論理式を使うと良い。論理式はテキストデータとして保存できるので、毎回保存データからコピー＆ペーストすれば、短時間で入力できミスも起こりにくい。

2）キーワード入力欄では表現しきれない、複雑な検索条件を設定する時

　下図のように「野菜ジュースに関連するキーワードを、飲料の特許分類に置き換えた検索をしたい、最後に両者を合算したい。」と考えたとすると、

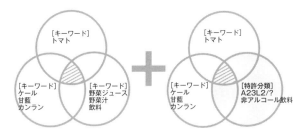

　この条件をキーワード入力欄で指定するのは難しく、2 回に分けて検索する事になり、また各回の検索で同じ公報がヒットした場合は、同一の公報に 2 回目を通す事にもなる。このような時、論理式ならば次に示すように表現でき、一度で検索が可能となる。

```
[トマト/SP]＊[ケール/SP+カンラン/SP+甘藍/SP]＊[野菜ジュース
/CL+野菜汁/CL+飲料/CL]+[トマト/SP]＊[ケール/SP+カンラン/
SP+甘藍/SP]＊[A23L2/00/FI]
```

3）論理式入力特有の検索項目利用

　選択入力と論理式入力とでは、検索可能項目が若干異なっており、「論

理式入力のみで利用可能な検索項目」も存在する。

J-Platpat の「論理式入力」で利用可能なコマンドは下記の通りである。

（2020 年 1 月時点）

検索項目	構造タグ (コマンド)	論理式 のみ検索可	入力方法等
全文	TX		[トマト /TX]
書誌事項	BI		[ウィルス /BI]
発明・考案の名称 / タイトル	TI		[飲料 /TI]
要約 / 抄録	AB		[クラウド /AB]
請求の範囲	CL		[リチウムイオン /CL]
明細書	SP		[機械学習 /SP] 特許文献・非特許文献ともに検索可能
審査官フリーワード	FW		[2H191 表示 /FW] F タームテーマコード + フリーワードで入力
審査官フリーワード + 全文	AL		[2H191 表示 /AL] F タームテーマコード + フリーワードで入力
FI	FI		[A23L2/00/FI] FI の展開記号の前にはカンマ (,) を入力例） A23B4/00,101/FI FI の分冊識別記号の前にはアットマーク (@) を入力 例）A23B4/00,505@A/FI
F ターム	FT		[4K018AA01/FT]
ファセット	FC		[ZAA/FC]
IPC	IP		[G02F1/133/IP]
CPC	CP		[Y04S10/123/CP]
出願人 / 権利者 / 著 者所属	AP		[特許太郎 /AP] ※特許 と 太郎 との間にスペースがある場合がある。 両方を検索するには [特許太郎 /AP]+[特許　太郎 /AP]
申請人識別番号	AN		[999999999/AN]
出願人 / 権利者住所	AA		[東京都千代田区 /AA]
発明者 / 考案者 / 著 者	IN		[特許太郎 /IN] ※特許 と 太郎 との間にスペースがある場合がある。 両方を検索するには [特許太郎 /IN]+[特許　太郎 /IN]
代理人	RP		[特許太郎 /RP] ※特許 と 太郎 との間にスペースがある場合がある。 両方を検索するには [特許太郎 /IN]+[特許　太郎 /IN]
審査官名	EX		[特許太郎 /EX] ※特許 と 太郎 との間にスペースがある場合がある。 両方を検索するには [特許太郎 /IN]+[特許　太郎 /IN]

審判番号	JN		[2015-000121/JN]
優先権主張　国・地域・番号	PN		例）優先権主張国・地域が「フランス（FR）」、優先権主張番号が「8330435X.9」の場合 ['FR@8330435X.9'/PN]
論文タイトル	TL	○	[樹脂 /TL] 非特許文献のみで有効。国内文献（国内特許）は検索対象外のため、検索画面上では「識別タグが間違っている」旨のエラーが表示される。検索結果一覧から「非特許文献」欄を確認すると、結果確認が可能。
書籍タイトル	BO	○	[電池 /BO] 非特許文献のみで有効。国内文献（国内特許）は検索対象外のため、検索画面上では「識別タグが間違っている」旨のエラーが表示される。検索結果一覧から「非特許文献」欄を確認すると、結果確認が可能。
参考文献	RF	○	[インプラント /RF]
目的	PI	○	[インフルエンザ予防 /PI]
構成	CI	○	[洗浄手段 /CI]
詳細な説明	DD	○	[記憶装置 /DD]
符号の説明	DC	○	[トランジスタ /DC]
説明	BD	○	[検査プローブ /BD]
図面の説明	DF	○	[歯車 /DF]
利用分野	FA	○	[電子商取引 /FA]
フリーワード	CW	○	[自動運転 /CW]
従来の技術	BA	○	[車載センサ /BA]
発明の開示	DI	○	[培養 /DI]
課題	PS	○	[メタノール /PS]
手段	MS	○	[ステッピングモータ /MS]
効果	ED	○	[高速化 /ED]
実施例	EI	○	[乳酸菌 /EI]
発行者	PB	○	[情報処理学会 /PB] 非特許文献のみで有効。
微生物の受託番号	DN	○	例）ビフィドバクテリウム・ロンガム JCM 1217 [JCM1217/DN] 特許文献中に記載された受託番号を検索。部分一致検索も可能。 例）[JCM/DN]

近傍検索

　キーワードから検索する場合に、二つ又は三つのキーワードの間隔を指定して検索する近傍検索も論理式で指定できる。

　キーワードとキーワードの間隔は 1 ～ 99 文字まで指定できる。また、語順の指定は、語順あり =C,c、語順なし =N,n が入力できる。

　間隔の数字は、「テキスト検索対象」で「和文」を選択した場合、文字数となり、「英文」を選択した場合、単語数となる。

　キーワードが二つの場合、以下のように入力する。

　「無電源」と「発光」の間が5文字以内の案件を全文（構造タグ「TX」）で検索する場合の例（必ず「無電源」が先で、「発光」が後になるよう語順を指定する場合は、文字数の後ろに「C」を入力する。）

```
[無電源,5C,発光/TX]
```

　「無電源」と「発光」の間が3文字以内の案件を全文（構造タグ「TX」）で検索する場合の例（「無電源」と「発光」の語順を指定しない場合は、文字数の後ろに「N」を入力する。）

```
[無電源,3N,発光/TX]
```

ワイルドカードの利用

例）「無電源」と「発光」の間に任意の1文字が含まれる場合、

'無電源？発光'/TX　と入力する。

検索キーワードの省略

　同種、同一観点の検索キーワードを続けて入力する場合、丸括弧（（ ））を使うと入力の一部を省略できる。

例）ワイン/TX+ ビール/TX を省略するには、

```
[(ワイン+ビール)/TX]
```

とする。

テーマを含む全文検索タグ（「!4H104 ワイン /AP＊!4H104 ビール /TX」）の省略例

「/AP」が「/TX」に含まれるため、以下のように記載できる。

```
!4H104 (ワイン/AP＊ビール)/TX
```

3-2 精度上げのための特許分類

　「1-2 データベース検索の基礎」において、検索とは「概念（コンセプト）を検索語に置き換えて探している」のだということ、検索語（検索に利用できる項目）には大きく分けて自然語のキーワードと分類があること、また、自然語のキーワードと分類では検索上の性質が異なることなどを説明した。

　本稿では特許分類の種類と成立、各分類の相互関係、改訂情報など、特許情報検索のベースとなる基礎知識を解説する。

　特許分類を利用した検索精度向上の基本的な手順は「3-1 特許調査と精度上げの基本手順」で、技術テーマ調査に分類を使うポイントは本項で、また調査目的ごとの利用法は「3-3 技術テーマ調査の実践」で、それぞれ説明する。

① 特許分類の種類と成立

　現在日本で使用されている特許分類は「IPC（International Patent Classification：国際特許分類）」「FI（File Index）」「F ターム（File Forming Term）」の 3 種類である。

日本で使われている特許分類
1) IPC　　　　International Patent Classification：国際特許分類
2) FI　　　　　File Index
3) F ターム　File Forming Term

　また、海外においても IPC が広く使用されている。CPC（共通特許分類）を併用している国も増えている。

海外で使われている主要な特許分類

1）IPC　　International Patent Classification：国際特許分類
2）CPC　　Cooperative Patent Classification　：共通特許分類

　国際特許分類はドイツ分類を基礎とし、1971 年の国際特許分類に関する
ストラスブール協定に基づき作成された特許分類である。世界知的所有権機
関（WIPO）により英語版とフランス語版が編集・発行される[4]。2006 年に
第 8 版が発効し、世界知的所有権機関のウェブサイトで公開されている[5]。
日本語版は特許庁が編集し、J-PlatPat で公開されている[6]。

　分類内容は、A（生活必需品）から H（電気）の 8 部門に大別され、更に
細分化されている。

A	生活必需品
B	処理操作；運輸
C	化学；冶金
D	繊維；紙
E	固定構造物
F	機械工学；照明；加熱；武器；爆破
G	物理学
H	電気

　特許分類はなぜ作られたのか。「1-2 データベース検索の基礎」では、キー
ワード検索と分類検索は補完関係にあるということを述べた。キーワード検
索が困難な概念に対して分類が設定されるという考え方である。 特許審査
業務においては、先行技術に基づく新規性・進歩性の判断が大きなウエイト
を占めており、先行文献調査は欠かすことができない。先行文献調査の効率
化と質の向上のために、特許分類が設定されたと考えられる。

4）　International Patent Classification（IPC）トップページ（WIPO）https://www.wipo.int/classifications/ipc/en/
5）　国際特許分類表（WIPO）https://www.wipo.int/classifications/ipcpub/
6）　特許・実用新案分類照会（PMGS）（J-Platpat）https://www.j-platpat.inpit.go.jp/p1101

　ところで国際特許分類はドイツの分類体系を基礎としているため、日本の
日本の技術開発動向とは異なる部分がある。一例を挙げると食品の分野（み
そ・しょうゆ、緑茶 など）がその典型例である。 日本では比較的特許出願
件数が多いのだが、IPC においては分類の細分化が進んでおらず、一つの分
類コードに多数の公報が分類される状況が起こりやすい。

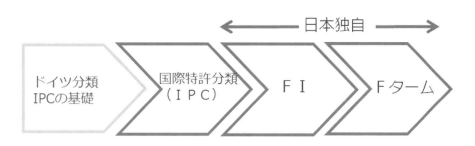

　特許審査業務における先行文献調査では、適切な粒度の技術分類が設定さ
れ、一つの分類コードに適切な数の公報が分類されていると、審査の効率化
や質の向上に繋がりやすいと推定される。このため日本独自に IPC の部分
的細分化を行ったのが FI である。部分的細分化であるため、IPC と FI の
分類コードには 共通する内容も多い。 一方で特許審査用のデータベース検
索を効率化する目的で 作られたのが F タームである。F タームには IPC や
FI とは異なる独自の観点が設定されている。

② ドットによる階層構造

①特許分類と階層構造

　IPC、FI、F タームは内部に階層構造を持っている。後述する CPC（共通
特許分類）も同様である。下図に IPC ／ FI の階層構造の例を示す。次表に
おいて最上位のセクションからサブグループまでは IPC と FI は共通である。
下から二番目の分冊識別記号、一番下の展開記号は FI だけで使われる階層
である。

A　　セクション	生活必需品
A23　　クラス	食品または食料品
A23F　　サブクラス	コーヒー；茶
A23F 3　　メイングループ	茶；茶の代用品；それらの調製品
A23F 3/06　　サブグループ	抽出前の茶の処理
A23F 3/06 ＠A　（FI独自）分冊識別記号	生葉の処理
A23F 3/06, 301　（FI独自）展開記号	蒸熱

②「ドット」の基本概念

はじめに IPC 分類表の一部分を示す。

A23L 2/00		非アルコール性飲料；その乾燥組成物または濃縮物；それらの調製
A23L 2/02	・	果実または野菜ジュースを含有するもの［2］
A23L 2/04	・・	ジュースの抽出（ジュースを抽出する機械または装置 A23N1／00,A47J19／00）［2］
A23L 2/06	・・・	かんきつ類果実からの抽出［2］

　分類記号と解説文の間に記載された「・」ドットを確認できる。この「・（ドット）」は、分類の階層構造を表現する記号である。その構造は、コンピュータにデータを保存する際の「フォルダ」構造に類似している。

データ整理の際、データの使用時期別に年月のフォルダを作り、後で探しやすくするといった上の整理法は、一般的に広く行われている。多くのファイルがフォルダに収まるのだが、中には「複数のイベントに関係し、どちらかのフォルダに入れることが難しい」とったファイルも出てくるだろう。このような場合には特定の月ではなく、年の階層に入れる。複数年にわたって利用する場合は更に上の階層に入れる事にする。こういった運用をする方も多いのではなかろうか。

これから説明する特許分類の概念は、この「データ整理のルール」によく似ている。

③ドットの見方
1）ドットの見方（IPC、FI）
IPC 及び FI ではドット「・」記号を用いて分類階層を表現している。ここで再び「非アルコール性飲料」（A23L2）の IPC 分類表を確認する。

A23L 2/00		非アルコール性飲料：その乾燥組成物または濃縮物；それらの調製
A23L 2/02	・	果実または野菜ジュースを含有するもの［2］

A23L 2/04 ・・ ジュースの抽出（ジュースを抽出する機械または装置 A23N1 ／ 00,A47J19 ／ 00）[2]

A23L 2/06 ・・・ かんきつ類果実からの抽出 [2]

最上位の階層「A23L 2/00 非アルコール性飲料」にはドットがなく、メイングループの先頭を表している。続く「A23L 2/02 ・ 果実または野菜ジュースを含有するもの [2]」は、ドット1個である。以降、ドット2、ドット3となる。

特許分類は上の階層が下の階層を包含する概念と なっている。上記例では「果実または野菜ジュース」は「非アルコール性飲料の一種である」という関係である。この関係に従ってドット2、ドット3を読み解くと、それぞれ次のようになる。

> ドット2 非アルコール性飲料のうち 〉 果実又は野菜ジュースを含むものであって 〉特にジュースの抽出に関連する技術

> ドット3 非アルコール性飲料のうち 〉 果実又は野菜ジュースを含むものであって 〉 ジュースの抽出に関連し 〉 そのうち、かんきつ類果実からジュースを抽出する技術

2) ドットの見方（FI ハンドブック）

J-Platpat の FI ハンドブックでは、階層構造を「ドット」でなく「数字」で表現する。階層の読み取り方はドットと同様である。

A23L2/04	2	ジュースの抽出（ジュースを抽出する機械または装置Ａ２３Ｎ１／００, Ａ４７Ｊ１９／００）[2]
A23L2/06	3	かんきつ類果実からの抽出 [2]
A23L2/08	2	ジュースの濃縮または乾燥 [2]

3) ドットの見方（F ターム）

J-Platpat の F ターム表示には「分類表示」「リスト印刷（印刷用表示）」の 2 種類がある。まず「分類表示」の例である。分類表示では階層が視覚的にインデント（字下げ）形式で表示される。

☐　LG00 植物質原料 （テーマコード：4B117）

　　☐　LG01 ・果実
　　　　☐　LG02 ・・柑橘類
　　　　☐　LG03 ・・りんご
　　　　☐　LG04 ・・梅
　　　　☐　LG05 ・・果汁として含むもの

「リスト印刷（印刷用表示）」では左→右の順に表示される。わかりにくい場合は「分類表示」のインデント形式を併用すると良いだろう。

LG00	LG01	LG02	LG03	LG04	LG05
	・果実	・・柑橘類	・・りんご	・・梅	・・果汁として含むもの

④分類の階層と付与

分類の付与方法は、主として分類を付与する担当者にとって重要なものであるが、特許分類を利用してサーチする側にも、どのような基準で付与されるのかを知っておくことは重要である。

たとえば「にんじんからジュースを抽出する技術」は下記分類（IPC）のうち、どこに分類されるのであろうか。

A23L 2/00		非アルコール性飲料；その乾燥組成物または濃縮物；それらの調製
A23L 2/02	・	果実または野菜ジュースを含有するもの［2］
A23L 2/04	・・	ジュースの抽出（ジュースを抽出する機械または装置 A23N1／00,A47J19／00）［2］
A23L 2/06	・・・	かんきつ類果実からの抽出［2］

　特許分類の目的の一つは「特許文献のサーチを容易にすること」である。そのためむやみに多くの分類を付与すれば良いというものでもなく、同一の技術テーマは同一の分類箇所に所属し、これによって容易かつ正確にサーチができることが望ましいとされている。このため特許分類表の中には様々なルールが設けられており、分類の一致性の確保と　サーチ上の便宜が図られている。

　比較的広く適用されているルールは、「下位ドットによりふさわしいものがあれば、下位分類のみを付与し、上位ドットのコードは付与しない」である。「にんじんからジュースを抽出する技術」は「非アルコール性飲料」及び「野菜ジュース」、「ジュースの抽出」すべてに関連する、と言えるが、このルールに従うと「A23L 2/04 ジュースの抽出」のみを付与し、上位分類は付与しないこととなる。

3　FI（ファイルインデックス）とはどんな分類か

　FIとは、日本の特許庁が採用する日本独自の特許分類である。明治期以降のすべての日本特許に付与されている。IPCをベースとしており、IPCの末尾に、必要に応じて記号を追加することで、IPCより更に細かい分類付けを可能としている。
　また、技術の進展に対応するべく、年に1回から2回、必要な分野のFIの改正が行われている。改正が行われるたびに、過去の国内公報に付与され

た FI も遡及的に再分類がなされる。また「発明の主題に対して付与する分類」であり、3 種類が使われる日本の特許分類の中で基礎情報の役割を果たしている。

FI のポイント

・日本独自の特許分類。IPC（国際特許分類）をベースとしている

・IPC の末尾に記号を追加し、細分化したもの。IPC より細かい分類。

・すべての日本特許に付与。過去公報も遡及メンテナンスされる。

・発明主題に対する付与

・日本の分類の基礎情報

　ここでは分類の性質を理解するために、FI の成立を説明する。　特許分類は当初、特許審査における先行文献調査の効率化と質の向上を目的として作られた、ということを説明した。すなわち特許分類の歴史は、特許制度の変遷や審査環境の変化と密接なつながりがある。

　日本における特許審査は明治時代に始まっている。当時の審査環境は当然ファイリングと紙めくりである。この時代が長く続いたのだが、産業の発展に伴う出願件数の増加、過去資料の蓄積の増加が、先行文献調査の負担を徐々に増加させてきた。さらに昭和 46 年（1971）特許・実用新案の公開制度がスタートし、公報発行件数が増加。一層先行文献調査の負担を増加させることとなった。

　一方この時期、昭和 45 年 10 月 1 日から特許・実用新案の公告公報に、サブクラス（例：A23F）のレベルで IPC の記載を開始した。当時は日本特許分類（JPC）に併記する形式だった。さらに昭和 47 年 10 月からは、半数近い分野で試験的にサブグループ（例：A23F 3/06）まで併記を始め、昭和 48 年 10 月には全技術分野でサブグループまでの併記を開始。公告公報への IPC 導入が完了した。また、昭和 50 年 3 月には特許および実用新案公開公

報への IPC 併記が始まった[7]。

　これによって日本の発行する特許文献にはすべて IPC が記入されることとなった。 しばらくの間は日本特許分類（JPC）も存続したのだが、IPC を唯一の分類として採用するという計画が進む中で、JPC の運用が問題になった。とりわけ IPC において展開が十分でなく JPC で細分化されている審査資料を活用しにくくなるのは大問題であった。これは先に述べた食品分野の例の通りであり、簡単に言えば「IPC を利用した調査では、大まかに分類された情報を得る事しかできない」ということである。また他にも、当時医薬を薬効に従って副分類とするといういわゆるファセット分類が新設されていたのだが、JPC が廃止され 、薬効分類がなくなるのは不都合なので、IPC のみになってもこの分類を実質的に残したいという要望が強かった。

　しかし 国際条約で定められた IPC そのものを日本の要望のみで直すことはできないため、細分化が不十分なところには展開記号、ファセット分類としての役目をする箇所にはファセット記号を使用することとし、日本における IPC の国内運用として、展開記号とファセット記号を 併記することとした。この展開記号は後に IPC から独立し、現在は FI として運用されている。 ファセットも現在まで存続し「技術分野別ファセット」と技術分野を限定しない「広域ファセット」が利用されている。（ファセットについては別項目として詳述する。） 以上のように FI とは、IPC 導入と JPC の廃止に伴い、JPC を引き継ぐ形で作られた分類である。

◇ IPC に追加される記号

　FI では、IPC の末尾に記号を必要に応じて追加し、さらに細かい分類を可能にしている。一つの IPC に対して 2 種類の記号が追加される場合もある。

> **展開記号**　IPC の最小単位であるサブグループをさらに細かく展開するもの。3 桁の数字で記載される。
>
> 記載例 ： 　A23L2/42,101 　　（注：サブグループの後に , を入れる）

---

7)　参考文献：金平 隆（著）「国際特許分類入門―IPC 第 6 版の理解のために」（発明協会 1995）pp16-17、p34

> **分冊識別記号** IPC または展開記号をさらに細かく展開するもの。アルファベット 1 文字で記載される。（数字との取り違えを防ぐため、I（アイ）と O（オー）は使用されない）
> 記載例 ： A23F3/06@F （注：サブグループの後に @ を入れる）

> **ファセット分類記号** FI の全範囲または所定の範囲を FI とは異なる観点から分類するもの。アルファベット 3 文字で記載される。（2 文字目と 3 文字目については、I と O を除く）
> ファセット分類記号の例：ZIT ／ Internet of Things [IoT]［適用範囲全範囲］

4 IPC と FI の関係

　すでに説明した通り、FI は IPC（国際特許分類） 導入に伴い日本で作られた国内分類である。一般には IPC の知名度が高いことから、FI は「IPCに似ているが、どんな分類なのか。使い分けがわからない」「国際的に利用されていると聞き、良さそうなイメージがあって IPC を使っている」人もいることと思われる。

◇ FI は、日本特許に付与される分類の基礎情報

　もしも「IPC と FI、どちらを優先して使いましょうか？」と聞かれたら、迷わず「FI を」と勧めたい。第一の理由は、日本の特許出願に分類が付与される際の手順・流れにある。

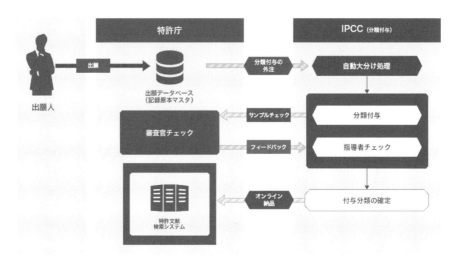

出所：工業所有権協力センター [8)]

　日本の特許庁に新規出願が提出されると、比較的早い段階で分類付与作業がスタートする。その際、特許出願に対して最初に付与されるのが「FI」である。分類付与者が明細書を読み、「発明の主題を反映するように」FIを付与する。

　FIの決定後、付与FIに従ってIPCが決定される。IPCの決定方法は「コンコーダンス」。コンコーダンスとは、FIとIPCの対応表である。FIが定まると対応関係に従って自動的にIPCも定まる、という流れである。

　FIの方が、人間の目視・確認が加わっている点で利用価値が高い。

　日本における「出願内容に対して特許分類を付与するフロー」は下図のような手順であるとされる 。以下、「FI」「FタームテーマとIPC」「Fターム（個々のコード）」の段階に分けて説明する。

---

8)　工業所有権協力センター：分類付与事業　https://www.ipcc.or.jp/business/patent/

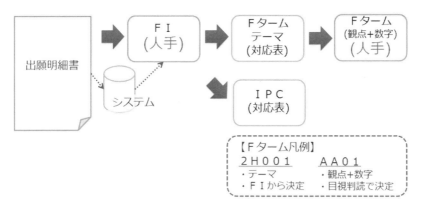

FI の付与

　前述の通り、新規の特許出願に対して最初に付与されるのが「FI」である。2018 年日本特許庁への出願件数は 313,567 件[9] であった。以前より減少したとはいえ、現在も膨大な特許出願件数に対し効率よく分類付与を進めるため、分類付与用の補助システムが導入されている（自動大分けシステム）。

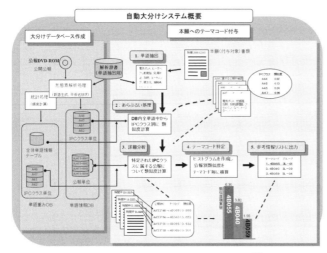

出所：JAPIO「特許分類の自動推定への取り組み」[10]

9)　特許庁「特許行政年次報告書 2019 年版」　https://www.jpo.go.jp/resources/report/nenji/2019/index.html#
10)　JAPIO「特許分類の自動推定への取り組み」　http://www.japio.or.jp/00yearbook/files/2016book/16_3_03.pdf

　このシステムによるふるい分けの後、専門技術者の目視判読による FI の付与が行われている。 FI は発明主題を中心に付与される、とされている。発明の主題とはいわゆる発明の要旨、特許請求の範囲に直接関係のある技術情報である。

F タームテーマと IPC の付与

　F タームの「テーマコード」と IPC は、いずれも FI との対応関係があり、自動的に定められる（コンコーダンス）。人間の目視判断ではない。

F ターム（観点＋数字）の付与

　F タームの後半４桁、観点＋数字部分は人間の目視判読による付与が行われる。（下図参照。人手による書き込み作業例）

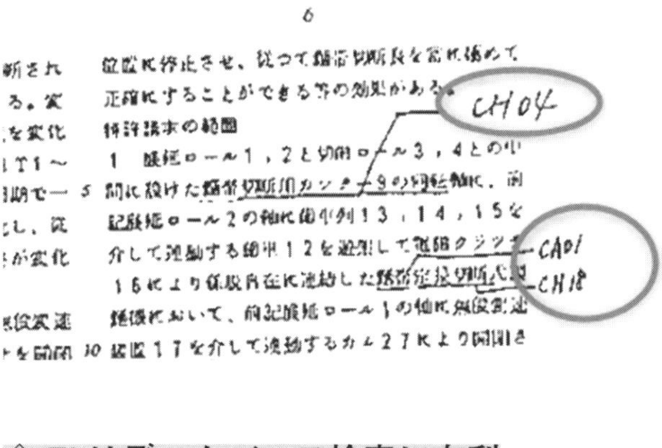

◇ FI はデータベース検索に有利

　IPC と FI を比較すると、FI の方がデータベース検索に有利である。
　第１の理由は「IPC より細分化されていること」、第２の理由は「遡及してメンテナンスされること」である。実際に該当件数を比較してみるとよくわかる。

　まず細分化について説明する。

　下記の表は「食品用の豆類」に関する特許分類（IPC、FI）をそれぞれ分類コード単位で検索したものである。この分野の特許分類はいずれも 2016 年に改訂されている。IPC の検索結果を見ると、新分類の A23L 11/00 が付与された公報は 400 件強と少なく、旧分類 A23L 1/20 には 7200 件の該当公報が確認できる。すなわち IPC は過去に発行された公報の遡及メンテナンスが行われていないと推定される。

　次に FI による検索結果を見てみよう。この分野では豆類を使った食品に関連し、展開記号・分冊識別記号が非常に充実している。IPC の該当件数より、8000 件程度の発行済公報が存在すると推定されるが、FI の利用により、数十から数百件程度の検索集合を作れるメリットがある。

IPC	内容	件数	FI記号	ドット	内容	件数
A23L 11/00	飼料または食品用の豆類, すなわち	427	A23L 11/00		飼料または食品用の豆類, すなわ	102
旧IPC：A23L 1/20	↑	7200	A23L 11/00 A	・	大豆の処理, 例. 物理的手段のみに	610
			A23L 11/00 B	・・	前処理, 例. 脱皮, 精選, 洗滌	124
			A23L 11/00 C	・・	蒸煮処理	180
			A23L 11/00 D	・・	化学的処理, 例. 酢大豆（A 2 3 L	462
			A23L 11/00 E	・・	生物的処理	423
			A23L 11/00 F	・・	大豆以外の豆類の処理	329
			A23L 11/00 Z	・	その他, 例. おから	1229
			A23L 11/00 103	・	豆腐類	384
			A23L 11/00 104	・・	豆腐	52
			A23L 11/00 104 A	・・・	豆腐製造装置, 例. 家庭用のもの	158
			A23L 11/00 104 B	・・・・	生ゴの調製	65
			A23L 11/00 104 C	・・・・	ゴの加熱	119
			A23L 11/00 104 D	・・・・	豆乳とおからの分離	81
			A23L 11/00 104 E	・・・・	盛り込み, 寄せ	162
			A23L 11/00 104 F	・・・・	成型, 脱水, 切断	246
			A23L 11/00 104 G	・・・・	充填豆腐	96
			A23L 11/00 104 H	・・・・	仕上げ, 例. 冷却, 殺菌または包装	171
			A23L 11/00 104 Z	・・・	その他, 例. 製法	1023

※2019年8月現在

　抽出したデータを照合した結果、旧分類のものも遡及してメンテナンスされていることが確認できた。

IPC － FI の対応関係確認（コンコーダンス）

　IPC と FI との対応関係はコンコーダンスで確認する。コンコーダンスは J-PlatPat の 特許・実用新案分類照会（PMGS）から参照できる。いずれも

メイングループ（例：A23F3）の階層で表示される。

IPC → FI の場合

+ A23L11/00 　飼料または食品用の豆類，すなわち豆科植物の果実；豆科植物からの製品；それらの調製または処理，例，リン酸塩による処理［２０１６．０１］ 　📄 コンコーダンス

コンコーダンス表示（IPC（最新版）→ FI）

No.	IPC(最新版)	FI
1	A23L11/00	A23L11/00
2	A23L11/00	A23L11/00@A
3	A23L11/00	A23L11/00@B
⋮	⋮	⋮

FI → IPC の場合

+ A23L11/00 　飼料または食品用の豆類，すなわち豆科植物の果実；豆科植物からの製品；それらの調製または処理，例，リン酸塩による処理［２０１６．０１］ 　📄 ハンドブック 📄 コンコーダンス

コンコーダンス表示（FI → IPC（最新版））

No.	FI	IPC(最新版)
1	A23L11/00	A23L11/00
2	A23L11/00@A	A23L11/00
3	A23L11/00@B	A23L11/00
⋮	⋮	⋮

5 IPC（国際特許分類）の利用

　本項では「IPC を利用するとよい検索場面」を説明する。

　ここまでで説明した通り、日本特許の分類情報においては FI が基礎情報になっている。また、FI と IPC にはそれぞれ次のような特徴がある。

	FI	IPC（国際特許分類）
分類の成り立ち	日本独自・IPC を細分化	国際会議による決定
基本的な付与方法	人手による目視・判読	FI からのコンコーダンス
細分化	○	―

　FI は分類インデックスが細分化され、かつ人手による目視判読が行われるため、IPC より精度の高い検索が期待できる。一見すると相対的に IPC の利用価値が低いように見えがちではある。しかしながら IPC を積極的に利用すると良い場面も存在する。主に次の 2 点である。

1）公開系公報の SDI 調査で、日本語国際公開も対象に含める時

　日本語国際公開は「国際出願に関する、WIPO の発行する公報」の位置づけであるため、国際特許分類（IPC）のみが掲載される。従って IPC かキーワード、あるいは両方の組合せでなければヒットしない。

　したがって公開系公報を対象とした SDI 調査において、日本語国際公開も併せて収集したい場合は検索条件に IPC を組み込んでおくと良い。

2) 登録系公報をより網羅的に検索したい場合

日本における IPC は通常「FI からのコンコーダンス付与」なのだが、一部の領域では特許査定時（≒特許公報発行時）に最新版の IPC が考慮されるケースがあるといわれている。特に近年 IPC が改正され、FI との乖離が大きくなっている分野ではこの傾向が見受けられる。登録系公報をサーチする際、IPC 最新版で検索を試み、どのような公報がヒットするかを確認する事も有益と考えられる。

6 FI とF タームの関係

J-PlatPat「特許・実用新案分類照会（PMGS）」において、FI を表示した際、画面右側に表示される 5 桁のコードが「F タームテーマ」である。リンクが有効な場合は、該当のF タームリストを開くことができる。

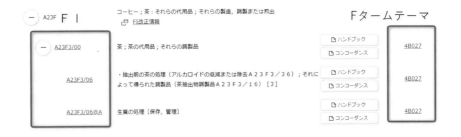

既に説明した通り、前項の FI と、この項で扱うF タームは日本独自の特許分類である。なぜ、日本では 2 種類の独自分類が設定されているのであろうか。どんな違い・役割分担があるのだろうか

上記例では FI「A23F3/00 -A23F5/50」とF タームテーマ「4B027」（茶・コーヒー）が対応している。A23F3 は「茶」、A23F5 は「コーヒー」の分類であり、2 つをまとめて「4B027」（茶・コーヒー）を構成している。このように、技術的なまとまりとして捉えられる FI 適用範囲を、F タームの

テーマコードと対応させ、分類設定しているのである。

◇ F タームは「疑似的な全文検索」

分類の成立過程から読み解くと、FI は「発明の特徴を分類する」役目で、F タームは「審査用の先願・公知資料を検索しやすくするための、付箋・インデックス」の役割を果たしている、と考えられる。

F タームが「公報内の、どの記述に付与されるか（付与対象）」はテーマコード毎に設定されるのだが、代表的なパターンは「従来例を除いた本発明の説明。実施例や図面も付与対象とする」という付与方法である。FI の付与対象は「発明主題≒請求範囲」であり、F タームは公報・明細書のより広い範囲を付与対象にするケースが多い。

この F ターム「1980 年代の全文検索＆図面検索システム」とイメージすると、その性質や役割を理解しやすくなるかもしれない。F タームは 1980 年代後半、過去の特許文献の蓄積が増え、審査官の先行文献サーチの負荷が増大した事を背景に、機械検索（データベース検索）用の分類として開発された分類である。1980 年代といえば、公報は紙で発行されていた時代。公報の全文テキストデータや、ましてや画像データなどは存在しなかった。また、仮に全文のテキスト化を進めたとしても、当時は膨大な公報データを蓄積できるハードディスクや、実用的なスピードで全文検索のできる CPU や検索エンジンなどは整っていなかったのである。

しかし、当時の審査官のサーチのニーズも、現代とさほど変わらず「新規性・進歩性の判断基準になる先行資料を探すこと」だったであろうから、データベース化によって「実施例の記載」や「図面」をスピーディに探したかっただろう、と推察される。

そこで開発された分類体系が「F ターム」であった。

F タームでは、明細書本文に記載された主要な目的・構成・効果、時には図面などを対象に、4 〜 5 桁のコードを付与する仕組みである。長い明細書の要点も、100 桁前後のコードに記録できるようになった。しかも文字種は

半角英数文字のみ。日本語全文よりも格段にデータ量が少なくなるのはいうまでもない。これなら1980年代のハードウェアでも大量の特許情報を収録できるし、検索も「軽く」なる。また、Fタームのテーマコードを FI のまとまりと対応させた事により、技術分野毎に効率よくサーチができるよう工夫されている。

　21世紀の現代、全文検索が普及し、検索エンジンも日々高性能化している。機械学習を取り入れた先行文献サーチなども提唱されるほどである。Fタームは現在も人手で付与されており、維持コストの高い分類と推察できるが、今のところ全文検索や AI に押される様子もなく、審査官分類として存続し続けている。ここからは筆者の想像であるが、やはり「分類＝概念をインデックス化したもの」は、テキスト検索技術では得られない検索結果をもたらしているのではなかろうか。

◇ FI と F タームの併用・使い分けが必要

7 F タームリストの見方

> ・J-PlatPat では 2 種類の表示モードがある
> ・検索の際には「観点」と「FI 適用範囲」がポイントになる

　J-PlatPat で表示される F タームリストには 2 種類の表示モードがある。階層構造が動的に表示される「分類表示」の形式と、固定表示の「リスト印刷」形式である。また分類表示画面の上部には「解説」のリンクがあり、F タームテーマの解説書を表示することができる。活用方法は後述の「F タームの使い方」の項で詳述する。この項目では 2 種類の表示モードがあること、また、「観点」と「FI 適用範囲」の表示位置を確認しておいて欲しい。

分類表示画面の例

テーマコード	4B027	解説
説明	茶・コーヒー（カテゴリ：食品・微生物）	
FI適用範囲	A23F3/00 -5/50	

観点ＦＢ ⟶ ☐ FB00 製品の種類

観点ＦＣ ⟶ ☐ FC00 目的

    ☐ FC01 ・香りの付与，改善
    ☐ FC02 ・呈味の付与，改善
    ☐ FC03 ・不要物質の除去
        ☐ FC04 ・・アルカロイドの除去
    ☐ FC05 ・保存性の向上
    ☐ FC06 ・栄養改善（ダイエット）
    ☐ FC10 ・その他

FI適用範囲：A23F3/00 -5/50

リスト印刷の例

観点ＦＢ

FI適用範囲

Ｆターム（観点+数字）

8 Fタームと付加コード

> 付加コードとは「より探しにくいもの」を探すためのインデックス

　Fタームの一部には、末尾に「付加コード」が追加されている。付加コードを一言で説明すると「より探しにくいもの」を探すためのインデックスである。

　付加コードの設定される技術内容は多種多様だが、例えば「化学的な組成物の中で、第一成分と第二成分を区別するため」や「実施例のあるものと、実施例のないもの」「層になっているものと、分散しているもの」など、その多くは"通常検索では探しにくい条件"である。

　以下、
　　・付加コードの基本
　　・PlatPatでの見方
　　・検索時の入力方法や注意事項　の順で解説する。

①付加コードの基本／Fタームの構造

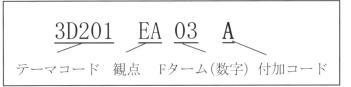

　Fタームの最終桁に追加された10桁目「アルファベット1文字」が付加コードである。

　付加コードはテーマコード毎に設定されており、付加コードを利用しないテーマコードも多い。付加コードを見たことがない、存在を知らなかった、という方も多いかもしれない。

公開公報ではＦターム（参考）欄に下図のように掲載される。

Ｆターム(参考) 3D023 AA01 AB01 AC02
3D201 AA26 BA01 CB06 DA18 DA31
DA73 EA03A

EA03Aは「不可コード付き」

②付加コード：J-PlatPat「特許・実用新案分類照会（PMGS)」での表示・確認

分類表示画面では、付加コードは下記のように表示される。

- □ EA00 材料（表面処理材料は除く）
  - □ EA01 ・ゴム、エラストマー材（付加コード付き）
    - □ EA02 ・・硬質（付加コード付き）
    - □ EA03 ・・軟質（付加コード付き）
    - □ EA04 ・・発泡体（付加コード付き）

リスト印刷画面でも、下図のように表示される。

EA00	EA01	EA02	EA03	EA04
	・ゴム、エラストマー材（付加コード付き）	・・硬質（付加コード付き）	・・軟質（付加コード付き）	・・発泡体（付加コード付き）

分類表示画面とリスト表示画面、いずれも付加コードの内容は表示されない。

「付加コードがある」と判明した場合は、特許･実用新案分類照会（PMGS）の画面上部から「付加コードリスト」を表示する。

🔍 特許・実用新案分類照会(PMGS)　　　　　　　　　　　　　　　▶ヘルプ

FI/Fターム、IPC（最新版）に対しキーワードから分類を検索できます。また、コードから分類を照会できます。コード照会から特許・実用新案検索へ分類をセットすることが可能です。

・改廃情報に関しては、📄 FI改正情報、📄 テーマ改廃情報、📄 テーマコード表、📄 IPC改正表、📄 IPC指針、📄 IPC旧版を参照ください。
・分類関連情報に関しては、📄 パテントマップガイダンス（旧）情報、📄 IPC分類表及び更新情報、📄 CPC情報、📄 WIPO-IPC、📄 付加コードリストを参照ください。

付加コードリスト

付加コードリストより、設定された付加コードの内容を確認できる。

3C707　　　マニプレータ
3D201　　　車両用シール装置
3D241　　　駆動装置の関連制御、車両の運動制御
3D246　　　ブレーキシステム（制動力調整）
3E067　　　包装体

テーマコード		説明
3D201		車両用シール装置

観点	説明	付加コード
EA	材料（表面処理材料は除く）	A：全体
	EA01 - 09	B：取付部
		C：保持リップ
		D：シール部
		E：端末部
		F：端末部同士の接合
		G：コーナ部
		H：芯材
		Z：その他

③付加コード：J-PlatPat「特許・実用新案検索」での入力方法と注意点

1）テーマコードが「3D201」、Fタームが「EA03」、付加コードが「.A」の場合

　公報表示上、Fタームには付加コードの前のピリオド（.）がないが、必ずピリオド（.）を加えて入力する。

3D201EA03.A

2）検索上の注意点

　「付加コードつき」Fタームを、付加コードなしで検索する場合にも「ピリオド（.）」を加えて検索すると良い。以下、その理由を説明する。

　ピリオドなしの場合は、「付加コードが付与されていない公報のみ」が検索される。

　ピリオドありの場合は、「付加コードなし＋A～Z、いずれかの付加コードが付与された公報」が検索される。

　なお「？」（前方一致検索）を入力した場合はエラーとなり、検索は無効となる。

検索項目　　　　　　　　キーワード

| Fターム | ∨ | 3D201EA03？　　　　　※クエスチョンマーク | 近傍検索 |

3D201EA03?/FTフォーマットが間違っています。ヘルプを参照してください。

9 Fタームの使い方　3つのポイント

　Fタームは、特許庁の審査業務や審査分担と密接な関係がある。最初のFターム誕生（1980年代）から30年以上が経過するともに、テーマコード毎の最適化が進み「テーマコードに固有の注意事項」も増えている。

　Fタームの特性を最大限に活かすには、テーマコード固有の注意事項を読みこなす事が大切である。また予備知識として「すべてのテーマコードに共通する共通項」を把握しておくと、固有の注意事項も理解しやすくなるように思う。

　全テーマコードに共通する検索のコツは以下の通りである

1) 同一テーマコード内で閉じた検索をする。他のテーマコードとはAND検索しない
2) できる限り、Fタームだけで検索を閉じる。
　（FIやキーワードとのAND検索も、ちょっと考えて！）
3) まず、FI適用範囲との関係を確認。一つのFI適用範囲の中で「同一観点内はOR検索」、「異なる観点はAND検索」を基本にする。

　上記は「古典的な原則」である。個別のテーマコードにおいては該当しない箇所もあるかもしれない。なぜ今「古典的な原則」を伝えるのか。この原則はFタームの基本設計を反映したものだと、著者は考えるからである。

　基本設計を理解すると、近年の変化や応用的な検索方法の根本的な理解に繋がると思う。

　原則を理解した上でテーマコード固有の注意事項を解読できると、調査目的や場面に応じた新しい発想、使い方もできるようになるだろう。

　では、3つのポイントの「主旨」、Fタームの基本設計を説明する。

1) 同一テーマコード内で閉じた検索をする。他のテーマコードとは AND
　　検索しない

　検索を避ける理由は「2つの異なるテーマコードの関係」である。
　「2つの異なるテーマコード」とは「2つの異なる FI 範囲」と言い換えることができる。また、データベース検索で探す対象は「公報」である。「2つのテーマコード」と「公報」、三者の関係は下図のように表すことができる。

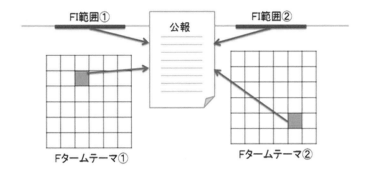

原則 1
異なるテーマコードの「F ターム × F ターム」は避ける

　「異なるテーマコードの F ターム同士で AND 検索をする」事は、「異なるテーマコードが付与された公報」を探す事を意味する。その前提として、テーマコードと対応する FI も、この公報に付与されている事になる。また FI より、F タームの方がより "ピンポイント" であり、例えば明細書中の個々

の記述に紐付いているケースが多い。

　異なるテーマコード間の AND 検索というのは「2つの FI 範囲から、それぞれ分類が付与」されていて、なおかつ「2つの F タームも付与されている公報」を検索しなさい、という命令を出していることになる。2つのテーマコードの「技術的な関連度」にも左右されるのだが、ヒットした件数がとても少数、またはゼロ件になりやすい検索となる。

　したがって、通常の検索場面では「異なるテーマコードとの AND 検索は避け、同一テーマコード内で閉じた検索をする」のが定石と考えて欲しい。

2) できる限り、F タームだけで検索を閉じる。

　この原則は、近年変化が大きい部分だと筆者は考えているが、最初はまず原則論から考えてみよう。なぜ古典的には「FI と AND 検索しない」「キーワードとも AND 検索しない」とされてきたのか、その理由である。FI、キーワードに分けて説明する。

① FI　異なるテーマ領域との AND 演算

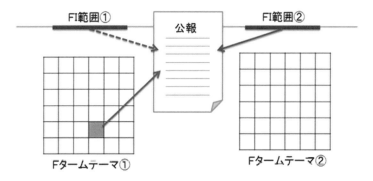

　まず F ターム①と FI ②との AND 検索である。前出の「異なるテーマコードとの AND 検索」に近い検索である、といえる。この検索でヒットするのは、F タームテーマの①と、FI 範囲②が付与されている公報、となる。しかし、

Fタームテーマの①と、FI範囲②の間に対応関係はないので、両者が揃って付与される保証はない。技術的関連度によっては、ある程度のヒット件数が得られる可能性もあるが、AND検索をした途端ぐっと件数が減る可能性も高い検索、といえる。

　それでは、対応関係のあるテーマコード①とFI範囲①でAND検索すると、どんな結果が出るのだろうか。

② FI　同一テーマ領域とのAND演算

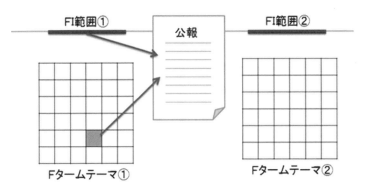

　テーマコード①とFI範囲①に対応関係がある、すなわち、ある公報にセットで付与されている可能性が高い組合せである。通常AND検索は「絞り込み」のために実施されるが、この組合わせでは「絞り込みたいのに、いま一つ件数が減らない」状態が発生しやすい。

　以上、FIとFタームのAND検索についてまとめると
　　・対応関係にないFタームとFIのAND検索　・・・　件数が減りすぎる（漏れる）
　　・対応関係のあるFタームとFIのAND検索　・・・　件数が減らない（絞れない）
　という現象が発生しやすい、といえる（技術分野の関連度によって結果が

変動する。検索を行う際には上記の 原則を踏まえつつ、柔軟に思考し、検証を行って頂きたい。）。

③キーワードと F タームとの AND 検索

キーワードと F タームとの AND 検索は、近年特許審査（検索外注報告書など）においても見かける機会が多く、検索環境の変化とともに大きく状況が変わってきた分野である。以下、古典的な原則について説明する。

従来「キーワードと F タームとの AND 検索を避ける」とされてきた意味は、F タームの付与対象との関連性や、インデックスの性質にある。

F ターム付与の対象は、多くの場合、明細書（公報）中の図、表などの「非テキスト情報」にも及んでいる。下図は機械部品の図面から読み取れる要素技術に、複数の F タームが付与された例である。

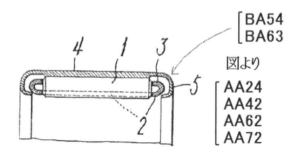

また明細書中の記載を解釈し、分類付与する例もみられる。下図の例では「水素を含む還元性ガス雰囲気内で 1 時間処理をする」との記載に対し、前後の文脈から金属を還元していると推定し、F タームを付与している。

直径0.1ミリメートルの鉄クローム線の表面
に、アルミナゾルを主成分とする耐熱接着剤の水
溶液と、Aℓ_2O$_3$ 80%、SiO$_2$ 20%からなる繊維

金属が還元されて
いると推定される
から BB02.B

BA18
FW BA18 CrFe

上記のようなFタームを利用すると、キーワード選びに頭を悩ませなく
とも（概念のインデックス化、概念の分類化）、図面内容や実施例記載を検
索できるメリットがある。

しかし、このFタームにキーワードをAND検索すると、多くの場合「図
に記載されているが、言葉では説明されていない事柄」「文章で明示されて
いないが、当業者には自明と考えられる事項」が、検索集合から除外される
（過剰に絞り込まれる）結果となる。

このような事例から、FタームとキーワードとのAND検索は「インデッ
クス化された調査概念を最大限に活用するため」に回避されてきた、と考え
られる。特に、公報全文データが存在しなかった、あるいは蓄積が少なかっ
た1990年代までは、FタームとキーワードをAND検索しないのは「常識」
であったように思う。

◇補足：近年の「キーワードとFターム」

1990年代初頭より、順次電子出願と電子媒体による公報発行が始まり、
これに伴って公報全文データが電子化されてきた。権利期間内（20年分）
の公報データが揃ったのが、2010年代である。この間に紙公報時代の公報
情報もOCR読み取りとテキストデータ化が進められてきた経緯がある。

公報全文テキストデータの整備に伴い、特許審査においても「Fタームと
キーワードとのAND検索」が多くみられるようになってきた。審査官サー
チの検索条件は、J-PlatPat「経過情報照会」メニューより「検索報告書」に

て内容確認ができる。

```
テーマコード            Fターム          キーワード(近傍検索)        該当件数
4K05     [C25C7/04,301+DD11]*(ガラス+ポリプロピレン+ＰＰ),15N,(濾材      61
8        +口材+ろ材+濾布+口布+ろ布+フィルター+膜)/tx-¥(01+02+03)
```

J-PlatPat「経過情報照会」検索報告書より

　審査官サーチの手法は技術分野による差異もあるが、近年は上記例のような「分類 AND キーワード(近傍検索)」の形式が多く確認できる。 特許性(新規性・進歩性) 判断を目的とし、必要な構成要件を的確かつ効率的に探す方法として有効なサーチ手法と思われる。

　一方で前述の「機械図面の例」「実施例記載を解釈する例」などから、無効資料調査等の場面において、広範囲を網羅的に探索するケースででは、現在においても「F タームを単独で使用し、キーワードで絞り込まない (AND 検索しない)」検索手法は有効であると考えられる。

　最後のポイントを説明する。

3)　まず、FI 適用範囲との関係を確認。 一つの FI 範囲の中で「同一観点内は OR 検索」、「異なる観点は AND 検索」を基本にする。

　前出の「F タームリストの見方」と重複するが、再度 F タームリストの見方を掲載する (本項では「リスト印刷表示」に基づいて説明を進める)。

J-PlatPat　Ｆタームリスト「リスト印刷表示」の例

テーマコード →

テーマコード	4B027
説明	茶・コーヒー（カテゴリ：食品・微生物）
FI適用範囲	A23F3/00-5/50

観点 FB →　　　　　　　　　← FI適用範囲

観点	Fターム									FI適用範囲
FB	FB00	FB01	FB02	FB03	FB04	FB05	FB06	FB08	FB10	A23F3/00 -5/50
製品の種類	・不発酵茶（緑茶）	・・煎茶	・・玉露	・・玉緑茶（グリ茶）	・・蒸し り茶	・・粉末茶（抹茶）		・発酵茶（紅茶）	・半発酵茶（ウーロン茶）	
	FB11		FB13		FB15		FB17			
	・インスタント茶		・茶飲料		・茶代用品		・茶からの調製品（茶フレーバー）			
	FB21	FB22		FB24		FB26		FB28	FB30	
	・コーヒー（レギュラーコーヒー）	・インスタントコーヒー		・コーヒー飲料		・コーヒー代用品		・コーヒーからの調製物（コーヒーフレーバー）	・その他	

Ｆターム
（観点＋数字）

　「Ｆタームリストの見方」では「観点とFI適用範囲の表示位置を確認して欲しい」とお願いした。この２箇所が、Ｆターム検索条件作成のポイントとなる。

　FI適用範囲には、大別して３つのパターンがある。

観点とFI適用範囲の関係には３パターン
1）FI全範囲と全観点が対応　（F×Fm）
2）１観点ごとにFI範囲が区分けされているもの（部分F×Fs）
3）１観点ごとに区切られたFI範囲と、複数観点に対応したFI範囲が混在する
　　（部分F×ハイブリッド）

1）FI全範囲と全観点が対応

　「FI適用範囲が１つの枠のみ」の場合を、「FI全範囲と全観点が対応している」という。このパターンでは、どの観点をAND検索しても問題ない。「同

じ観点内は OR、異なる観点は AND」で検索する。

検索例　　[2C002AA02/FT+2C002AA03/FT]＊[2C002MM02/FT]
（ゴルフクラブ＞構成・種類＞ウッド＋アイアン）×（ゴルフクラブ＞
材質＞繊維強化樹脂）

（同じ観点内は OR、異なる観点と AND）

2）1 観点ごとに FI 範囲が区分けされているもの

この場合、異なる観点の AND 検索はしないのが原則である。

実質的には、タームコードを 1 つずつ検索するとか、関連しそうなターム
コードを OR 検索する、といった検索方法をとる。

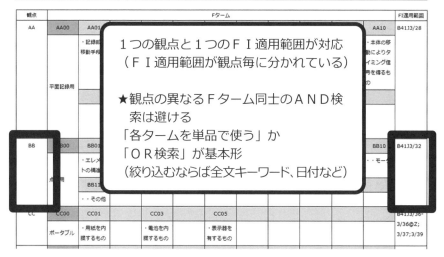

テーマコード	2C055
説明	目的に特徴のあるプリンター (カテゴリ：印刷・プリンター)
FI適用範囲	B41J3/01-3/54@Z;3/62

観点	Fターム						FI適用範囲

１つの観点と１つのＦＩ適用範囲が対応
（ＦＩ適用範囲が観点毎に分かれている）

★観点の異なるＦターム同士のＡＮＤ検
　索は避ける
「各タームを単品で使う」か
「ＯＲ検索」が基本形
（絞り込むならば全文キーワード、日付など）

検索例　[2C055BB08/FT]（点字用プリンタ > 手動で駆動するもの）

3) 1 観点ごとに区切られた FI 範囲と、複数観点に対応した FI 範囲が混在する

この場合は、1 観点ごとに区切られた FI 範囲と、複数観点に対応した FI 範囲で、検索方法を変える。

1 観点ごとに区切られた FI 範囲（①）では、必要なタームコードを 1 つずつ検索する（パターン 2 と同じ）。他の観点の F タームと AND 演算は避け、絞り込みたい場合はキーワードや日付検索を利用する。

複数観点に対応した FI 範囲内（②）では、異なる観点間の AND 検索が利用できる。FI 範囲②の内部で絞り込み検索をするとよい。

テーマコード	2G016
説明	遮断器と発電機・電動機と電池等の試験（カテゴリ：距離・電気測定）
FI適用範囲	G01R31/32-31/36@Z

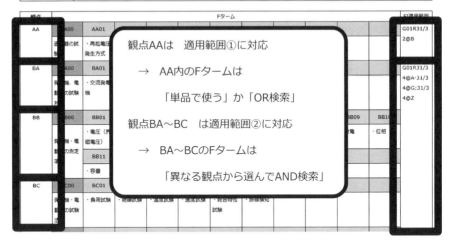

　以上が基本形であるが、実際の調査場面では「原理・原則は知っているが、調査内容から見て、どうしてもここを AND 検索したい」というケースも出てくる事と思う。

　無効資料調査の初期段階のように、さほど再現率（漏れなく）を重視しない検索の場合は、思いついた検索方法でトライして構わないと思う。そうではなく、ある程度再現率（漏れなく）を重視する調査であれば「原則通りの検索」と「原則を踏まえない検索」、両方を行って差分を確認することをお勧めしたい。すなわち「どんな公報が・どの程度漏れるのか」の確認をすると、検索条件が適切か、そうでないかの自己判断が可能となる。

　（差分確認には NOT 検索を利用する。NOT 演算とは何か？は「1－2データベース検索の基礎」の「❾基本的な論理演算子」、「2-2特許・実用新案検索と基本の調査テクニック」の「◇基本テクニック4」を参照いただきたい。）

❿ Fターム解説書

　Fタームリストには解説書が付属している。解説書とはより正確な分類定

義や検索範囲、推奨される検索方法などを知るための資料で、J-PlatPat「特許・実用新案分類照会（PMGS）」では「F ターム解説」として掲載されている。

テーマコード	4B027	解説
説明	茶・コーヒー（カテゴリ：食品・微生物）	
FI適用範囲	A23F3/00 -5/50	

⬇

テーマコード	4B027	リスト
説明	茶・コーヒー（カテゴリ：食品・微生物）	
FI適用範囲	A23F3/00 -5/50	

· テーマコード	4B027	**Fターム解説書**
· 技術内容		ＦＩカバー範囲
		Ａ２３Ｆ３／００－５／５０
		テーマ技術の概要
		このテーマには、緑茶、紅茶等の茶及びコーヒーの
		（イメージ１）（イメージ２）（イメージ３）
· 参考図書		静岡県茶業会議編集 「新茶業全書」 （静岡県茶
		増田政忠外１名著 「砂糖・コーヒー・紅茶・ココ

本項では一般的な解説例と、技術分野に特化している例を取り上げて「解説書とはどのようなものか」を説明する。（解説内容には技術分野による差異も大きい。日常的によく利用するテーマコードの解説書確認をおすすめしたい。）

①解説書の構成

F ターム解説書には次の項目が含まれる

1) 技術内容
2) 参考図書
3) 検索上関連するテーマ
4) FI キーと観点の関係
5) F タームリストの構成

6） Fタームの説明

7） フリーワードの利用

8） Fターム解説文献の対象

9）「観点」「ターム」及び「その他のターム」の利用上の注意点

10） 代表図面、代表頁の利用

11） その他の注意点

12） 検索キーの具体例

「Fターム解説書」各項目の内容とポイント

　一般的な解説書の記載例として「テーマコード4B027 茶・コーヒー」を取り上げ説明する。

1）技術内容

　FIカバー範囲とテーマ技術の概要を記載している。図表には茶とコーヒーの製造工程が掲載されている。

FIカバー範囲　　A23F3／00 - 5／50

テーマ技術の概要　　　このテーマには、緑茶、紅茶等の茶及びコーヒーの製造技術、その調製品及び処理等の技術が含まれる。

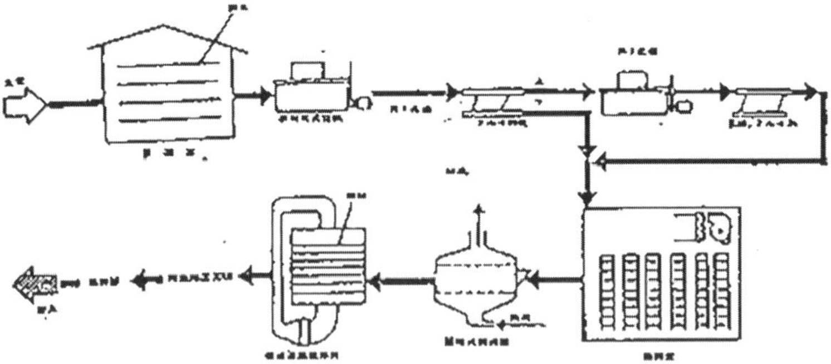

2) 参考図書

基本的な参考図書が示される。

> 静岡県茶業会議編集 「新茶業全書」（静岡県茶業会議所発行）
> 増田政忠外1名著 「砂糖・コーヒー・紅茶・ココア読本」（株式会社
> 春秋社発行）

3) 検索上関連するテーマ

当該技術分野との関連性が高いテーマコードが記載される。無効資料調査、
侵害予防調査などで調査範囲を広げたい場合、参考情報としても利用できる。

> 4B004 コーヒーメーカー

4) FIキーと観点の関係

Fタームリストの構造を説明している。FI適用範囲にあたる説明である。

5) Fタームリストの構成

各観点・タームの階層構造を説明している。Fタームリスト内のドットに
よる階層構造をツリー状に表現した形式が多い。

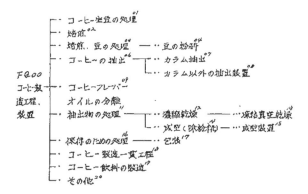

6）Fタームの説明

各ターム毎に分類付与対象を説明している。例えば「観点FB（製品の種類）」の説明では

> ・「蒸し」工程と「釜いり」工程を併用するような、2以上のタームにまたがる製茶方法の場合は、<u>該当するそれぞれのターム</u>を選定する。
> ・添加物の選定は、クレームに記載されているもの又はクレームの記載を具体化するものとして、<u>詳細な説明中に記載されているものについて行う。</u>
> ・装置の型式は、クレームに直接記載されていない場合でも、<u>図面等に記載の装置の型式から把握</u>する。　　（下線は筆者が追記）

などの指示が確認できる。

また「各ターム」の説明にも、その項目に分類される技術の具体的例示や、他のタームに分類すべき内容の例示が記載されている。ターム「FK03（添加物 > 有機酸）」の例を示す。

> FK03……有機酸、脂肪酸及びそのエステル　低級又は高級脂肪酸類、その塩及びそのエステル。（例）クエン酸、酢酸、リノール酸。
> （注）<u>食酢→その他（FK20）</u>、トリグリセリド→油脂（FK06）、庶糖脂肪酸エステル→FK04。　　（下線は筆者が追記）

「食酢」は一般的に酢酸やクエン酸を含むと考えられ、有機酸（FK03）に分類しても不自然ではなさそうだが、この解説書ではテーマコードのその他（FK20）に分類するように、と指示されている。

7）フリーワードの利用

「審査官フリーワード」に関する説明である。J-PlatPat「特許・実用新案検索」でも審査官フリーワードを対象とした検索が可能となっている。調査対象の技術分野ではどのように審査官フリーワードが付与されているかを知

るには、この項目を参照するとよい。テーマコード 4B027「茶・コーヒー」
では以下の記載がある。

各観点の「その他」をＦタームとして選択した場合は、必ず該当する
技術用語をできるだけ簡潔な用語で、フリーワードとして抽出する。

　Ｆタームとして抽出された「原料」及び「添加物」のうち、特許請求
の範囲中に記載される物、又はその下位概念の物として明細書中に具体
的に記載されている物は、原則として、すべてのものをフリーワードと
して抽出する。（ただし、タームと同一の場合或いは何でも良いという
ことで、単に物が羅列されている場合は、不要。）

　工程、装置その他のタームに付与した場合でも、適切なフリーワード
がある場合はそれを抽出する。（例：ネットコンベアの改良→フリーワー
ド：「ネットコンベア」）
（下線は筆者が追記）

　この解説に従うと、各観点の「その他」を絞り込みたい場合や、請求範囲
に記載された「原料・添加物」で、タームと同一ではない（下位概念の具体
的物質名など）ものに絞って検索したい場合、審査官フリーワードが使えそ
うだ、と推定できる。

8）Ｆターム解説文献の対象

　明細書中、どの範囲をＦタームの付与対象としているか？の説明である。

特許請求の範囲、発明の詳細な説明の実施例及び図面を文献解析の対象
とする。
（従来技術は、原則として文献解析の対象としない。）

　パターンは概ね

1）特許請求の範囲のみ

2）請求の範囲＋本発明（従来技術を除く）

3）全文

の3種類である。

　無効資料調査にFタームを利用したい、と考えた場合、そのテーマコードが「特許請求の範囲のみ」であると、請求の範囲、およびその記載をサポートする主要実施例のみが検索されるケースが多いから、別途全文検索を実施してはどうか、といった検索戦略を考えることができる。

　「請求の範囲＋本発明」の場合も同様で、本発明に関連した記載はFタームで効率よく探せるかもしれないが、原則的に従来例の記載は探せないため、全文検索を併用する、といった方針を立てる事ができる。

9）「観点」「ターム」及び「その他のターム」の利用上の注意点

　文字通りの「注意点」である。分類検索を実施の際によくある疑問点で「該当する箇所がなかった場合、『その他』のタームと、観点を表すターム（記号00）、どちらに付与されているのだろう」というものがある。どちらに付与しているか？はこの項目に指示されているケースが多い。

　本例の4B027「茶・コーヒー」では00は使用せず、次の様に指示されている。

観点FB～FRにおいて、適切なタームを選択できない場合には、「その他」のタームを付与し、観点を表すターム（記号00）は使用しない。

記号00を使う場合は次のようになる。（例：5H030）

観点を表すターム（…00）は、上位概念ターム及びターム付与不明の場合に使用する。（ただし、AA00は使用しない。）
各観点でターム付与不明の場合は、「…00」に付与する。

　また「該当分類が複数あったらどうするか？」等の説明もこの項目になる。

> 一観点中であっても、該当するタームが複数あれば複数付与する。
> いずれかあいまいな場合には、該当するすべてのタームを付与する。
> 下位概念のタームで充分把握される場合には、上位概念のタームを選択
> しない。

10）代表図面、代表頁の利用

　このテーマコード範囲において、代表図の選定をするか、しないか。選定
する場合はどのような基準で選んでいるか？の説明である。

> 図面がある場合には、代表図面を選定する。（図面がない場合、代表頁
> は選定しない。）
> 代表図面は、要部拡大図より、発明の特徴を表わすもののうち、より全
> 体図に近いものを選択。

11）その他の注意点

> 各観点の関係
> このFタームは、茶及びコーヒーに関する技術を「製品の種類」、「目的」、
> 「形態」、「添加物」、「茶製造工程、装置」、「コーヒー製造工程、装置」、「工
> 程の制御」の7つの観点に分けているので、該当するすべての観点のF
> タームを選定する。
> （下線は筆者が追記）

12）検索キーの具体例

　通常は「イメージ」（図）のみを掲載する項目。公報にFタームを付与し
た実例を掲載している。公報内の「実施例」や「図面」などを目視判読し分
類付与を実施した様子が確認できる。

情報の乏しさを得ることは困難のものであると
いうことが現状であった。

我々明らかは、この感熱処理における引圧の
誘導化に光み、生原の感熱を切ればとんどけを
を加えずに退速に急作シャフトで脱を取り出しな
がら得ら蒸気の加熱によって成成を上げ、熱的
変化を少え、次いてやや高圧を加えながら長時
間を徐化しつつ加熱し、この過程てに消化が
気を失成させ、成は分質（カナヤンなのタンニ
ン物質）の脱別を押入、又成細地の脂部脱化を

FIR 15

②Ｆターム解説書と技術分野毎の特徴

　元来Ｆターム解説書は分類付与者や庁内検索者が参照するための資料である。このため、庁内サーチ（特許審査時のサーチ）のコツ・ポイントが記載されている事もある。

例：3D127　（車両の窓）

　ここでは「フリーワードやＦＩの併用」「検索時間の短縮要領」を説明している。

> （1）所望のデータが仲々得られない場合の処置について、Ｆターム検索のみでは、所望のデータが得られない場合には、フリーワードと該当ＦＩを掛け合わせた検索論理式を立て、これにより検索を実施することも必要である。
> （2）検索時間の短縮要領について、
> 検索論理式が大きい場合、いきなりその式をもって検索するよりも、論理式を区分けしてこまめに検索し、最後にそれらを足し合わせた式で検索し所望のデータを得るようにした方が時間の節約が図れる。

例：所要検索論理式

〔A ＊（B ＋ C）〕D ＊ E ＋ F ＊ G ＊ H

 ＊（B ＋ C）

 D ＊ E

 F ＊ G ＊ H

 ＋ 〕＊該当 F ターム又は FI

これにより所望のデータを得る。

　同じく 3D127（車両の窓）の解説書である。

　ターム「FF21」には FW（フリーワード）を併用しているのだが、このタームはサーチ情報として有効に作用する、と述べている。

「FF21 他との関連」は、他の装置を制御入力としているものである。このF タームは、サーチ情報として有用であるので、FW を明細書全体から極力抽出して付与している。例、FW「FF21 エアバック」、FW「FF21 クラッチ」等。

　また 4J037（顔料、カーボンブラック、木材ステイン）の解説書では

特定の物質を処理したり、特定の物質で処理したりする発明の場合、AA ～ CC の観点の各 00 を使用して検索することも忘れないこと（10. 参照）。

（例）アルミニウムを処理する技術の場合、検索式は、AA05 ＋ ＄ AA00 とする必要がある。観点「00」のみの文献は多量にあるので、AA05 のみではサーチもれが非常に多い。

（筆者注：＄ AA00 は階層無視検索。下線部も筆者追記。）

と述べている。F タームリストでは下記の部分を例示して「漏れの少ない検索」を説明している箇所である。

テーマコード：４Ｊ０３７　顔料、カーボンブラック、木材ステイン

観点					Fターム		
AA	AA00	AA01	AA02		AA04	AA05	AA06
		・炭素	・・カーボンブラック		・金属	・・Ａｌ	・・合金
		AA11	AA12	AA13	AA14	AA15	AA16
	顔料又は充てん剤	・・Ｚｎ	・・Ｃｄ	・・Ｐｂ	・・Ｆｅ	・・・酸化鉄	・・・紺青

＄ＡＡ００とＡＡ０５を併用する。（４Ｊ０３７「解説書」より）

　以上のように、Ｆタームリストでは「リスト毎の特徴」「検索のポイント」を解説書で説明している。調査精度を上げたい時、漏れを減らしたい時や、効率的な調査を希望する場合には特に有用である。

11 ファセット

　ファセットとはIPC／FIとは異なる切り口で、横断的に検索を行うためのインデックスである。

　本来ファセットとは、宝石などを研磨した際の「切り口」「研磨面」を意味する語である。。ここから転じて、検索に違った側面、異なる切り口を提示する役割を果たすのが「ファセット」分類である。

　現在のファセットは、主にFIと組み合わせるインデックスである。

　従来はIPCにもファセットが適用されていたが、IPC第8版からは「ファセット」の適用がなくなっている。しかし、過去に付与されたデータは残っており、過去分の検索に利用することができる。なお、2017年11月より、224項目のファセット分類記号が廃止される事が発表された[11]。これ以降、廃止された224項目のファセット分類記号は、特許文献に対して付与されなくなっている。ただし、11月12日以前に付与されたファセット分類記号を

---

11)　特許庁「ファセット分類記号改正情報」　https://www.jpo.go.jp/system/patent/gaiyo/bunrui/fi/facet_kaisei.html

用いて、文献を検索することは可能である（廃止された分類は特許・実用新案分類照会（PMGS）にも表示されない。廃止分類コードの入手は脚注8を参照）。

これに伴い、2019年現在も付与されているファセット項目数は約80となった。

ファセットには適用範囲が1つのクラス内～複数クラス内に限定されたものと、適用範囲を限定せず、AセクションからHセクションのFI、いずれとも組み合わせで検索できるものがある。後者を特に広域ファセットと呼んでいる。

下図は特許・実用新案分類照会（PMGS）でFI「B65D」を表示した例である。

各メイングループの前にファセットが表示される。これは適用範囲が1クラス内に限定されたファセットの例である。

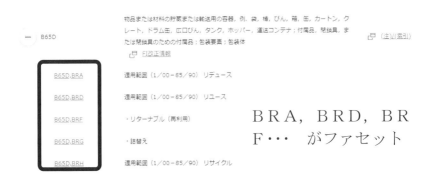

広域ファセットは 特許・実用新案分類照会（PMGS）「コード照会」FI／ファセット画面の最下部にまとめて表示される。

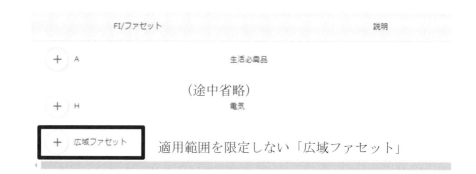

ファセット

		説明
+	A	生活必需品

（途中省略）

| + | H | 電気 |

| + | 広域ファセット | 適用範囲を限定しない「広域ファセット」 |

広域ファセット の例（2019 年 8 月時点）

ZAA　超伝導に関するもの［適用範囲 全範囲］

ZAB　環境保全関連技術に関するもの［適用範囲 全範囲］

ZBP　・生分解性ポリマー［適用範囲 全範囲］

ZDM　特許査定された出願が、人間の身体の各器官の構造・機能を計測するなどして人体から各種の資料を収集するための方法※に該当する請求項に係る発明を含むもの（※特許・実用新案審査基準第 III 部第 1 章 3. 2. 1（3）に記載の方法）［適用範囲 全範囲］

ZHV　ハイブリット自動車〔エンジンと走行駆動源としての電気モータとの双方を備える自動車〕［適用範囲 全範囲］

ZIT　Internet of Things［IoT］［適用範囲 全範囲］
　　　※上記は広域ファセットの一部分を示した例である。

J-PlatPat での「特許・実用新案検索」ファセット検索例

ファセット検索（適用範囲に限定あり）

B65D 内　　BRF・リターナブル（再利用）
　ファセットのみで検索する場合

検索項目		キーワード	
ファセット	∨	ＢＲＦ　　　　　※リターナブル（再利用）容器 ［適用範囲 B65D］	近傍 検索

国内文献　　７６４　件

FI との AND 検索例

　適用範囲内の一部（例：B65D8）でファセット付与された公報だけを検索したい場合は入力項目 2 行分を使い AND 検索を行う。

検索項目		キーワード	
ファセット	∨	ＢＲＦ　　　　　※リターナブル（再利用）容器 ［適用範囲 B65D］	近傍 検索

AND

		キーワード	
ＦＩ	∨	Ｂ６５Ｄ８／００	近傍 検索

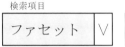

国内文献　　１７　件

広域ファセット検索（適用範囲限定なし）

検索項目		キーワード	
ファセット	∨	ＺＨＶ　　　　　※ハイブリット自動車［適用範 囲 全範囲］	近傍 検索

国内文献　　２５４５２　件

12 分類改正情報

・日本独自の特許分類である FI、F タームは常に部分改正が行われて
　いる
・改訂された分類は、過去の発行済公報に対しても遡及付与される（バッ
　クログ）

　日本特許庁内では FI と F タームを中心に分類運用されており、両者とも
部分改正が続けられている。近年の例では FI は年 2 回（春と秋）、F ター
ムは年度単位で改正されるパターンが続いている。分類改正情報を確認する
方法は、主に二つある。

分類改正の確認方法
　　①各分類表から確認する
　　② FI 改正情報／テーマ改廃情報から確認する

①各分類表から確認
　主に、各分類の変更点や旧分類からの移行状況などが確認できます。

1）FI の改正情報
　特許・実用新案分類照会（PMGS）「分類表示」より、FI を展開するとサ
ブクラス（例：A23B）の階層に FI 改正情報へのリンクが表示される。

| － | A23 | 食品または食料品；他のクラスに包含されないそれらの処理 |

食肉，魚，卵，果実，野菜，食用種子の保存，例．かん詰めによるもの；果実または野
菜の化学的熟成；保存製品，熟成製品またはかん詰め製品（食品保存一般Ａ２３Ｌ３／
００；食品以外のものの保存Ａ６１Ｌ；包装体における食品保存剤の運用Ｂ６５Ｄ８１
／２８）

| ＋ | A23B |

　FI改正情報

　FI改正情報は、当該サブクラス内の「新設・廃止・更新」分類が掲載されている。

　なお「更新」とは分類定義（説明文）に変更があったことを意味する。

A23BのFI改正情報

新設

FI	タイトル	付与開始時期
A23B 4/00,505	・節類	2017年11月
A23B 4/00,505@A	削り節；魚節粉末	2017年11月

（途中省略）

廃止

FI	タイトル	移行先	廃止時期
A23B 4/00,101@A	化学物質の添加	A23B 4/14	2017年11月
A23B 4/00@B	照射	A23B 4/005	2017年11月
A23B 4/00@C	加熱	A23B 4/015	2017年11月

（途中省略）

更新

FI	変更後	変更前	更新時期
A23B 9/20	・・・CO_2，N_2，O_2，H_2Oのみからなる制御された雰囲気，例．減圧，中で行なうもの [5]	・・・CO_2，N_2，O_2，H_2Oのみからなる製御された雰囲気，例．減圧，中で行なうもの [5]	2018年4月
A23B 4/00	食肉，ソーセージ，魚または魚製品の一般的保存方法 [2]	食肉，ソーセージ，魚または魚製品の一般的保存方法	2017年11月

（途中省略）

　改正情報の収録範囲は明示されていないが、下記の通り2002年FI改正分の情報収録が確認されており、十数年分の改訂履歴が蓄積されていると考えてよいと思われる。

B60K 17/356@A	流体モータを有するもの	2002年7月
B60K 17/356@B	電気モータを有するもの	2002年7月
B60K 17/356@Z	その他	2002年7月

2002年改正分

2) FI の改正履歴表示（IPC と連動した例）

　特許・実用新案分類照会（PMGS）にて FI 分類表を表示した際、下記のような [　] 表記が含まれている事がある。[6] や [2010.01] などの表記で、IPC の新設に併せて設置した FI である事を表している。

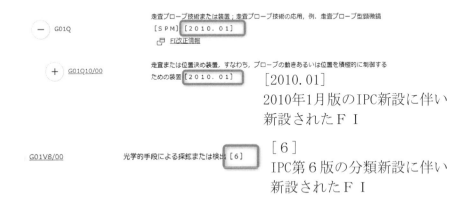

[2010.01]
2010年1月版のIPC新設に伴い
新設されたＦＩ

［6］
IPC第6版の分類新設に伴い
新設されたＦＩ

　上図の G01Q に併記された [2010.01] は、正確には IPC 新設の時期で、一般的に FI の付与開始時期はこれより少し遅くなる。FI の付与開始時期は前述の「改正情報」に記載の通りとなる。

G01QのFI改正情報

新設

FI	タイトル	付与開始時期
G01Q 10/00	走査または位置決め装置，すなわち，プローブの動きあるいは位置を積極的に制御するための装置 [2010.01]	2010年11月

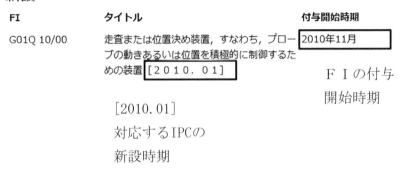

[2010.01]
対応するIPCの
新設時期

ＦＩの付与
開始時期

3) Ｆタームの改正情報

特許・実用新案分類照会（PMGS）「分類表示」より、Ｆタームリスト上部の（備考）欄に改正情報が表示される。

（備考）

リスト再作成旧２Ｋ103（Ｈ26）、再解析中　再解析中＝再付与作業中

テーマコード	2K203　解説
説明	投影装置（カテゴリ：表示装置）
FI適用範囲	G03B21/00 -21/10@Z;21/12-21/13;21/134-21/30;33/00-33/16

☐　FA00 型式1（実施例の図面，課題）

上記例の「リスト再作成　旧2K103（H26）」とは、次の内容を表している。

> ・このテーマコード（2K203）は平成26年度に新設されたテーマである
> ・それ以前は2K103が使用されていた。（旧分類）
> ・再解析中　＝　分類の再付与作業中である。

特に再付与が始まって日が浅い場合、再付与作業が進んでいない可能性を考慮し、旧分類の併用を検討すると良い。

② FI 改正情報 [12] ／テーマ改廃情報から確認

FI改正情報／テーマ改廃情報では現在の再付与作業状況、今後の改正予定や新設分類を確認できる。J-PlatPat の PMGS にリンクが設定されている。

---

12)　特許庁「FI改正情報」　https://www.jpo.go.jp/system/patent/gaiyo/bunrui/fi/fi_kaisei.html

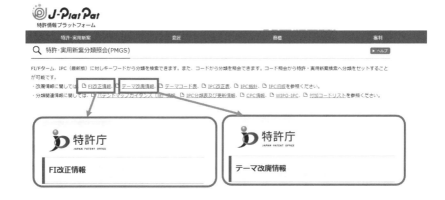

1）FIの改正

「FI改正情報」には、2002年以降の分類追加・廃止・更新のリストが掲載されている。

FIの追加、廃止、更新

2002年以降にFIの追加、廃止、更新が行われた改正分野における該当FIのリスト

- 2019年4月付与開始（zip：117KB）
- 2018年11月付与開始（zip：317KB）
- 2018年4月付与開始（zip：317KB）
- 2017年11月付与開始（zip：1MB）

（以下省略）

現在再分類中（メンテナンス中）、及び今後再分類を予定する分類も掲載されている。

再分類予定及び再分類中のFI

再分類予定及び再分類中のFIについては、以下を御参照ください。

再分類予定及び再分類中のFI（PDF：121KB）

FI の再分類方法には「機械的に再付与（一括修正）」と「人手による再付与」の２種類がある。後者の場合、再付与作業に数年を要する分野も珍しくない。

例 1) 機械的に再付与（一括修正）

技術分野	走査プローブ技術による核表面構造の調査または分析
FIの解析範囲	G01N13/
新FI付与開始予定	H22.11
再分類終了予定	H22.11
初年度付与予定分	ほぼ100%
備考	一括修正により対応

備考欄「一括修正により対応」は機械的な再付与である。新 FI 付与開始予定と、再分類終了予定が同じ年月であり、初年度付与予定分がほぼ 100% とされていることから、新 FI の付与開始とほぼ同時に再分類作業も完了する、と読み取る事ができる。

例 2) 人手による再付与

技術分野	燃料電池(本体)
解析範囲	H01M8/
新FI付与開始時期	H29.11
再分類終了予定	H35.3
再分類規模	約54,000件(H31.3までの再分類終了予定数 約6,000件)
備考	外注予定:H31年度 約12,000件

備考欄「作業は庁内で実施予定」や「外注予定」は、人手による再付与ある。上記「燃料電池」の例では新 FI 付与開始から再分類終了予定の間に約 5 年半あり、平成 35（2024）年 3 月に、分類再付与が完了予定、と読み取れる。

　人手による再付与の所要期間は、技術分野（公報の発行件数）により大きな開きがある。数ヶ月程度の短期間から、「燃料電池」のように数年を要する分野もある。検索もれが少ない検索を行いたい場合、再付与期間中は新旧分類の両方で検索する事が好ましい。

2）Fタームテーマ改廃・メンテナンス

Fタームのテーマ改廃とメンテナンスの情報も、概ねFIの改正情報と同様である。

「テーマ改廃情報 [13]」には

・今年度のテーマ再作成等の予定

・公報発行済み文献の再解析作業（過去分メンテナンス）の計画

・過去のテーマの改正及び解析停止の情報

が集約されている。

Fタームの再付与方法もFIと同様、「機械的に再付与（一括修正）」と「人手による再付与」の2種類がある。後者の場合、再付与作業に数年を要する分野も珍しくない。

テーマコード	テーマ名	メンテナンス内容（予定）	公報発行済み文献の再解析作業（予定）
2E039	特殊ウィング	リスト再作成	機械移行
2H150 2H046	光ファイバ、光ファイバ心線、光ファイバ束	リスト部分改訂 テーマ統合	令和2年度開始予定
3C064	携帯用動力工具一般	リスト作成	令和2年度開始予定（外注）
5B175	情報検索，そのためのDB構造・FS構造	FIテーマのFタームテーマ化	機械移行

再解析作業（予定）の記載

③分類改正と検索上の注意点

1）検索用データの扱い

FI、Fタームでは分類改正に伴って「過去分公報の分類再付与」（バックログ作業）が実施される。分類再付与では古い分類は消去せずに残し、新分類を追加する。したがって検索の際は、公報に記載の旧分類と、再付与された新しい分類、いずれで検索してもヒットする仕組みである。

13）特許庁「テーマ改廃情報」 https://www.jpo.go.jp/system/patent/gaiyo/bunrui/fi/theme_kaihai.html

2) 分類再付与の所要期間 （過去分（遡及）公報分）

　分類改正後は「機械的な再付与（一括修正）」または「人手による再付与」のいずれかが実施される。一般的に一括変換は短期間で再付与が完了し、人手による再付与作業には一定の期間を要する。改正対象の分野における再付与の方法、及び所要期間は FI、F タームの改正情報から確認できる。

3) 検索を実施する際の注意点

　前に過去分公報に「人手による再付与」が行なわれる場合、再付与に一定期間が必要と、説明した。

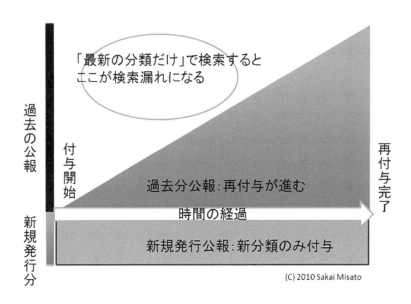

「最新の分類だけ」で検索するとここが検索漏れになる

過去の公報
新規発行分

付与開始

過去分公報：再付与が進む
時間の経過
新規発行公報：新分類のみ付与

再付与完了

(C) 2010 Sakai Misato

　新分類の付与開始時点を起点に見ると、「新規発行公報」には、新分類のみが付与されていく。一方「過去分公報」は、時間経過とともに徐々に再付与完了分が増えることとなる。したがって、新分類の付与開始から間もない時期に、新分類だけで検索すると、「過去分の公報で、再付与が済んでいないもの」が漏れる、という結果になる。

新旧分類を併用すべきか、必ずしも併用しなくて良いか、は調査の目的によって異なる。「最新の特許出願にどんなものがあるか、代表例を2、3件知りたい」のであれば、旧分類を使う必要性は低いかもしれない。

「過去の公報も含めて、なるべく網羅的に調査をしたい」調査であれば、新分類のみでは過去分公報が漏れる可能性がある。新旧分類を併用する、また、キーワードによる検索も追加して網羅性（再現率）向上を図る、といった工夫が好ましいだろう。

13 海外の特許分類 CPC

① CPC とは

CPC とは Cooperative Patent Classification（CPC）の略で、日本語では「共通特許分類」と呼ばれている。欧州特許庁（EPO）および米国特許商標庁（USPTO）が共同運用している。IPCの細分化である点でFIに類似しており、また以前の欧州特許分類（ECLA：European classification）の流れを汲んだ分類体系である。

発足の経緯と現在の CPC 付与国概要

従来、EPO は ECLA 及び ICO（In computer only）を、USPTO は USPC（United States patent classification）を、それぞれ独自分類として使用していたが、両庁は 2010 年に EPO の内部分類であった ECLA・ICO をベースとして CPC を共同で作成することを発表した。

その後 2013 年 1 月には CPC が発効し、EPO 及び USPTO とも、CPC の付与を開始した。

現在、EPO 及び USPTO による CPC 付与は、欧州・米国の各公報に加え、EPO の公用言語である英語・仏語・独語で発行される PCT ミニマムドキュメント（国際サーチ機関が先行技術調査を行う際に必ず参照するドキュメント）を少なくとも対象としており、WIPO 標準 ST.3 の国・機関コードで

示すと、AP、AT、AU、BE、CA、CH、DE（実用新案含む）、EP、FR、GB、LU、NL、OA、US、WO の特許文献が付与対象となっている。ES、FI、SE、GB などの欧州諸国は自国の特許公報に CPC を付与している。

またこれらの国が付与した CPC は、CPCNO（NO：National Office）の記号を付与され、DOC-DB（欧州特許庁の保有データ）内では EPO と USPTO が付与した CPC と区別可能になっている。

更に、中国特許庁は EPO と、韓国特許庁は USPTO との協力のもと、いくつかの技術分野で CPC 付与を開始しており、将来的には全技術分野で CPC 付与ができるように取り組みを進めるとしている。アジア以外ではロシア特許庁、メキシコ特許庁が CPC の付与と EPO とのデータ共有化を進めている段階である。

② CPC 分類の見方

CPC 分類の見方は概ね IPC と共通である。IPC タイプの番号付けを行いつつ、IPC を更に細分化した分類体系である。CPC の分類項目数は下記の通りである。単純計算ではあるが、IPC1 項目を平均 3 ～ 4 項目に細分化している、と捉えられる。参考値として FI、F タームの分類項目も示した。

分類体系	分類項目数
IPC	74,700
CPC	260,800
FI	190,000
F ターム	375,000

出 所：T1: Search techniques and strategies using classification symbols – tips and tricks for becoming an expert（EPO、2018）[14]

---

14) T1: Search techniques and strategies using classification symbols – tips and tricks for becoming an expert（EPO）資 料 http://documents.epo.org/projects/babylon/eponot.nsf/0/0A7188F0DFADD1A3C125834B004AFED7/$File/t1_search_techniques_and_strategies_using_classification_symbols_en.pdf CPC 分 類 表 は Espacenet の サ イ ト、http//worldwideespacenet.com/classification?=enEP で閲覧できる。なお日本特許庁のサイトでは CPC（一部）の日本語訳を検索することが可能。http://jpo.go.jp/cgi/cgi-bin/search-portal/narabe_tool/narabe.cgi

CPC は ECLA.ICO を基に、また ECLA は IPC を基に作成されているので CPC と IPC のサブグループまでは、以下に示す通り、基本的に同じである。

A　セクション　HUMAN NECESSITIES
A23　　クラス　　　FOODS OR FOODSTUFFS
A23F　　サブクラス　　COFFEE; TEA;
A23F 3　　メイングループ　Tea; Tea substitutes; Preparations thereof
A23F 3/06　　サブグループ　　Treating tea before extraction

◇ CPC の構成

CPC 分類表は下記内容で構成される

CPC = IPC の最新バージョン
　　　　　＋更に細分化した項目
　　　　　＋ IPC グループ単位の追加テキスト（注釈）（タイトル / メモ / 参照 / 警告）

いわゆる「分類表」は「IPC ＋細分化」の部分である。また改訂情報などの詳細は注釈部分に描き込まれる事になっている。また「正式に承認されたがまだ公開されていない将来の IPC グループは、公開前に CPC に導入できる」とされている。IPC の先取り導入的なイメージであるが、CPC は過去公報にも遡及付与される事から、調査実務的にみても有用であろう。

IPC や FI にない CPC の特色は「2000 シリーズ」と「セクション Y」である [15]。

セクション A － H	3）セクション Y
1）メイントランク （Main trunk） ・647 のサブクラスがある ・発明または追加情報に対して付与 ・{...} の記号は IPC と区別するために使用 ・「Breakdown」インデックスコードは 　追加情報のみに付与 分類項目数　約 162,000	新技術に付与 Y02A、B、C、D、E、P、T、W Y04S USPC 関連のコード Y10S、T
2）2000 シリーズ （2000 series） ・メイントランク内に挿入 （番号： 　2001 ～） ・IPC ベースのインデックスコード（番 　号：2100 ～） ・Orthogonal インデックスコード（番号： 　2200 ～） ・追加情報のみに付与 分類項目数　約 80,500	・追加情報のみに付与 分類項目数　約 17000

1）メイントランク

　メイントランクは主に旧 ECLA に由来し、発明情報と追加情報、両方に付与される可能性がある。　CPC 分類表には説明文が ｜......｜ で囲まれている箇所が見受けられるが、これは IPC に存在しない、CPC 固有の部分である。また（　　　）は他の分類箇所を見るように、との指示で参照用である。

▲ ☐	A61K 38/00	**Medicinal preparations containing peptides (...)**
☐	A61K 38/005	•{Enzyme inhibitors (...)}
☐	A61K 38/01	•Hydrolysed proteins; Derivatives thereof
☐	A61K 38/011	••{from plants}
☐	A61K 38/012	••{from animals}
☐	A61K 38/014	•••{from connective tissue peptides, e.g. gelatin, collagen}
☐	A61K 38/015	••••{from keratin}

2) 2000 シリーズ

2000 シリーズは主に旧 ICO に由来する追加情報である。

メイントランクの間に挿入されるインデックスコード（例：G02F2001/0113）と、

Classification symbol	Title and description
☐ G02F 1/011	• • {in optical waveguides (...)}
☐ **G02F 2001/0113**	• • • {made of glass, e.g. silica-based optical waveguides}
☐ G02F 1/0115	• • • {in optical fibres}
☐ G02F 1/0118	• • • • {by controlling the evanescent coupling of light from a fibre

メイントランクから独立したグループとして設定されるインデックスコードがある。Espacenet の分類表ではメイントランクの下に続けて表示される。（例：G02F2201/ ～） 後者は主に Orthogonal インデックスコードである。

▼ ☐ G02F 1/00	**Devices or arrangements for the control of light source, e.g. switching, gating, or mod**	
▼ ☐ G02F 2/00	**Demodulating light; Transferring the modu**	
▼ ☐ G02F 3/00	**Optical logic elements (...); Optical bistable**	
☐ G02F 7/00	**Optical analogue/digital converters**	
▲ ☐ **G02F 2201/00**	**Constructional arrangements not provided**	
☐ **G02F 2201/02**	• fibre	
☐ **G02F 2201/04**	• monomode	
☐ **G02F 2201/05**	• multimode	
☐ **G02F 2201/06**	• integrated waveguide	

一部のコード（分類階層を明確にするためのダミーコード等）を除き、2000 シリーズの説明文には ¦......¦ は使用されない。

3) セクション Y

セクション Y は旧 ICO に由来するセクションである。元々、既存の A 〜 H セクションが対象としている主題事項に対して横断的に展開する分類として設定された経緯があり、その点ではファセットに類似した考え方がベースにあるともいえる。

Y02 は気候変動緩和技術を、Y04 はスマートグリッド関連技術を対象としている。

Y02A　気候変動への適応技術

Y02B　建物に関連する気候変動緩和技術
　　　　例:住宅、住宅設備、または関連するエンドユーザーアプリケーション

Y02C　温室効果ガスの回収、保管、処分、廃棄 [GHG]

Y02D　情報および通信技術における気候変動緩和技術 [ICT]、
　　　　例：自らのエネルギー使用量の削減を目指した情報通信技術

Y02E　温室効果ガス [GHG] 排出量の削減、エネルギー生成、送信、または分配に関連

Y02P　商品の生産または加工における気候変動緩和技術

Y02T　輸送に関する気候変動緩和技術

Y02W　廃水処理または廃棄物管理に関連する気候変動緩和技術

Y04S　電気発電、送電、配電、管理または使用、すなわちスマートグリッドを改善するための、電力ネットワークの運用、通信、または情報技術に関連する技術を統合するシステム

また Y10 は、USPC に存在していた分類を CPC に導入したものである。現在は横断的分類（cross reference art collections 及び digests）に由来するインデックスは Y10S、通常の USPC は Y10T に振り分けられている。

☐ Y10	TECHNICAL SUBJECTS COVERED BY FORMER USPC
☐ Y10S	TECHNICAL SUBJECTS COVERED BY FORMER USPC CROSS-REFERENCE ART COLLECTIONS [XRACs] AND DIGESTS
☐ Y10T	TECHNICAL SUBJECTS COVERED BY FORMER US CLASSIFICATION

Y10S、10T ともに、多くの USPC 由来コードの導入が進められている。

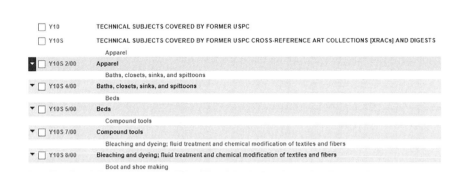

③再分類と注釈

　CPC の分類見直しは1年間に4〜5回行われ、分類改訂が承認されると、発行済公報（遡及公報）を含めた再分類が実施される。

　再分類が完了していない分野においては、分類表に Warning が表示され、新分類表がサーチのためには完全ではない旨と、完全なサーチのために利用すべき分類項目（多くは改定前の分類項目）が示される。

④ CPC とパテントファミリー

　CPC データはパテントファミリー単位で管理されている。近年は CPC を採用する国が増え、各国の付与した CPC（CPCNO。NO=National Office）データが存在する。従来は CPCNO とファミリー単位の CPC を区別していたのだが（下図）、

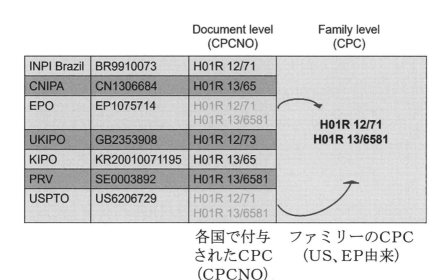

		Document level (CPCNO)	Family level (CPC)
INPI Brazil	BR9910073	H01R 12/71	
CNIPA	CN1306684	H01R 13/65	
EPO	EP1075714	H01R 12/71 H01R 13/6581	
UKIPO	GB2353908	H01R 12/73	**H01R 12/71** **H01R 13/6581**
KIPO	KR20010071195	H01R 13/65	
PRV	SE0003892	H01R 13/6581	
USPTO	US6206729	H01R 12/71 H01R 13/6581	

各国で付与
されたCPC
（CPCNO）　　ファミリーのCPC
（US、EP由来）

　今後は CPCNO を廃止し、ファミリーレベルの情報に一本化。各 CPC には付与した国のコードを付与する予定となっている[16]。早ければ 2019 年後半にも改良予定とのことである。

---

16) Search Matters 2019　Latest developments in the Cooperative Patent Classification
　　https://webserv.epo.org/projects/babylon/mmto.nsf/0/BFFEA34D83BB2961C125840400487B9A/$FILE/L3a_SM2019_Held.pdf

Future situation

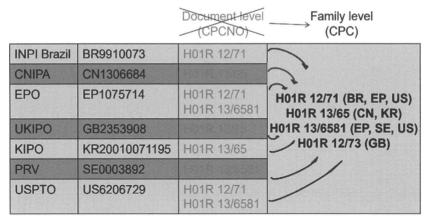

ファミリーレベルの情報に一本化
付与した国のコードが追加される

　また、CPC はファミリー単位でデータ管理されるため、CPC 未採用国の特許情報であっても、加盟国にファミリーが存在すれば CPC 検索の対象となる。例えば日本も CPC 未採用だが、2017 年 3 月時点の EPO データによれば、25.6％に CPC データが付与されている [17]。

---

17)　Search Matters 2017　Cooperative Patent Classification (CPC):a continuously improving world
http://documents.epo.org/projects/babylon/eponet.nsf/0/1933988DC40D12D4C12582640040F32A/$FILE/5_cpc_a_continuously_improving_world_en.pdf

CPC Coverage (EPODOC, 20 March 2017) (2/2)

Country	Country Code	Number of documents (source: EPODOC on 20/03/2017)	Number of publications classified in CPC (family or document level)	% publications classified in CPC (family or document level)
Brazil	BR	611.106	380.210	62,2%
Chile	CL	15.498	11.361	73,3%
China	CN	12.484.184	2.471.389	19,8%
Czech Republic	CZ	90.156	42.777	47,4%
Denmark	DK	398.017	261.097	65,6%
EAPO	EA	45.006	40.290	89,5%
Spain	ES	1.097.446	633.125	57,7%
Finland	FI	194.036	113.028	58,3%
Greece	GR	99.752	52.952	53,1%
Hungary	HU	119.667	74.747	62,5%
Israel	IL	98.571	84.623	85,8%
India	IN	81.648	46.077	56,4%
Japan	JP	17.584.996	4.495.635	25,6%
Korea	KR	3.268.126	1.642.330	50,3%
Mexico	MX	270.540	245.453	90,7%
Norway	NO	200.982	171.650	85,4%
Russian Fed.	RU	960.538	224.683	23,4%
Sweden	SE	519.265	330.910	63,7%
Soviet Union	SU	1.224.408	87.665	7,2%

　この性質は「最新版のIPC／CPCに対応した日本特許検索」にも利用可能である。具体的な例を挙げて説明する。

　2019年1月以降に新設されたIPC／FI「G16C 計算化学：ケモインフォマティクス：計算材料科学」をJ-PlatPatで検索する。例えば「G16C20/00 ケモインフォマティクス （下位階層含む）」では132件の国内公報がヒットした。また同様の検索でIPCでは4件であった（2019年9月時点）。

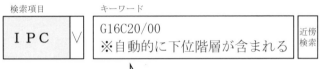

⇨ **IPC検索 国内文献 4件**

同様に Espacenet にて G16C20/00/low を検索。フィルター機能で「発行国 = JP」に限定すると、553 件の日本特許がヒットする。

なぜこのような現象が起こるのか

近年の CPC は「新設 IPC の先取り」が行われており、EPO は IPC の新設予定が発表されると早い段階で CPC にその分類を組み込む。併せて過去の発行済み公報への遡及付与もスタートさせるため、IPC が新設された直後でも新しい IPC に対応した公報をいち早く探す事ができる。（過去の公報数によっては、分類新設段階では 100%遡及付与完了とはいかないようであるが、その後も順次遡及作業が進められる）

　EPO における上記作業は、日本での新 FI ／ IPC 付与より速く進むケースが多いため、新設分類に関しては「Espacenet で検索した方が多くヒットする」という現象が起こる。但し、前出の資料の通り日本特許に CPC が付与されている率は 2017 年時点で 25％程度であるため、「国内での FI ／ IPC 検索よりは多くヒットする」に過ぎず、多くの検索漏れがあると考えられる。

　Espacenet での検索結果を参考情報として、国内調査用の FI やキーワードを割り出し、改めて国内検索を実施するとよい。

3-3 技術テーマ調査の実践（キーワードと分類）

本項の前半では「キーワード検索」について、後半では「キーワードと特許分類の組合せ」について説明する。

既に3-1では特許調査の基本的な手順を、3-2では精度上げのための特許分類の知識について述べてきた。また「1-2データベース検索の基礎」では、同義語・類義語やシソーラス等、キーワード検索に関連した概念を説明してきた。これらを踏まえて本項では「技術テーマ調査におけるキーワード、分類の使い方」について述べたいと思う。

① キーワード検索の特徴

今日、キーワード検索は「誰もが無意識に行っている検索」と言って良いのではないだろうか。検索エンジンで何か情報を探す、ショッピング系のサイトで商品を探すなどの行動はすべてキーワード検索であり、なじみやすい検索といえる。一方、分類概念や各種のインデックスは「網羅的・徹底的に行う調査」に特徴的なツールである、と考えられる。「1-2データベース検索の基礎」、「3-1特許調査と精度上げの基本手順」でも述べたように、特許調査におけるキーワード検索と分類検索の特徴は次のように整理できる。

	キーワード検索	分類検索
メリット	自然語で検索できる ≒ 手軽・取りかかりが速い ・分類がわからなくてもある程度調査可能 ・分類が確立されていない新規概念を調査	概念が分類化されている ≒検索結果の個人差が小さい ・出願件数が多い分野 ・キーワード検索困難な概念 ・古い文献の調査

デメリット	・主題の解釈の差・知識量の差 ・ボキャブラリー（語彙）数の差 ≒結果の個人差が大きい ・同じ用語が異分野で使われた場合にノイズが乗りやすい ・機械的構成や数値限定などは、基本的にキーワード検索に不向き ・新概念は表現が定まっていない事が多い。キーワードでは探しにくい	・分類に対する知識が必要 ・分類表を見る手間 ≒ハードルが高い。時間がかかる。 ・分類がなければ使えない → 新語・新概念は分類未整備の場合がある ・調査したい概念に合致する分類があるとは限らない

　キーワード検索はなじみのある検索手法であり、手軽でスピーディーに結果を得ることができる。また、分類がわからなくてもある程度は調査が可能である。データベース検索の項で、情報検索には 3 つのタイプがある[18] と述べたが、1）情報が存在すると知っており、それを探す検索　や、2）予備的知識を得るための検索はキーワード検索のみで対処可能な場合も多くある。

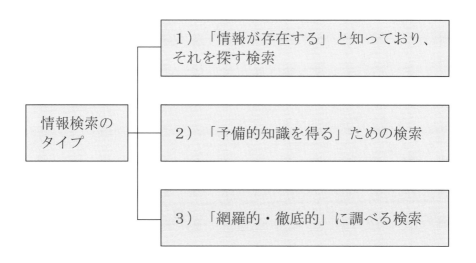

情報検索の
タイプ

1）「情報が存在する」と知っており、それを探す検索

2）「予備的知識を得る」ための検索

3）「網羅的・徹底的」に調べる検索

18）ルイスローゼンフェルド（Louis Rosenfeld）、ピーターモービル（Peter Morville）著、篠原稔和監訳、ソシオメディア訳『Web 情報アーキテクチャ—最適なサイト構築のための論理的アプローチ. 第 2 版』（オライリージャパン 2003 年）

　但し3)「網羅的・徹底的」に調査を行いたい場合は、キーワードだけで調査をして終了、という方法は避けるべきである。また、一見すると特許分類を使っているのだが、よく見るとどの集合にもキーワードがAND検索されている、というのも避けたい[19]。網羅的・徹底的に調査を行いたい場合は、検索項目（分類・キーワード）の特徴を考慮した検索設計が重要であろう。

② キーワード選択のポイント

　本項では特許調査におけるキーワード選択のポイントを説明する。

　J-PlatPatでのキーワード検索と基本操作は「2-1「簡易検索」とJ-PlatPatの基本操作」も参考にして頂きたい。

① キーワード重視か、分類重視か

　特許調査においては、技術分野による差異が大きい。大まかに言って「キーワードだけでは探しにくい技術分野」と「特許分類では探しにくい分野」そして、両者の中間がある。調査を行う際には「今から調べようとしている分野では、キーワードが有効か、分類が有効か。バランス型の調査がよいか」を考慮すると良い。キーワード検索が有効であれば、この後の項で述べる同義語・類義語をできる限り収集する、といった工夫が有効になる可能性が高い。逆に分類が有効な分野なら「適切な分類選択」の効果がより高くなる。

　「今から調査する分野ではどちらが有効か」の見極め方だが、筆者の経験してきた範囲ではキーワード、分類の両方を使う「バランス型」の割合が最も高い。

　キーワード検索が有効な分野では、「3-1 特許調査と精度上げの基本手順」

---

19)　著者はこの状態を「自分の知っているキーワード縛り」と表現している。一見特許分類を使っているのだが、どの部分集合にもキーワードがANDされている状態においては未知表現を含む公報が排除されてしまう可能性が高い。調査テーマによっては難しい場合もあるが、可能であれば「キーワードだけの部分式（＝未知分類が付与されていても探せる）」と「分類だけの部分式（＝未知語で表現されていても探せる）」そして「分類とキーワードを組み合わせた部分式」を作成することで、大きな検索漏れを回避できよう。

で述べた「予備検索」を行った際、特許分類が分散する事が多い。言い換えると「この技術テーマならこれ」という分類を決定できない。また、技術動向でいうと近年発展し、特許分類が技術開発に追いついていない分野に多い[20]。このような分野では、広めの特許分類で外枠を囲みつつ、キーワードを重視した検索戦略を立てるケースが多いと感じる。

　特許分類は「バランス型」「特許分類重視型」のどちらのタイプでも有効に作用するが、特に「キーワードだけでは探しにくい技術分野」もある。このタイプにはいくつか特徴があり、例えば化学分野において「材料Aが主原料、材料Bが副原料の組成物」を探すケースが挙げられる。この時「キーワード＝A×B」ではどちらが主原料か判別が難しいため、適切な分類の利用が有効となる。下記にポリマー成分に関連したFタームの例を示す。

Fターム　4J002「高分子組成物」　付加コード　（「解説」を参照）

1 …第1ポリマー成分であって主ポリマー成分であることを示すコード

W…第1ポリマー成分であって主ポリマー成分とも副ポリマー成分ともなり得ることを示すコード

2 …第2ポリマー成分であって副ポリマー成分であることを示すコード

X…第2ポリマー成分であって主ポリマー成分とも副ポリマー成分ともなり得ることを示すコード

3 …第3ポリマー成分であって副ポリマー成分であることを示すコード

Y…第3ポリマー成分であって主ポリマー成分とも副ポリマー成分ともなり得ることを示すコード

4 …第4ポリマー成分であって副ポリマー成分であることを示すコード

Z…第4ポリマー成分であって主ポリマー成分とも副ポリマー成分ともなり得ることを示すコード

5 …第5以降のポリマー成分であって副ポリマー成分であることを示すコード

---

20)　筆者の経験では、通信技術やソフトウェア・人工知能、IoT（Internet of things、モノのインターネット）、Industry4（第四次産業革命）関連技術、などは、特許分類に頼った特許調査が困難であった。

> U …第5以降のポリマー成分であって主ポリマー成分とも副ポリマー成
> 　　分ともなり得ることを示すコード

　また電気・機械等の分野においても、構造や数値限定を検索するための分類が存在する。下記は2H291 液晶4－1（光学部材との組合せ）からの抜粋で、要素幅と画素ピッチの大小関係がインデキシングされた例である。このような記載を含む公報を探す場合は、適切な分類を見いだす事が効果的な特許調査に直結する。

FA63	FA64	FA65	FA66
……要素幅（W）の規定	……要素幅（W）＝画素ピッチ（P）	……要素幅（W）＜画素ピッチ（P）	……要素幅（W）＞画素ピッチ（P）

②「社内用語」に注意する

　特許出願においては「その出願人（または特定の代理人）に特有の表現」がみられるケースがある。このような表現を俗に「社内用語」という。自社に社内用語がある場合は特に要注意で、特許調査の際も慣れた表現＝社内用語を入力しがちなのだが、自社と他社の社内用語が一致しない場合は「自社出願が最も多くヒットし、他社出願が見つからない」という結果に陥りかねない。

　逆に、特定の他社・他機関に注目している場合は「その出願人が頻繁に使う明細書表現」を取り入れることで、効率的に調査を進められる事になる。

③同義語・類義語

　同義語・類義語は一般的傾向として「思いつく限り挙げて検索に使用すると、検索漏れを減らすことができる」とされる（但し、状況・テーマによってはノイズを増やす語もあるので、検索結果を見ながら調整するとよい）。

　同義語・類義語の探し方には次のようなものがある。

1）分類検索の結果利用

　思いついた語で予備検索→テーマに近い分類を抽出→分類検索の結果から未使用の同義語・類義語をピックアップ　（3-1 の◇基本テクニック）

2）シソーラスの利用

　科学技術用語集としては、J-GLOBAL[21] のシソーラスが著名である。各技術分野における用語集などを利用するのもよい。用語集の存在がわからない場合、インターネット検索で「（分野名・製品名）用語」と検索すると、用語集が見つかる事も多い。

　J-GLOBAL は J-PlatPat「特許・実用新案検索」からもリンクしており、また、技術用語の多くには英訳も示される。下図に「鋳造」の検索結果に、関連語とその英訳が表示された例を示す。

用語 J-GLOBAL ID：200906075232733221

鋳造

同義語 (6件)：
鋳造法 (casting)
キャスティング (casting)
キャスティング作業
キャスト作業
キャスト処理
もっと見る

関連語 (22件)：
母型 (matrix (type))
鋳型【鋳造】(mold (casting))
造型 (molding)
製管 (tubemaking)
融解法 (melting process)
もっと見る

下位語 (24件)：
金型鋳造 (permanent mold casting)
遠心鋳造 (centrifugal casting)
精密鋳造 (precision casting)
造塊 (ingot casting)
チル鋳造 (chill casting)
もっと見る

3）Web 検索

　「（対象物）種類」または「（対象物）一覧」と検索すると、上位概念・下位概念、別名などを知る事ができる。例えば「ポンプ　種類」の検索では「軸流ポンプ」の上位概念はプロペラポンプであり、更に上位には「非容積式ポンプ」という概念がある。別の方式として「容積式ポンプ」が存在する、と確認できる。

21）　J-Global https://jglobal.jst.go.jp/

例：ポンプ　種類　　で検索 [22]

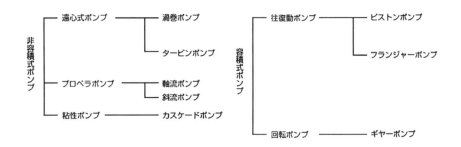

4) 英語における同義語・類義語

英語において同義語・類義語は「Synonym」と呼ばれる。例えば先ほど挙げた「鋳造」の例では「鋳造（日本語）－キャスティング・キャスト（英語⇔カタカナ）」の同義語があったが、英語文献では基本的にすべての語がアルファベット表記されるため、このようなパターンは殆ど見受けられない。

したがって、総じて日本語よりも同義語・類義語のバリエーションが少ないのだが、例えば「自動車」や

car, automotive, vehicle

「めがね」

glasses, spactacles

には同義語が存在する。

特許調査においては「概ね同じ技術を示しているが、注目しているポイン

トが異なる例」も多く見受けられる。

　一例を挙げると、光硬化樹脂は

photocurable resin　　または　　　photo-curable resin

と表現されるが、特許調査を行う際には

Energy beam curable resin（エネルギー線硬化樹脂）、UV curable resin（紫外線硬化樹脂）、Radiation curable resin　（放射線硬化樹脂）

などの表現も考えられる。これらは単に「光エネルギー」に着目しているか、波長に注目しているか、の違いといえる。

　インターネット上の情報源では、Weblio の英和・和英辞典 [23] の利用が考えられる。Weblio は特許データ由来の例文を多数収録している（例文に「特許庁」と記載されているものは特許データ由来である。下図参照）。ここで「硬化　樹脂」と検索し、光硬化、紫外線硬化などのバリエーションを丹念に拾う方法が考えられる。

Weblio の表示例

Weblio の表示例
前記硬化性樹脂は、熱硬化性樹脂あるいは光硬化性樹脂である。例文帳に追加

The curable resin is a thermosetting resin or a photocurable resin. - 特許庁
紫外線硬化樹脂の硬化方法例文帳に追加
CURING METHOD OF ULTRAVIOLET CURING RESIN - 特許庁

　もう一つ別の例を挙げる。ディスプレイ分野において、各画素に駆動素子を設ける方式、の意味で

23）　Weblio https://ejje.weblio.jp/sentence/

> active matrix display　（アクティブマトリックスディスプレイ）

という表現が用いられるが、この分野で

> TFT array substrate　（TFT アレイ基板）

と表現した場合も「多数のトランジスタ（≒駆動素子）を規則的に配置した基板」である事から、両者は類義語となる。構造としてはほぼ同じなのだが、ディスプレイに注目しているか、TFT の形成に注目しているか、の違いと考えられる。

　この種の類義語はシソーラス等でも発見が難しいケースが多く、技術者から話を聞く、多くの特許公報を見て慣れる、あるいは分類検索の結果から見いだすといった方法で探す事になる。下図は駆動素子関連の特許分類（CPC=H01L29/78645）の結果例から「（アクティブマトリックス駆動をする）有機 LED ディスプレイ」と「薄膜トランジスタ（TFT）アレイパネル」との関連を類推した例である。

Thin film transistor **array** panel and organic light emitting diode **display** …
US *KR* ・ US20190157367A1 ・ Dong Hee Lee ・ Samsung Display Co., Ltd.
Priority 2015-12-02 ・ Filed 2019-01-17 ・ Published 2019-05-23
17 . The thin film transistor **array** panel of claim 15 , wherein the second gate insulation layer is disposed directly on a surface of the second layer. 18 . An organic light emitting diode **display** comprising: a substrate; an oxide semiconductor disposed on the substrate; a first gate insulation layer …
薄膜トランジスタアレイパネル 及び 有機 LED ディスプレイ

④異表記

　同じ語句・同じ表現であっても文字種（漢字、かな、カナ）が異なるのが「異表記」である。

　殆どのデータベースは異表記を「別の文字種」として認識することから、異表記も同義語・類義語と同様「思いつく限り挙げて検索に使用すると、検索漏れを減らすことができる」傾向がある。

　まず検討すべき異表記は「漢字・かな・カナ」のパターンである。特許検索においても、

> 捩子、ねじ、ネジ　　（漢字・ひらがな・カタカナ）

　のパターンは多く見受けられる。また、送りがなのバリエーションにも着目しよう。

　また、特許検索においては漢字の異表記、アルファベット⇔カナの表記、略称⇔訳語の対応関係などにも注目するとよい。

> 発酵、醱酵　　（漢字の異表記）

> CRISPR-CAS9、クリスパーキャス9、クリスパーキャスナイン　　（英字・数字・カナ）

◇英語における異表記

　英語における異表記の代表例はアメリカ綴り－イギリス綴りである。たとえば「アルミニウム」は米英で綴りが異なる

> Aluminum（アメリカ）　　Aluminium（イギリス）

　また純粋な異表記ではないが、英語においては「途中に別の単語が入る」「語順の逆転」が頻繁に見受けられる。例えば自動運転車（Self-driving vehicle）の例では

> vehicle that is self-driving 、
> vehicle having a self-running mode、
> a land vehicle which is self-driving
> self-driving conveying vehicle　・・・

　等、公報本文中の表現には多くのバリエーションがある。このような場合は近接検索でバリエーションを吸収するとよい。

⑤表記のゆれ

長音、拗音、撥音などの使い方が異なるのが「表記のゆれ」である。ここまでは異表記と似ているのだが、特許データベースでは広く「表記ゆれの吸収」が行われている。例えば一見して同じに見える「長音」と「全角マイナス」は、J-PlatPatの場合同一視処理される（他の特許データベースでも同様の同一視処理を行う例が多い。）。

サーバー　（長音）　　サーバー　（全角マイナス）

J-PlatPatで両者をそれぞれ検索すると結果は同じ件数となる[24]。この場合、サーバー（長音）とサーバー（全角マイナス）は、両方入力しても検索の妨げにはならないが、実質的には片方の表現のみを入力しておけば問題ない、という事になる。

表記ゆれの吸収（同一視処理）は検索サービスによって異なるため、同一視処理の範囲がわかっていれば表記の展開を省略してもよく、処理範囲がわからない場合は表記を展開しておくのが無難である。

また、日本語環境での検索では「（自動的な）部分一致」が多く用いられる点にも注目したい。上記例の「サーバー」は「サーバ」と記載される事も多い。ちなみにカタカナ表記のキーワードはその語が普及するとともに末尾の長音記号が欠落する傾向にある。

コンピューター　→　コンピュータ

データー　→　データ

などもこの例である。

公報中の語句に対して「部分一致検索」が行われる場合は、最後の長音記

24）　J-PlatPat 特許実用新案検索において、2019 年 9 月現在、「要約＝サーバー」で、「－」を長音とマイナス（全角）でそれぞれ検索すると、件数は同じ 15406 件となる。したがって「長音とマイナスは同一視されている」と判断できる。

号を省き「サーバ」「コンピュータ」「データ」等と入力すれば、両方の表記に対応できる。

　この方法の応用例として「語尾変化の吸収」がある。例えば「回転塗布装置」はカタカナでは「スピンコーター」といい、その派生に「スピンコート」「スピンコーティング」がある。これらをまとめて検索するには「スピンコ」あるいは「スピンコー」と入力するとよい[25]。

　上記の「長音の欠落」に似た例で、連語表現の変化がある。これは日本語、英語の両方にみられ、多くの場合　2語　→　記号で区切った連語　→　1語　の方向に変化する。

---

inter net または inter network　→　inter-net　　→　internet

インター　ネット　　→　インター・ネット　→　インターネット

　このパターンでは、同一視処理、部分一致のいずれでも吸収できないケースが出てくる[26]。その場合は比較的近距離の近接検索を指定するとよい。

　以下に異表記、表記のゆれのパターンを示した。

　異表記、表記のゆれのパターン

パターン	具体例
文字種の違い	めっき、メッキ、めっき
文字種の違い（外来語）	CRISPR-CAS9、クリスパーキャス 9、クリスパーキャスナイン
文字種の違い（元素記号）	Al、アルミ、アルミニウム ／ Si、シリコン、ケイ素、珪素
外来語の表記違い	ビンテージ、ヴィンテージ ／ ビール、麦酒

---

25) 「スピンコ」と「スピンコー」では、後者の「スピンコー」がおすすめ。一般的に文字列を長くとる方がノイズが入りにくくなる。実際に「スピンコ」では「スピンコイル」「スピンコントラスト」が混入する。
26) 同一視や中間一致で吸収できるか否か？は、調査対象の語句と使用する検索サービスとで個別に決まる。想像力を働かせつつ、検索マニュアルを確認する、実際に検索して確認するなどして最適な検索方法を探って欲しい。

カ、ケの違い	由比ヶ浜、由比ガ浜
送り仮名の違い	練り製品、練製品 ／ 歯磨、歯磨き、歯みがき、
旧字体と新字体、異字体	発酵、醗酵 ／ 熔接、熔接
中黒の有無	データベース、データ・ベース
長音	コンピュータ、コンピューター
繰返し符号	佐々木、佐佐木
漢数字とアラビア数字	20 年、二〇年、二十年
単位記号	10g、10 グラム、10 瓦

⑥キーワードの長さ（複合語）

　日本語検索の場合、複合語となったキーワードが多く存在する。例えば下記の表にある「ニンジンジュース」も、ニンジンとジュースの複合語である。

名称	検索方法		
	AND 検索	近接検索	フレーズ検索
入力例	ニンジン and ジュース	ニンジン 5N(5C) ジュース	ニンジンジュース
検索範囲	広い検索	中間	限定された検索
件数・ノイズ	多	中	少
検索漏れ	少	中	多

　「1-2 データベース検索の基礎」でも述べた通り、複合語を検索する方法には「AND 検索」「近接検索」「フレーズ検索」の 3 種類があり、件数、ノイズを減らすこと と 検索漏れを減らすことにはトレードオフの関係がある。

　予備検索や、無効資料調査の初期に「ピンポイントで適合率の高い集合」を作ろうとする局面では、多少検索漏れがあっても適合率を優先し、「フレーズ検索」「距離の近い近接検索」を行うケースが出てくる、と考えられる。
　一方、予備検索から本検索に移った段階や、侵害予防調査や、無効資料調査でも調査が進展し「先行例の含まれる可能性のある集合を広く確認したい」といった場合には、近接検索の距離を長めにとる／逆順も検討する」「AND

検索を行う」等の方法を検討するとよい。

⑦特許特有の表現

　特許明細書では、各技術分野に特有の「特許用語」が用いられるケースが多く、中には広辞苑、学術用語、JISのいずれにも定義されていない用語も存在する[27][28]。しかしながら特有の表現は特許請求の範囲で用いられる事も多く、特許調査を行う際には、やはりそれらの用語への対応を考えなくてはならない。

　機械分野においては「巻回＝巻き巡らせること」「圧嵌＝圧力を加えて嵌めること」などの用語が存在する。インターネット上にもいくつか用語集があり「特許用語」等の語で検索・参照することができる。また、FI、Fタームの定義文・説明文の中で特許用語が用いられている場合、その分野では特有の用語が広く用いられる傾向がある。公報中から実際に使われている表現を抽出するのも有効である。

A47B65/00,601@Q	・側板が摺動するもの
A47B65/00,601@R	机上用
A47B65/00,601@Z	その他
A47B65/00,602	・仕切体
A47B65/00,602@A	水平調節できるもの
A47B65/00,602@B	・溝、孔への嵌合位置を変えることにより調節

　化学分野の請求範囲においては「AxByCz」のような組成式や「IVa族元素」といった記載で成分を定義する事も多い。このような分野ではキーワード検索で直接該当の組成を探すのは難しい。請求範囲は広めに記載されているが、本文中では具体的な名称で説明を行っている場合などは、次項の「具体的名

27) 広辞苑、学術用語、JISの何れにも載っていない特許用語 （桂川国際特許事務所） http://www.kat.co.jp/stat/archive/arc_idiom.pdf

28) 特許用語（機械）http://www1.odn.ne.jp/xenom/sonota.box/tokkyokikai.html

称」も参考にして頂きたい。

⑧具体的な名称

　何らかの理由で適合率を高めたい（ノイズの少ない集合を作りたい）場合は全文検索で具体的な名称を検索してみるのもよい。なお、適合率を上げると再現率（漏れを減らしたい）は低下するので、別の部分集合で再現率を上げておくとなおよい。

部分集合1	全文検索で具体的な名称を入れる （狙い＝ノイズの少ない集合）
部分集合2	その他の検索方法を選択 （狙い＝漏れの少ない集合）

　例えば化学分野の明細書では、特許請求の範囲に「ポリウレタン系樹脂」等、上位概念を記載する事も多いが、これだけでは内容を特定できないため、全文検索で「トリメチルヘキサメチレンジイソシアナート」を含む公報に絞り込む方法などが考えられる。

　他には次のような語でノイズを減らせる可能性がある。

一般的な呼称：スマホ、デジカメ、花粉症[29)]

規格名：IEEE、JPEG

試験方法等：EN ISO14577 − 1：2002　（ISO 標準試験方法）

計測器等の名称：H − 100 計測器

添加剤等の商品名、型番：ZEOSIL 45、TIXOSIL 38

機関名：世界保健機構、経済協力開発機構

実験動物の系統名：C57BL/6、BALB/c

⑨単位・数値を検索する

---

29)　花粉症　医学用語では「季節性アレルギー鼻炎」

　数値限定の先行例を探す場合には、その数値に付帯する「単位」での検索も有効である。例えば「回転塗布装置の回転数」を探す場合に、全文検索で「rpm」と入力するような例である。その際、その単位を 10 倍、100 倍、あるいは 10 分の 1、100 分の 1 に言い換えた単位を併せて入力するとよい。また、アルファベットの大文字／小文字、全角／半角は同一視しない場合があるので、実際に検索し件数を確認しながら「rpm と RPM」「rpm と rpm」を入力するとよい。

　単位の変換や言い換えも考慮するとよく、例えば rpm であれば日本語で「毎分（近接）回転」への言い換えが考えられる。他には「キロカロリーとジュール」「メートル法とヤード・ポンド法」などの変換も考慮するとよい。

　また商用データベースの場合は、ヒットした公報をまとめて PDF 出力しておき、PDF ファイル内を単位で検索すると、データベース内でのブラウジングより速く数値記載を確認できる。

　単位計算・換算に関連したインターネットサイトも有用である。サイト名、URL は脚注を参考にして頂きたい[30] [31] [32]。

---

30)　計算サイト「単位の計算」（カシオ計算機）https://keisan.casio.jp/menu/system/000000000360
31)　UNIT MARKET　http://www.unitmarket.jp/
32)　Wolfram Alpha（ウルフラムリサーチ）英語ベースだが日本語入力すると自動的に機械翻訳が行われる　https://www.wolframalpha.com/

⑩化合物を検索する

　化合物名にはバリエーションが多く、呼び名には体系名と慣用名が存在する。また、特許明細書に登場する著名な化合物には商品名、型番が存在するケースもある。一般的には想定しうる名称をできるだけ挙げて検索する事によって検索漏れを防ぐことができる、とされる。

　同じ部分構造や基を示す表現でも特許明細書中では「ハイドロ」と「ヒドロ」、「メタアクリレート」と「メタクリレート」のような異表記が多く存在する。

　調査のターゲットと「その分野に特有の明細書表現」によっては、慣用名や規格名[33]（例：R-1234ze）、商品名などが有効になるケースや、上位概念による検索（例：ハイドロフルオロオレフィン）が有効なケースもある。検索しながら状況をチェックするのが望ましい。

　例　　（E）-1,2,3,3,3-ペンタフルオロプロペン

　分子式　C3HF5

　体系名：
　（E）-1,2,3,3,3-ペンタフルオロプロペン
　（E）-1,2,3,3,3-ペンタフルオロ-1-プロペン
　（1E）-1,2,3,3,3-ペンタフルオロプロパ-1-エン

　InChI　　1S/C3HF5/c4-1-2（5）3（6,7）8/h1H/b2-1+

---

33)　規格名の例：ISO817（国際標準化機構）で定められた冷媒番号（アシュレイ番号）などが挙げられる。

上位概念	ハイドロフルオロオレフィン
	ヒドロフルオロオレフィン
冷媒番号	R-1234ze（E）
その他の呼称	HFO-1234ze（E）
製品名の例	ソルスティス ze　（Honeywell）

　上記表中の InChI は InChI（International Chemical Identifier）に付随する分子情報のインデックスである[34][35]。WIPO PATENTSCOPE の化合物検索[36]には InChI 、MOL file 等が利用できる。J-GLOBAL の物質名検索結果から InChI（InChI Key）を取得し、PATENTSCOPE検索を実行するとスムーズである。

34）　InChI Trust　https://www.inchi-trust.org/
35）　IUPAC https://iupac.org/
36）　WIPO PATENTSCOPE　　https://patentscope2.wipo.int/search/en/search.jsf

WIPO PATENTSCOPE による
化合物検索の例

　WIPO の特許データベース「PATENTSCOPE」では、特許明細書中に記載された化合物にインデックスが付与されており、体系名・慣用名等をまとめて検索可能である。2019 年 8 月時点では US, WO, JP, CN, KR, RU、欧州特許（EP）、ユーラシア特許が化合物検索に対応している。なお、化合物検索は英語版のみの機能で、ユーザー ID によるログインが必要である。WIPO のユーザー ID は無料で取得できる。

　すべての化合物を検索できるわけではない（新しい化合物は未対応の場合がある）が、体系名・慣用名のバリエーションにも対応している点で有用と考えられる。

> 　検索例：テオブロミンについて記述された公報を
> 　　　　　PATENTSCOPE で検索する。
> 　　　　　公報発行国は限定しない。

　カカオ豆やチョコレートの成分として知られる「テオブロミン」は、J-GLOBAL（日化辞 Web）で確認すると「テサール」として収録される。また多くの体系名、その他名称（慣用名）を持っている。WIPO PATENTSCOPE では様々な検索キーを利用できるが、ここでは英語で「Theobromine」と検索する。

物質 J-GLOBAL ID：200907053531307301　日化辞番号：J3.874A

テサール

物質タイプ： 構造情報あり

分子式： $C_7H_8N_4O_2$

分子式フリガナ： C7-H8-N4-O2

分子量： 180.167

InChI： InChI=1S/C7H8N4O2/c1-10-3-8-5-4(10)6(12)9-7(13)11(5)2/h3
H,1-2H3,(H,9,12,13)

InChI key： YAPQBXQYLJRXSA-UHFFFAOYSA-N

SMILES： Cn1cnc2n(C)c(=O)[nH]c(=O)c12

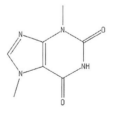

体系名 (7件)：
3,7-ジメチルキサンチン
3,7-ジメチル-7H-プリン-2,6(1H,3H)-ジオン
1,2,3,6-テトラヒドロ-3,7-ジメチル-7H-プリン-2,6-ジオン
3,7-ジヒドロ-3,7-ジメチル-1H-プリン-2,6-ジオン
3,7-ジメチル-1,2,3,6-テトラヒドロ-7H-プリン-2,6-ジオン
全件表示

その他の名称 (18件)：
サンテオース
テオブロミン

　WIPO PATENTSCOPE（英語版・ログイン済）の Compound name
に「Theobromine」と入力。検索実行（Exact Structure Search）。

　検索実行後、詳細表示を行った例を下図に示す。Compounds のタブ
にタイトル／要約／全文／クレーム　に分けて、公報中に記載された化
合物が示される。また、表示された化合物をクリックで、本文中の記載
箇所にジャンプする。

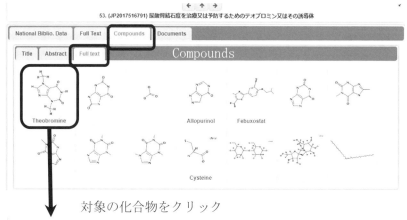

対象の化合物をクリック

Description of Embodiments

[0005] 本新発明の目的は、新しい強力な 尿酸結晶化阻害剤の発見に基づく 尿酸腎結石症を治療するための新しい生成物を提示することである。この生成物は、炭素原子が1～6個のアルキル基を含有する直鎖又は分岐鎖によってその3位及び7位が改変された キサンチン誘導体であることになる。該鎖は同一でもよく、互いに異なってもよく。例としては、R₁及びR₂基がメチル基とする テオブロミン と呼ばれる ジメチルキサンチンがある。

[0006] テオブロミン （C₇H₈N₄O₂、化学名 3，7－ジメチルキサンチン又は 3，7－ジヒドロ－3，7－ジメチル－1H－プリン－2，6－ジオン） は、メチルキサンチンファミリー由来のアルカロイドである。テオフィリン及び カフェインもファミリーに含まれる。カフェインが3つのメチル基を含有するのに比較して、 テオブロミン は2つのメチル基を有する。

[0007] したがって、本発明の主要な態様は、腎結石症、好ましくは、尿酸腎結石症を治療及び／又は予防する組成物を製造するための一般式（I）又はその薬剤として許容される塩のいずれかをもつ組成物の使用に関する。

[0008] [Chem. 1]

化学物質にインデックスが付与されている「Theobromine」で検索した結果、日本語公報中の慣用名・化学名にハイライト。

　この例では英語の「Theobromine」で検索を行っているが、本文中では慣用名「テオブロミン」化学名「3，7－ジメチルキサンチン」「3，7－ジヒドロ－3，7－ジメチル－1H－プリン－2，6－ジオン」にハイライトされており、これらの語句がインデックスで紐付けられている、と確認できる。

　なお PATENTSCOPE では中国、韓国、ロシアの公報も化合物検索の対象となっており、各国での化合物名の表記を確認する用途にも応用できる。

③ 検索対象について（J-PlatPat）

J-PlatPat「特許・実用新案検索」では、キーワード検索の対象項目を「全文」「発明の名称」「要約」「請求の範囲」「明細書」から選択できる。

> 全文
> 書誌的事項
> 発明・考案の名称/タイトル
> 要約/抄録
> 請求の範囲
> 明細書

各検索項目を使った際のヒット件数は、概ね下記の関係となる。

多　　全文 ＞ 明細書 ＞＞ 請求範囲 ≧ 要約 ＞ 発明の名称　　**少**

例えば「要約」で検索したが、結果が1件のみだった場合、検索項目を「全文」に変更すると、一転して多数の公報がヒットする事も多い。

但し全文検索は「公報全文のどこかに、指定のキーワードが含まれている」検索であるから「野菜ジュース」を検索するつもりなのに「免疫賦活剤」や「新規微生物」など、本来の検索目的と異なる公報がヒットする可能性も高い。本来の検索目的とは無関係の結果（無関係の公報）を「検索ノイズ」と呼ぶ。

一般的に「全文」の検索は漏れが少なくなるが、ヒット件数もノイズも増える。「発明の名称」の検索は、その逆である。図に示すと次のようになる。

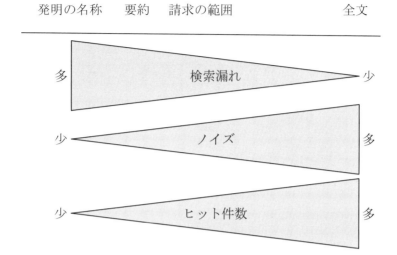

発明の名称　　要約　　請求の範囲　　　　　　全文

　特許調査では「漏れを少なく」「ノイズも少なく」の両立を目指す場面も多い。その際、最適な検索項目の見極めや、どの程度漏れているかの見極めが重要である。

　以下、各検索項目毎の用途、コツを記載する。それぞれ漏れ／ノイズを増やす使い方も含まれるため、実際に行う際には漏れ防止なども考慮し、応用して頂きたい。

1）発明の名称

　適合率を上げたい時に利用する。必ず検索漏れが生じるので「検索漏れしたままで差し支えないか？」「次に再現率を上げるにはどうしたら良いか」を併せて検討する。

ⅰ）予備検索の際などに「漏れ」は無視して適合率を上げる。
　例：「発明の名称＝ヨーグルト＋発酵乳」で予備検索（要約等で他の特徴をAND検索しても良い）。適合率が上がった状態で関連分類を抽出する。

ⅱ）ノイズを含む母集団から、適合率の高い部分集合を取り出す。（公報の
　　チェック順）
　例：広めの母集団の中から「発明の名称＝製造方法」を取り出す。
　「製造方法」を記載した公報を先にチェックしたい時などに使う。残りの
集合にも必要な公報が含まれる可能性はあるから、公報をスピーディーに読
むための「場合分け」のつもりで使う。

2）要約

　発明の名称と同様、適合率を上げたい時に利用する。検索漏れについて検
討すべきである点も同様である。J-PlatPat の場合、予備検索に使いやすい
項目ともいえる。（他の商用データベースで予備検索をする際は「名称＋要
約＋請求範囲」などの項目を選択してもよい）

　予備検索では「発明／テーマに必須の構成」に基づいてスタートするのが
基本形だが、応用として次の様な検索も考えられる。

ⅰ）「効果」で検索する。
　例：ある樹脂の母集団に対して「要約＝耐熱＋高熱＋高温」で絞り込み。
　明細書本文中には多くの効果が列挙される事も多いのに対し、要約中に記
載された効果は概ね「主な効果」だと推定される。構成×特定の効果、で、
調査テーマに近い公報を探すテクニック。この方法も適合率が上がるが、漏
れが生じる点に注意して頂きたい。

ⅱ）「製品名×用途」で検索する。
　例：「要約＝花粉×マスク」で検索する。
　全文検索ではノイズが増えすぎる、請求の範囲では上位概念で記載されて
いるのだろうが、予備検索段階では上位概念の表現を思いつかない、といっ
た時には、即座にイメージできる「製品名×用途」などで検索してもよい。

3) 請求の範囲

前項「要約」でも述べた通り、請求の範囲では上位概念による記載が行われる。また、化学分野における組成式など、キーワード検索そのものが難しいパターンもある。

請求の範囲を漏れなく検索するには、思いつく（想定できる）キーワードをなるべく使用する事が大切ではあるが、逆に汎用性の高い上位概念では、件数が多くなりすぎる（ノイズが増える）可能性もある。例えば「記憶装置（記憶手段）」「ポリエステル系樹脂」などは、汎用性の高い上位概念の例といえよう。

汎用性の高い表現を利用したい場合は、特許分類で絞り込めないか？下位概念とすみわけができないか？近接検索が有効ではないか？等を検討し、ノイズを増やしすぎない工夫をする事も実務上必要である。

4) 全文

全文検索では一般的に漏れが少なくなるが、ノイズと件数が増える。時間が無限にあればそれでも良いだろうが、業務の場面では「漏れは少なく、ノイズも件数も少なく。スピーディーに検索できるのがベスト」と考える事が多いのではないだろうか。

すると、一般的なキーワード同士をAND検索する方法はノイズを増やすので、あまり得策ではない。キーワード検索だけで言えば、具体的な表現を探す、近接検索で妥当な表現に絞り込む、といったテクニックを使う事となる。

しかし、キーワードを限定しすぎるのも検索漏れの原因となる。侵害予防調査のように網羅性（漏れなく）を要求する調査であれば「キーワードで探せない公報を分類で探す」「分類で探せない公報はキーワードで探す」といった、相互補完的な調査設計を行うとよい。

④ キーワードと特許分類の組合せ

　特許分類だけでは件数を絞り込めない時には、特許分類とキーワードを掛け合わせて調査対象を絞り込む。またキーワードだけでは技術分野のばらつきが大きい時にも、キーワードに特許分類を掛け合わせて、カテゴリーを絞り込む。

　この時、大筋では「使用した特許分類に合致した技術カテゴリーの公報が多くヒットする」と考えるとよい。例を挙げて説明すると「歯の清掃（歯ブラシ）」に関連する主なFIは以下の通りである。

例　「歯の清掃（歯ブラシ）」に関連するFI

A61C15	歯間を清掃する装置
A61C17	歯、歯の穴または補綴の清掃、みがき、すすぎまたは乾燥用装置 ※動力駆動歯ブラシ A61C17／16
A46B15	その他のブラシ　（ヘアブラシ、衣類ブラシ、歯ブラシ等）

　一般的な家庭用の歯ブラシは、主にA61C17（歯、歯の穴または補綴の清掃、みがき、すすぎまたは乾燥用装置）に分類される。特に電動歯ブラシであれば、A61C17/16の付近であろう。A61C15を選択すると「歯間フロス」などが多くなるであろうし、A46B15は「その他のブラシ各種」の分類で、具体的には「携帯用歯ブラシ」などが多く含まれる。このように、一見カテゴリーの似ている分類でも分類される対象物はそれぞれ異なっている。調査対象物の「製品・サービスのカテゴリー」と特許分類とを一致させ、各技術要素をキーワードで絞り込むとスムーズに検索できる事が多い。（なお、分類表の記載からは対象物・対象技術が読み取りにくい場合は、検索してヒット状況を確認するのも良い方法である。）

　特許分類と同様の意味を持つキーワードは掛け算を回避するのが定石である。

　上記例は、「A61C17　歯ブラシ」の分類に対しキーワード「歯ブラシ」を掛け算するイメージである。効果的な絞り込みができない上、特許分類である程度吸収された表記の揺れが「検索者の入力したキーワード」のみに限定されてしまうため、分類を利用する意味が薄くなる、といえる。

3-4 調査の種類とポイント

1 出願前調査

　国内あるいは海外特許庁に特許出願をする前に、その技術・アイデアについて、類似した内容が公知になっていないかを確認する調査である。

　「1-5 特許調査の種類と特許調査の基礎」でも述べた通りであるが、その目的は
　・特許審査で簡単に拒絶されない　（新規性・進歩性の事前確認）
　・より広く有効な権利の取得
　・強い特許網の構築　（パテントポートフォリオ）
　のうち一つ、あるいは複数を目的とする事が多い。

　特許出願や外国出願、審査請求を行うべきかどうかの判断材料、また、補正の範囲はどのあたりまでか、最終的には出願費用や投入する人的コストが無駄にならないかどうかの判断も目的に入るであろう。一概には言えないが出願前調査ではコストパフォーマンスを考慮することが多い。

　また企業内では「社内審査官になるな」と表現されることも多い。徹底的な出願前調査は不要、とまでは言わないが、アイデアを完全否定する先行例を発見し、マイナスのフィードバックばかりを実施していては、「知財に提出してもダメ出しばかり」と、発明意欲の阻害や、知財部門に声を掛けにくい空気につながる場合もある。当然、これでは本末転倒である。アイデアを潰すための調査ではない、より良い特許出願を行うための調査である、と心がけたいものである。

　それではどのレベルで調査を実施すれば良いか。企業や業種による考え方の相違、また、単発の出願か、パテントポートフォリオの形成かでもレベル感は異なるが、一つの考え方として「審査官サーチをベンチマークにする」というものがある。

　J-Platpat の検索結果から「経過情報」を閲覧すると、審査書類中に「検索報告書」が含まれている事がある。この書類には特許審査時の検索記録が含まれている。

　特許審査時にサーチされる先行資料の件数には技術分野による差もあるが、概ね数百件程度であることが多い。

　また、検索式そのものも、出願前調査の検索式立案の参考になる。 自社出願と同じ技術分野における審査官サーチの履歴を複数分析すると、検索式の立て方や件数のレベル感がわかってくる。一例として特願 2017-213544 に対する検索報告書を分析する。

No.	CLM	テーマコード	検索論理式	件数
1	1-8	4B032, 4B014, 4B023	(米粉パン + 米粉ベーカリ + 米粉食パン + コメ粉パン + コメ粉食パン + コメ粉ベーカリ),20N,(生地 + ドウ)/ei	39
2	1-8	4B032, 4B014, 4B023	(米粉パン + 米粉ベーカリ + 米粉食パン + コメ粉パン + コメ粉食パン + コメ粉ベーカリ),20N,(生地 + ドウ)/tx-¥01	28
3	1-8	4B032, 4B014, 4B023	(米粉パン + 米粉ベーカリ + 米粉食パン + コメ粉パン + コメ粉食パン + コメ粉ベーカリ)/ei-¥01-¥02	51
4	1-8	4B032, 4B014, 4B023	[(米粉 + コメ粉 + こめ粉),20n,(パン + ベーカリ)/ei-¥01-¥02-¥03]*[アルギン酸エステル]	3
5	1-8	4B032, 4B014, 4B023	[(米粉 + コメ粉 + こめ粉),20n,(パン + ベーカリ)/ei-¥01-¥02-¥03-¥04]*[アルギン酸]	34
6	1-8	4B032, 4B014, 4B023	[(米粉 + コメ粉 + こめ粉),50n,(パン + ベーカリ)/ei-¥01-¥02-¥03-¥04-¥05]*[((アルギン酸 + 増粘多糖 + 増粘剤),20n,(生地 + ドウ)]	9

7	1-8	4B032, 4B014, 4B023	[(米粉 + コメ粉 + こめ粉),50n,(パン + ベーカリ)/ei-¥01-¥02-¥03-¥04-¥05-¥06]*[(加工澱粉 + 加工デンプン + 化工澱粉 + 化工デンプン),20n,(生地 + ドウ)]	17
8	1-8	4B032, 4B014, 4B023	[(米粉 + コメ粉 + こめ粉),50n,(パン + ベーカリ)/ei-¥01-¥02-¥03-¥04-¥05-¥06-¥07]*[(酵素処理 + ヘミセルラ + ペクチナ + ペクチンエステラ + アミラーゼ),50n,(生地 + ドウ)]	30
9	1-8	4B032, 4B014, 4B023	[(米粉 + コメ粉 + こめ粉),50n,(パン + ベーカリ)/ei-¥01-¥02-¥03-¥04-¥05-¥06-¥07-¥08]*[(発酵 + 醗酵 + 焼成),20n, 製造方法]	59
10	1-8	4B032	db02*dg08*dk17-¥01-¥02-¥03-¥04-¥05-¥06-¥07-¥08-¥09	3
11	1-8	4B032	db02*dg08*dk15-¥01-¥02-¥03-¥04-¥05-¥06-¥07-¥08-¥09-¥10	11
			―途中省略―	
16	1-8	4B032	a21d13/04*a21d8/04-¥01-¥02-¥03-¥04-¥05-¥06-¥07-¥08-¥09-¥10-¥11-¥12-¥13-¥14-¥15	8
			国内文献　件数合計	390

上記例から読み取れること

・国内文献の件数合計は 390 件。部分集合は 16 式あり、1 集合あたりの件数は約 24 件である。絞り込んだ小集合を作り、順次少しずつ方針を変えていく手法で調査効率を高めているとみられる。

・前半はキーワードの近傍検索が中心。後半（式 No.10 以降）で F ターム検索を行っている。キーワードでは有力な先行文献が見つからず、後半でキーワードを使わない検索に切り替えていると推定される。

　以上は 1 件の検索報告書のみを読み取った例であるが、他の出願でも同様な傾向であれば、当該技術分野では同じような手法が広く使われていると推定することができる。

また特許審査で簡単に拒絶されないという目的においても、出願前調査の方法を特許審査段階のサーチ手法に近づけることはある程度有用性があるものと考えられる。

❷ 無効資料調査

特定の特許出願を対象に「その特許を無効化するための先行資料を探す調査」の総称が無効資料調査である。また、その最終目的は「製品・サービスを無事に送り出し、適正利潤を上げること」である、と捉えることができる。

1-5 でも述べた通り、無効資料調査の目的（利用場面）は広く、またレベル感にも幅がある。

> 1）何か関連資料が見つかれば OK
> 2）請求項を減縮できる程度の資料が欲しい
> 3）警告への反論・無効主張ができるレベル
> 4）草の根を分けても探す。必ず無効化する

「ある発明・アイデアの特許性確認のために、先行資料を探したい」という方向性は出願前調査と類似しているが、出願前調査は「自社出願を潰すための調査ではない。より良い特許出願を行うための調査」である。

これに対して無効資料調査は、一部の例外[37]を除いて「他社特許を無効化するための調査」である。事業上、特に問題もないのに他社特許を無効化するというケースは考えにくい。問題が顕在化しているか潜在的かは別としても「何か問題がある」から他社特許の無効化を検討するのである。

上記で「無効資料調査のレベル感」を提示した。

「何か問題がある」状況と組み合わせると、概ね以下のような関係だと推

---

37) 一部の例外　権利行使を検討する際、自社特許権の有効性を確認する目的で、自社出願に対する無効資料調査を実施するケースがある。

定される。

> A）SDI（定期監視）調査で、将来自社事業の障害となりうる公開特許を発見した。情報提供を検討したい。

　この出願が登録になるかどうかは現時点では不明であるし、その時点で自社製品が現在と同様であるかも流動的である。よってレベル感は　2）請求項を減縮できる程度の資料が欲しい。　情報提供は実体審査のタイミングに間に合わせたいが、まだ時間的余裕がありそうだ。（緊急度・低）

> B）侵害予防調査で問題特許を発見した。無効化を図りたい。

　問題特許はすでに登録になっており、かつ製品の販売時期も迫っている。緊急度は中。
　調査のレベル感は　2）請求項を減縮できる程度の資料が欲しい、ないし3）警告への反論、無効主張ができるレベル[38]。

> C）他社から警告状が来た、または特許権侵害で提訴された。

　既に「相手が侵害に対して疑惑を持っており、アクションをとっている」状態なので、緊急度大。レベル感は製品へのダメージ、自社へのダメージの大きさで変わるが、概ね3）警告への反論・無効主張ができるレベル〜4）草の根を分けても探す。必ず無効化する、である事が多い。

　以上A）〜C）、3つの異なる「レベル感」「緊急度」の例を挙げた。筆者の経験上、緊急度が高いケースでは「問題発生の初期に、何らかの反論可能な資料を発見する」事は非常に価値が高い。事業部やライセンス（渉外業務）担当者は、通常相手方との交渉を通じて反論を行っていくのだが、早期に有

38）　侵害予防調査で資料発見のケース　実際には製品・サービスの重要度（主力製品か否か）、特許権者との関係（関係は良好か否か、ライセンスの有無、過去の係争の有無）などで重要度・緊急度が変動する。

力な先行例を入手する事は「その特許は無効理由を含む可能性がある」とい
う強力なカードを最初から持っている、という状態にほかならないからであ
る[39]。

　特許性（新規性・進歩性）と無効資料調査の組み立てについては、弁理士
が解説する良書も出回っているため、説明を譲りたいと思う[40]。本項では無
効資料調査の手順や調査範囲の広げ方を中心に述べていく。

①特許の無効理由になり得るもの

　特許法上で規定された「無効理由になりうるもの」には多くの種類がある
が、「無効資料調査」で探すのは図の左側、公知・公用、新規性、進歩性、
先願同一などの証拠となる資料である。
　このうちデータベース検索でも中心となるのが新規性・進歩性否定の資料
となりうる「先行資料（先行文献）」の調査である。

公知・公用
新規性
進歩性
先願同一

特許発明（発明でない）
記載不備／サポート要件
違反
補正違反　（新規事項追加）
外国人の権利の共有

②資料の種類

調査の種類	対象の年代	対象の生死 公報種別	どこを読む？	特許以外の 資料
無効資料調査	公知／先願 (出願日前)	限定しない 公開優先 ※1	公報全体 (全文・全図)	使う (テーマ／状況)
侵害予防調査	→	生存中のみ 登録優先	請求の範囲 が中心	使わない
技術動向	調査テーマ による	限定しない 公開優先 ※2	調査テーマ による ・要点を把握？ ・具体的な記載？	使う (テーマ／目的)

※1 無効資料調査と公報種別
　　　公開優先 ＝ 公知日の早い公報を優先。登録公報が先に出る場合も。
※2 技術動向調査と公報種別
　　　公開優先 ＝ 技術情報として考える。原則全件公開のため「公開優先」

　無効資料調査の調査対象は、その種類を限定されない。「発行日（公知日）」を客観的に証明できれば、どのような情報でも無効資料として利用できる。
- ・国内公報
- ・海外公報
- ・学術文献
- ・雑誌、専門誌、新聞
- ・パンフレット
- ・書籍

等が利用できる。

③実務から見た「考え方のポイント」

　企業（事業部）の立場から見た「無効資料調査の最終目的」は、本項の冒頭でも述べた通り「製品・サービスを無事に送り出し、適正利潤を上げること」である。すなわち、当該特許の権利範囲が自社製品にとって無関係・無害になればよい（全請求項を無効にする事だけがゴールではない）と考える

事ができる。

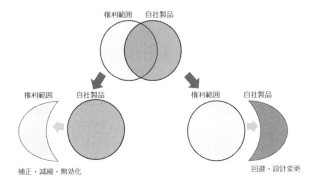

無関係、無害になる方法には

・（自社）設計変更等

・（相手側）権利の補正・減縮

・（相手側）権利の無効化

があり、いずれの方法でも「製品・サービスの販売」は可能である。

しかしながら、回避・設計変更は、無効化と比較して自社の支払うコスト
が大きい、と捉える事ができる。

また権利の補正・減縮は「ただ減縮されれば良い」のではないことはいう
までもない。

一見権利範囲が減縮されても、依然として自社製品がその権利範囲に含ま
れるのであれば、自社にとっては意味がないからである。したがって、無効
資料調査の際には自社製品に対する無害化、すなわち「どの構成に減縮され
るのが望ましいか」「望ましくない減縮方向は存在するか」といった点を意
識しておくと良い。

④無効資料調査の手順

無効資料調査は以下のような手順に沿って進める事が多い。以下、各段階
毎に手順・ポイントを説明する。

	手順	概要
1)	発明のエッセンスを大まかに把握	
2)	対象特許について、情報収集	権利範囲の確定　周辺状況の確認 本当に無効化が必要か？
3)	無効化のポイントを特定	経過情報からみたポイント 事業の観点からみたポイント
4)	特許調査／文献調査の実施	調査観点 優先順位づけ
5)	資料の整理	対象特許と先行資料との構成要件対比
6)	アクションの決定	異議、無効審判、情報提供、追加調査 資料を社内保有（アクションしない）　等

1）発明のエッセンスを大まかに把握

　事業部・発明者から「この特許の図面が開発中の商品にそっくりだ、侵害のおそれはないか」と相談を受けたケースでは、まず発明のエッセンスを大まかに把握する。すなわち権利内容の概略と、脅威となりうるか否かの把握である。

　次の段階で「権利状況の把握」を実施するが、その結果「検討の必要なし」となる可能性もある。したがって、この段階は「軽く、大まかな把握」に留めるのがコツである。

2）対象特許について、情報収集

　ステップ1）で「自社製品に関係しうる」と判断した場合はステップ2「情報収集」に移る。情報収集では以下の項目を確認・情報収集する。

ⅰ）権利の状態　（生死状態および権利期間の残存状況、特許権者）

ⅱ）審査経過、審判経過の確認、ならびに経過情報書類（包袋）の入手

ⅲ）対応特許（パテントファミリー）の有無、及び経過の確認

ⅳ）引用文献情報の確認　（本件＋対応特許）

ⅰ) 権利の状態　（生死状態および権利期間の残存状況、特許権者）

　権利は存続中か、また、権利期間満了予定日はいつか。現在の特許権者は誰かを確認する。J-PlatPat では「経過情報照会」から確認できる。権利消滅している場合は、ここで検討を終了する（ただし権利満了の場合も、請求権の消滅時効で問題となるケースは除く）[41]。併せて権利満了予定日（残存状況）も確認しておく。

ⅱ) 審査経過、審判経過の確認。ならびに経過情報書類（包袋）の入手

　権利存続中の場合は審査経過・審判経過を確認する。J-PlatPat では「経過情報照会」で確認可能である。なお、主な審査・審判書類も J-PlatPat で入手可能であるが、一部書類が非公開の場合もある。

　審査・審判書類一式を「包袋（ほうたい）」と呼び、特許庁への閲覧請求や、代行業者を経由しての入手も可能である。　特に自社が他社特許を侵害している可能性のあるケースでは、自力入手を避け「代行業者への入手依頼」を

---

41)　権利状態の確認　レアケースだが、実際に次のようなケースがあった。「警告状が届き、対象特許を確認したところ、なぜか権利が移転しており、警告状の送付元は特許権者ではなかった。」この場合、警告状の送付元には差止権や賠償請求権がないため、検討終了となる。

推奨したい[42]。

iii）対応特許（パテントファミリー）の有無、及び経過の確認

　対応特許出願の有無は Espacenet や OPD（ワンポータルドシエ）で確認可能である。ワンポータルドシエは J-PlatPat の経過照会から引き続き利用できるメリットがある。一方 Espacenet は収録国数が多い点が魅力である。

　対応特許の確認では、特に審査経過に注目する。他国で拒絶査定されていれば、その国で有力な先行例が引用された可能性があるためである。また拒絶査定に至らなくとも、審査段階で X 文献（新規性・進歩性）、Y 文献等（進歩性）が提示されているケースもある[43]。主要国の引用情報は OPD、Espacenet のいずれにも掲載されている。

iv）引用文献情報の確認（本件＋対応特許）

　ステップ iii）に引き続き、引用情報を確認する。ワン・ポータル・ドシエ、Espacenet のいずれでもファミリー全体の引用情報確認が可能である。

**ワン・ポータル・ドシエ(OPD)
の引用情報表示**

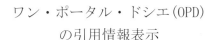

**Espacenet の引用情報
表示**

42）包袋の複写依頼　自社より直接特許庁に閲覧請求を行った場合、閲覧記録に請求書名が残る。（特許原簿閲覧で確認可能）他社権利侵害のおそれがある場合、不用意に閲覧請求を行うと「出願人が閲覧請求に気付く→閲覧請求者を確認する→あの企業が関心を持っているのではないか、と推測」の流れで、警告状や侵害訴訟に結びつく可能性も否定できない。閲覧の証拠は残さないのが無難である。

43）X 文献、Y 文献　PCT 国際調査報告（サーチレポート）等で使われる表現。「X は、関連性が高い文献であり、この文献単独で新規性・進歩性がないと判断できるもの」「Y は、関連性がある文献であり、他の文献との組合せにより進歩性がないと判断できるもの」「A は、対象特許に関して技術的背景を述べている文献であり、参考程度のもの」である。

　また Espacenet からは Common Citation Document（CCD）にもリンク設定されている[44]。

　CCD では各国の引用文献、引用カテゴリー、対象クレームがまとめられており有用である。

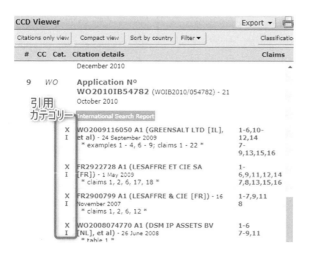

3）無効化のポイントを特定

　2）のステップⅱ）で経過書類を、またⅲ）で対応特許、ⅳ）で引用文献情報を収集した。情報が揃ったところで、無効化のポイントを特定する。

　無効化のポイントには「経過情報からみたポイント」と「事業上のポイント」がある。

　はじめに「経過情報からみたポイント」である。審査経過書類のうち「請求範囲に影響を与える経過」とその内容を優先的に確認する。具体的には以下のような書類名が対象となる。

---

44)　Common Citation Document（CCD）　http://ccd.fiveipoffices.org/

> 拒絶理由通知書と引用例
>
> 手続補正書と意見書　（補正箇所と内容）
>
> 分割出願の有無
>
> 異議申立、無効審判の有無（先行例は何か？）
>
> 異議申立書、答弁書、弁駁（べんぱく）書の内容（双方の意見・反論は？）

　一般的に「手続補正」で権利範囲を補正する際、意見書では補正の根拠や引用文献との相違点を示している。無効資料としては「特許査定に至ったポイントを否定する資料」を示すのが早道であり、この段階では「どのような論点・ポイントで特許が認められたか」の特定資料を集める作業、と捉えることができる。

　次に「事業上のポイント」である。先に述べた通り、権利範囲の減縮に成功しても、依然として自社製品が含まれる減縮では意味がない。 仮に無効化のアクションを取ったとして、相手方が自社製品を含まない方向に補正する可能性が高くなるのはどんな先行例か、を考え、それに沿った資料を探すよう検索戦略を立てていく[45]。

4）特許調査／文献調査の実施
基礎知識 1「先願と公知」

　「先行資料」には「先願」と「公知」がある。先願は進歩性の資料にはならない、すなわち新規性（実質的に同一）を示す資料としてのみ使用できる点に注意したい。

45）　自社が有利となる検索戦略　審査経過によって状況が変わるため一概には言えないが、最も単純な例としては「自社実施状況に近い実施例を記載し、かつ、権利消滅（又は審査段階で消滅）している先行例を探す」パターンが代表的である。

	出願日が	公報発行日 or 発表日が	新規性	進歩性
先願とは	2014.12.31 以前	2015.1.1以降	○	×
公知とは	(2014.12.31 以前)	2014.12.31 以前※	○	○

基礎知識2「すべての構成要素を揃える」

3) 無効化のポイントを特定　において「特許査定に至ったポイントを特定し、これを否定する」という考え方を述べたが、無効資料調査では「無効化ポイントに関する資料だけを発見すれば良い」わけではない。すべての構成要素について先行資料をサーチし、揃える。

なお、時折「『おいて書き』の部分は教科書的」「当たり前の事項」なので、と資料を準備しない方が見受けられるのだが、これは「そう言われているだけ」であって、そのことを証明できる資料ではない。特許業務は書面主義であるため、すべての構成について公知日を証明できる資料を揃えよう。

無効資料調査のアプローチ

さて、無効資料調査には「調査の段階・状況に応じて調査戦略が順次変化していく」という特性がある。1-5 重複する説明もあるが、お許しいただきたい。ここでもi) 初期　ii) 中盤　iii) 終盤　に区分して説明する。

なお無効資料調査は「有効な先行例を発見すれば終了」である。初期調査i) で成果が上がって終了、のケースもあり、必ずi) 〜iii) すべての段階を実施するわけではない。

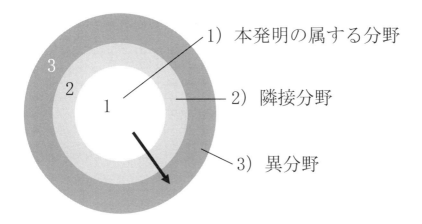

1) 本発明の属する分野

2) 隣接分野

3) 異分野

　さて、無効資料調査は「有効な先行例を発見できた調査は良い調査」である。
　定石などがあるわけでもない。しかしながら「先行資料の使いやすさ、説得力」から考えると、図のように「本件に近い分野から周辺へと調査範囲を広げる」方法は、比較的汎用性の高いアプローチと考えられる。その理由を説明する。

　冒頭で無効資料調査の対象は「新規性（の先行例）」か「進歩性（の先行例）」が多い、と述べた。このうち新規性の資料は概ね同一技術分野内に限定される。次に進歩性の資料は、組合せで利用するケースも多い。複数の資料の組合せ、といえば「組合せの容易性」が問われるケースが多く、動機づけとなりうるものには、「技術分野の関連性」、「課題の共通性」、「作用、機能の共通性」、「引用発明の内容中の示唆」などがある、とされている。本発明により近い分野の方が各種動機づけを充足しやすい、逆に異分野では「技術分野の関連性」や「課題の共通性」などを満たしにくくなる、と推定される。

i) 調査初期　短時間で適合率重視
　無効資料調査には「強い先行例を見つけることができれば、検索漏れはさほど問題にしない」という特性がある。また、無効資料調査の初期段階には「適合率の高い集合を素早く作る」と、大きな成果につながる可能性がある。

比較的短時間で適合率の高い集合を作る手法（再現率は度外視）をいくつか紹介する。

- ・概念検索を行う　（商用データベース、Google Patent 等）
- ・特定の出願人（当時盛んに開発していた企業）で検索
- ・ズバリのキーワードで近接検索
- ・本件がヒットするようなキーワードで検索（年代は指定しない。後願も含むサーチ）を実施。本件に近い公報を収集した後「その特許の引用情報」から、関連情報を探す

等である。勘や経験則でも構わないので、色々な手法を試してみて欲しい。但し、めぼしい情報がなければ切り上げて次の段階に移る。

ii）中盤　組み合わせ容易性の検討、調査方針・調査対象の検討

初期段階で強い先行例が見つからなかった場合、一般的に進歩性（組み合わせ）で資料を探す事となる。組合せの可能性は複数考えられるが、説得力のあるもの、ないものが存在しうる。調査戦略の立案においては審査基準（新規性・進歩性の判断）の知識も有用であろう。資料発見状況によって、調査方針を変える、調査対象の技術分野を変更するといった方針変更も検討しなくてはならない。

また無効資料には国内の特許文献（公報類）に限らず、外国特許や非特許文献（学術文献、カタログ、雑誌など）も利用することができる。一般的な無効資料調査では国内公報からスタートするケースが多いと推定されるが、国内公報で有力な資料が発見できなかった場合、外国公報に切り替えるのか、非特許文献が適切か、こういった「調査対象の変更」も中盤でスタートすることが多い。

iii）終盤　調査範囲の拡大と外枠、終了の判断

実際の無効資料調査では調査が難航するケースも珍しくない。有力な先行例発見に至らなかった場合でも、何らかの形で「調査終了」の判断を行う事

になる。

　調査をどこまで広げるか、また、いつまで続けるかは「調査のレベル感」に比例する事が多い。一通り公知例の有無を確認するレベルの調査であれば、早い段階で調査終了するであろう。逆に必ず無効化を図るレベルであれば、可能性の残っている限り調査を続行するし、少しでも先行例を含む可能性のありそうな技術分野はすべて見る、といった選択をするかもしれない。

　「必ず無効化する」レベルでありながら、調査が難航した場合「有効な資料が存在しない事を証明する」調査を実施する場合もある。要は「先行例が存在する可能性のある範囲はすべて見た」という形で調査終了の判断を行うのである。この場合「可能性のある範囲はすべて見た」点が 重視され、調査は再現率重視となる。

◇調査範囲の広げ方

　無効資料調査の調査対象（調査範囲）を広げ方は「技術分野を広げる」か「資料の種類を変える」あるいは両者の組み合わせである。代表例は下記のパターンである。

- ・国内公報を対象に、技術分野を広げる
- ・海外公報を対象に、技術分野を広げる
- ・より古い公報まで遡及する
- ・国内公報から海外公報に
- ・特許文献から一般文献へ
- ・現物を探す

　調査範囲を広げる際は、発明が行われた当時の発明者感覚もポイントになる。当時の感覚がつかみにくい場合は、当時を知っている技術者に「当時の技術水準」「参考にしていた技術」「その当時の著名な雑誌・学会・見本市」などをインタビューするのもよい方法である。

5）資料の整理（構成要件対比表）

　無効化対象の特許と収集した先行資料とを整理・対比する方法に「構成要件対比表」がある。　特許異議申立書、あるいは無効審判請求書の記載要領に準じた整理を行う事が多い。下記に異議申立の記載要領例を示す[46]。

請求項	本 件 特 許 発 明	証　　　拠
1	A ・・・・・手段（3）、 B ・・・・・手段（7） C ・・・・・手段（9）を備え、 D ・・・・・する現像装置	甲第1号証（特開平〇〇－〇〇〇〇〇〇号公報） A ・・・・・手段（11、15）、 B ・・・・・する点（16）、 C ・・・・・手段（32）を備え、 D ・・・・・　する現像装置 〇〇〇の点は設計的事項
2	E ・・・・・請求項1記載の現像装置	甲第2号証（〇〇〇．〇〇．〇年〇月．第〇巻．第〇号．p．〇－〇．〇） E ・・・・・した点について
3	F ・・・・・請求項1又は2記載の現像装置	甲第3号証（米国特許第〇〇〇〇〇〇〇号明細書） 甲第4号証（〇〇〇．（米）．〇〇．〇年〇月．Vol.〇．No.〇．p．〇－〇．〇） F ・・・・・したことにより・・・・・を防止することの周知例

特許庁「特許異議申立書の「申立の理由」の記載要領」より抜粋

　構成要件対比表では調査対象の「請求項」と先行資料の「全文・全図」を対比する。また、調査対象の請求項は「構成要件ごとの項分け」を行い記載する。（これに関しては「1-4 公報の読み方の基礎」の「❺ 権利範囲を読む」を参照）

46）　特許庁「審判請求書等の様式作成見本・書き方集」 https://www.jpo.go.jp/system/trial_appeal/general-sample_bill_sinpan.html

請求項	構成	調査対象 特許 XXXXXXX 出願日 YY.MM.DD	先行例1 特開 20XX-XXXXXX 公開日 YY.MM.DD	先行例2 特開 20XX-XXXXXX 公開日 YY.MM.DD
1	A	スティック状のプレッツェル菓子	○【0012】・・・・・・	△【0030】・・・
	B	バターを染みこませる	○【0013】・・・・・・	○【0030】・・・
	C	チョコレートを被覆	○【0015】・・・・・・	×（記載なし）
	D	バターの使用量	×（記載なし）	○【実施例】及び【表1】

　調査で発見した先行例と調査対象の構成要件とを対比しながら、先行例の記載箇所を抜き書きする。対象特許を無効化するためには最低でもすべての構成要件を揃える必要がある。また、より望ましくは「強い、有力な先行例」があると良い。

　以下、一般論ではあるが先行例の強弱とは次のようなものである。
・新規性と進歩性なら　新規性を否定しうる資料は強い先行例。
・進歩性（組合せ）ならば、組み合わせる資料数が少ない方が強い先行例。言い換えると「2件の組合せより、3件以上の組合せは説得力が弱い」。
・進歩性（組合せ）の場合、発明の分野や課題が一致していると組合せやすく、説得力が増す。逆に、異分野の先行例組合せは説得力が弱い。

　構成要件対比表は本来、特許異議等の「申立の理由」の説明用に作られ始めた書式ではあるが、先行例の抜け・漏れの確認や、2件以上の資料の組合せ検討のためにも有用である。

③ 侵害予防調査

　侵害予防調査は製品・サービスの実施前に、その製品が第三者の特許権を侵害するおそれはないかを確認するために実施する調査である。企業や業界

によって呼称の差が大きく、例えば　パテントクリアランス、実施前調査、FTO（Freedom to Operate）調査、抵触性調査、等の呼び方がある。以下、本稿では「侵害予防調査」の呼称で、実務上のポイントを説明する。

①侵害判断の基本

　他者の公報に記載された技術内容と、自社で実施しようとしている技術が似ているからといって、すぐさま「権利侵害」に直結するわけではない。他者の特許権との関係で問題となるのは「相手の権利範囲」と「自社の実施行為」との関係である。自社の実施行為とは、製品やサービス、と言い換えられる。

　侵害判断の前提条件には、下記3点が挙げられる。

> 1）侵害判断は「請求項」に記載された権利範囲が問題
> 2）技術的範疇が同一か？
> 3）業として実施しているか？

1）請求項

　公報に載っている図面や回路図、組成等が類似していても、権利侵害とは限らない。まず特許請求の範囲に基づき「権利範囲はどこまでか」を確認する。

2）技術的範疇

　「請求項に記載の権利範囲」はどのような製品・サービスに関する範囲であろうか。この範囲を「技術的範疇」と呼ぶ。前項の繰り返しになるが、図面がそっくりであっても技術的範疇が異なる場合は、権利侵害にはあたらない。

3）業として実施

　対価のやり取りがあったか否か、である。数量や反復性は問わないため、厳密にいうならばサンプル品1つでも金銭を受け取ると「業として実施」である。

②侵害の種類－文言侵害と均等侵害

1）文言侵害

　請求項に記載された発明を、いくつかの構成要件に分け、構成要件と製品とを対比して判断する方法である。「構成要件との対比」については「1-4 公報の読み方の基礎」に記載している。

　請求項に記載された発明に、製品と異なる部分が見受けられない場合は「侵害」。言い換えると「請求項に記載されたすべての特徴を有する実施製品は侵害品」である。これをオールエレメントルールと呼ぶ。

2）均等侵害

　請求項と実施製品に若干差異があるが、その差異は構成要件のうち、発明の本質的でない部分であって、対象製品と異なる部分を対象製品におけるものに置き換えても、同一の作用効果が期待できる。また、置き換えを容易に想到でき、意識的に排除されていたわけでもない、等の条件を満たすと「均等侵害」になり得る。

3）調査実務との関係

　特許侵害の判断には多くのケースでグレーゾーンがあり、実務上では当事者間の交渉で権利範囲を確定する場面も多い。 すなわち、調査段階での「このような他者特許は無関係、侵害のおそれなし」との思い込み・決めつけは将来的にリスクとなる可能性がある。検索と資料抽出はグレーゾーンを考慮してマージンを持たせることが必要である。

　また実務においては業種による感覚の差、競合他社のポリシー把握なども重要であろう。

　例えば電機業界はクロスライセンスが広く行われる業種とされるが、中には「ライセンスを行わない」ポリシーの企業も存在する。この場合はクロスライセンスという出口がないので、グレーゾーンを慎重に判定する等、対策

を検討するとよい。

更に「クロスライセンス前提」の業種では、他社技術の使用比率を下げることや、NPE（特許不実施主体）の特許を踏まないこと、などをターゲットとするケースもある。

一方、ライセンス供与／クロスライセンスが盛んでない業種は「絶対侵害しない」事がより重視され、調査もより慎重に実施される。

一般的に侵害予防調査は「製品の実施・販売前に」と説明される例が多いのだが、業種による調査タイミングの差異も見られる。例えば化学（素材）系の業界では、開発テーマを決めるタイミングで「侵害のおそれはないか」を調査する事例もみられる。開発テーマ決定の段階では、電気系の業種では「量産スペックも決まっていないのに、侵害予防調査など不可能」と捉えられる傾向にあるが、化学・素材の場合は1件の特許が概ね1つの製品を表現する場合もあり「問題特許が1件あれば、開発着手自体が無駄になってしまう」リスクがあるため、早い段階で他社権利情報を確認したい、という場面である。

このように侵害予防調査は「一律にこのタイミングで行う」とは言えないものの、業種や製品の特徴から「設計変更・回避の可能なタイミングで行うと良い」と言えそうである。

③調査範囲の特定（優先順位）

第三者の特許権との関係で問題となるのは「実施行為」、製品やサービスとして実施している範囲である。すべての構成要件、すべての実施範囲で調査を行う事ができれば安心でもあり、理想的でもあるが、実際には費用や労力、所要時間等の点で困難な場合が多い。したがって侵害予防調査では、特定の構成に絞って調査するケースが多くなる。

侵害予防調査の優先順位は、侵害時に想定されるダメージの大きさに基づいて検討するとよい。具体的には下記のような検討項目が挙げられる。

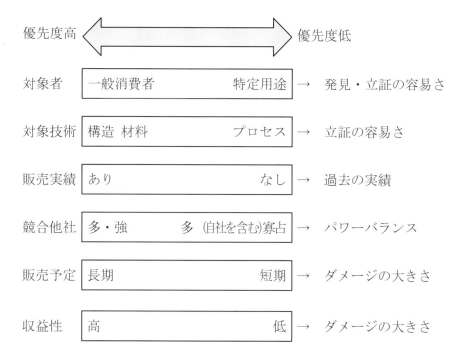

上記を「権利行使を検討する状況」に置き換えて説明してみよう。

権利行使を検討する状況とは、概ね「他者が収益を上げている状況」でもある。販売を差し止める、損害賠償を請求するなど「他者の収益を自社に流せないか？」と考えている状況とも言えそうだ（収益が上がり始めると、途端に警告状の数が増える、という話は枚挙に暇がない）。

そして実際に権利行使を行うとすれば、最低限下記の事柄を考慮するのではないか。

---

1) 侵害している、と分析・立証できそうか
2) 業界のパワーバランス

---

1) 侵害の分析・立証

権利行使側から見ると、侵害の事実が立証できなければ「他者の収益を自

社に流す」目的も達成できないため、侵害発見の容易さ、立証の容易さはポイントになりうる。

　一般消費者向けの製品であれば、相手も入手・分析は容易であろう。特定の産業用途などは相対的に入手・分析が困難になる。また、対象技術が構造物であれば、製造プロセスよりは分析が容易になる、といえる。

　つまり実施する立場（侵害予防調査を行う側）で考えると、相手の入手・分析が容易と考えられる構成ほど、侵害予防調査の優先度が高くなる。と言える。

　逆に製造プロセスや中間材料など、製品を入手・分析しても侵害の事実が立証しにくい構成は、相対的に調査の優先順位が下がることとなる。

2) パワーバランス

　権利行使する立場から見ると「他社が過去に販売実績のない分野に新規参入し、収益も上がり始めた場合、新規参入者の販売差止を目的として権利行使を図る」ケースが考えられる。この場合、新規参入を図る側は製品の主要構成全般について、事前に侵害予防調査をできればベストであろう。

　過去に長期間製造・販売を続けており、特に知財トラブルもなかった場合、潜在的に「過去に実施した構成に関してはトラブルがなかった」というデータが蓄積されている、と捉える事ができ、調査範囲も「新たに採用する構成」を中心に設定できる。

　業界の状況も影響するケースが多い。例えば「2社寡占状態。自社が業界トップだが、1位と2位は拮抗」で、製品もうまく住み分けている状況であれば、侵害予防調査の優先度はさほど高くない。逆に、強い競合他社が存在している場合、注意を払いながら侵害予防調査を実施する必要がある。

　また、業種によってはNPEや個人発明家に注意するケースもある。例え

ば家庭用品の分野では、個人発明家からのアイデア提案や、時には警告状も多く送付されてくる。多くの場合、個人発明家は自社商品のファンでもあるのだが、その一方で対応を誤ると「クレーマー」に変貌する可能性もあるため「個人発明家の出願内容は使わないよう、事前に対策（侵害予防）している」という事例がある。

　一方、自社側が検討するのはダメージの大きさである。権利行使を受けた場合、販売期間が長期であると、累積で大きなダメージとなる可能性が高い。
　また主力製品か否か、高収益商品かその他か、といった点もダメージの大きさに影響する。大きなダメージが見込まれる場合は、相応の侵害予防調査を検討するとよい。

　以上のような点を勘案して、調査の優先順位決定を行う。

④対象の公報種別

　侵害予防調査は「権利範囲」を確認する調査であるから、まず「登録系の公報」が対象となる。生死状態を区別できるデータベースを利用し、権利存続中の出願に限定するとより効率的である。
　「公開系公報（今後権利化の可能性があるもの）」を加える事もできるが、検討対象件数が増え、時間・コストが増加する。したがって公開系公報については、業種や企業によって対応が分かれる。一概には言えないものの、研究開発から商品化までの期間が長い業種では「登録系公報のみ」を、短い業種では「登録＋公開」を選択するケースが多いように見受けられる。
　前者の一例は化学系である。開発から商品化の時間も長いが、一旦販売を開始すれば10年、15年と販売を続けるロングセラーになる事も多い。このため、侵害予防調査はもちろんだが、その後のSDI（継続調査）での登録特許監視にも力を入れるケースがみられる。
　後者の例はソフトウェアである。設計から商品化まで1年前後、というケースもあり「世の中に出回っているサービス は、特許出願されていたとしても、

ほとんど登録になっていない」事も珍しくない。やっと公開になっているかどうか、というタイミングであるため、登録＋公開、を選択するパターンがみられる。

⑤調査と公報確認（査読）の概要

侵害予防調査では「検索のプロセス」と「公報確認（査読）のプロセス」とを分離する事が望ましい。査読スタート以降に「このキーワード（または分類）を使えば良かった」と気付く可能性もあるが、その場合も「現在確定している母集合」をすべて見終えてから、追加検索を行う方が無難である。(途中での検索式変更は推奨できない)

前出の「無効資料調査」では、調査状況に伴って順次検索範囲を変えていくのであったが、これとは対照的である。以下、その理由を説明する。

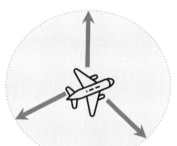

クリアランス＝範囲内は安全

侵害予防調査は「製品・サービスの実施予定に対応した、適切な範囲の公報をすべて確認する事によって、その安全性を担保する調査」である。侵害予防調査を「パテントクリアランス」と呼ぶ企業・業界も多いが、本来、クリアランスという単語の意味は次のようなものである。

クリアランス（clearance）

1 かたづけること。一掃すること。

2 間隔。空間。すきま。ゆとり。

3 通関手続き。出港手続き。

　パテントクリアランスという表現には「製品の周辺を特許的にクリアにして、安全に離陸（リリース）できる空間を作ること」という意味が含まれているようである。

　公報査読の途中で検索条件を変更すると「読み終えた公報」と「未読公報」の区別が曖昧になりがちである。これでは「製品の周囲をクリアにする」という目的も曖昧になってしまう。ぜひ「一旦決めた母集団内は、すべて確認してクリアにする」と意識して欲しい。

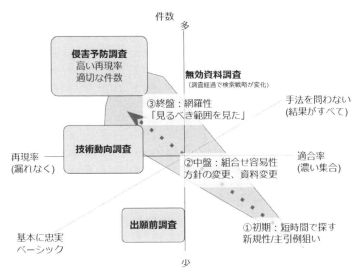

⑥調査範囲の広さ

　侵害予防調査の母集団のサイズは「大きすぎず小さすぎず」が最適である。

　侵害予防という性質から「広ければ良い（件数が多ければ安心）」という印象を持ちやすいが、一概にそうとも言えない。

　まず、国内外ともに過剰な母集団サイズは調査負荷の増大に直結する。また、該当公報の見逃しの可能性も高まってしまう。もちろん、注意深く公報を確認するのであるが、人間が目視確認する以上、「見逃し」の確率は母集団の件数に比例すると考えるのが自然であろう。

　特に米国特許を対象とする場合は注意が必要である。滅多にないケースでは

あるが、のちに警告状を受け取ったとして、その公報番号が母集団に含まれていると「その公報の存在を知っていた」という事になる。いわゆる故意侵害となった場合、ダメージが大きいため「見逃し」には十分注意を払いたい（弁護士ー依頼者間の秘匿特権が使えるか、事前に検討しておくのもよい）。また日本の場合、故意侵害の問題は発生しないが、もし後に見逃しが判明した場合「他にも見逃しがあったのではないか」等の疑念が生じるのが自然かと思う。

また、逆に母集団のサイズが小さすぎる場合、同じく米国では「特許権を尊重する姿勢に問題がある」という心証を与える可能性がある点は知っておいても良いと思う。

もちろん「最適なサイズ」は調査テーマにより異なる。先に「調査の優先順位」について説明した通り、例えば、「主力商品だが競合も多く、過去に係争の履歴あり。一般消費者も入手可能な商品で、長期間販売予定」であれば母集団の最適サイズは大きくなるであろうし、「顧客の製品向けに特化した電子部品。通例では顧客の商品サイクルが半年単位なので、販売期間・数量ともに限定される。」といった状況であれば、母集団の最適サイズは相対的に小さく設定するケースが多いと考えられる。

⑦検索式作成の考え方

侵害予防調査は「なるべく漏れなく行う調査」と説明される事も多いが、実際のところ「100％漏れなく」は不可能である。仮に100％漏れなく調査できたとしても、母集団（確認対象の公報件数）が極端に多くなると、現実的な調査範囲とは言い難いものになる。

前項「調査範囲の広さ」でも触れた通り、現実的には母集団のサイズを「大きすぎず小さすぎず」とし、その範囲内で「製品に関連しうる権利情報を極力多く拾い上げること」を目指すサーチとなる。一つの検索集合だけで適合率と再現率、両方を上げるのは難しいので、「適合率が高い部分集合を複数作り、各部分集合の和をとる（OR検索する）事によって、全体の適合率と再現率を上げる」タイプのサーチを行うと効率的である事が多い。

　第1章でも触れた通り、特許のデータベース検索は「キーワードだけでは漏れる」「分類だけでも漏れる」という性質を持っている。そこで、下図のような部分集合を検討する。

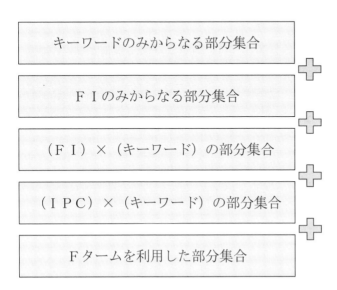

※実際にはすべてを合算するのではなく、部分集合毎に評価し、有用なものを選んで合算する

　部分集合ごとにヒット状況、ノイズ率などをサンプリングしながら検索条件を作成する。対象技術によって「分類だけの式がうまくマッチしない」等の状況が生じる場合もあるが、これについてもサンプリングによって適否を確認するとよい。

　特許分類はまず FI を検討するとよい。その際
1）展開記号、分冊識別記号レベル（最も細分化された階層）で、調査対象にマッチするものがあれば利用
2）1）の周辺分類で利用したい項目はあるか？
3）上位の階層をキーワードで絞り込む検索は有効か？

など、1つの記号のみではなく、周辺も含めて検討を行う。

　FIは発明主題に対する付与が行われるため、「キーワードを使わずに主題を検索できる」点で、侵害予防調査にはマッチしやすい。また多くの分野でIPCよりも細分化されており、適度な件数の集合を作りやすい。

　キーワードを主体とした部分集合では、特に「対象の技術分野における、当たり前・王道の表現」を意識したい。

　先に「件数（調査の広さ）は多すぎず・少なすぎず」「適合率の高い部分集合を複数作る」と説明した。「漏れなく」を意識しすぎると件数が増え、ノイズ率が高くなるので、侵害予防調査の場合は「一般的な分類は付与されていないが、当たり前の表現で記載されている公報をキーワードで探す」「キーワードでは探しにくい公報を分類検索で補う」補完関係を持たせると「漏れもノイズも少なく」を両立させやすい。「やや広めの特許分類をキーワードで絞り込む」などの部分集合も同様で、他の集合との補完関係を確認しながら検討を進める。

⑧公報の読み方もポイント

　侵害予防調査では「実施予定（の製品・サービス）に関連する公報を見逃さない」事も重要である。せっかくデータベース検索で公報をピックアップできていても、公報を読み・判断する段階で見逃してしまっては問題回避に繋げることができない。

　また侵害予防調査では、公報の判読対象は権利情報、すなわち「特許請求の範囲」である。但し、特許請求の範囲だけでは構成要件の把握が難しい場合もあり、そのような場合は請求範囲を理解する目的で公報本文、特に請求項の記載を裏付ける内容を中心に判読する。

　実施予定に関連する公報を見逃さないためには、単純に「注意深く読む」といった事も必要であろうが、読み方の工夫で改善できる面もある。具体的

には

・作業の手順（2段階、3段階に読む）

・公報を読む順番　の工夫である。

1）作業の手順

　見逃しを減らすためには「ほぼ確実に無関係」な公報から除去していき、調査主題に関係しうる公報は捨てない工夫をするのも良い。例えば次のような方法である。

　ⅰ）無関係な公報（技術的範疇が異なる公報）を除去する。

　ⅱ）残った公報の請求項を判断。大まかに、

　　　A　関係しうる

　　　B　グレー・不明

　　　C　無関係（技術的範疇は一致するが、製品には無関係）

　　　等に分ける。調査テーマによっては （A+B）と C 、のように2分割でもよい。

　ⅲ）上記 A、B ランクを精査する

2）公報を読む順番

　査読対象の公報をソート（並び替え）する事により、作業効率を高めたり、見逃しを減らしたりする事もできる。

　上記手順ⅰ）（無関係公報を除去）の段階では、IPC 順にソートすると良い。IPC 順のソートでは概ね発明主題順に公報が並ぶため、無関係公報が特定の位置に集まりやすい。

　手順ⅱ）（請求項の内容を判断）では、出願人（特許権者）順ソートが有効である。同一の出願人には技術の流れがあり、また、関連出願を行っているケースも考えられる。出願人毎に公報を配列しておく事で、要注意公報を発見した際には前後の出願の見直しもスムーズであるし、類似出願をある程

度まとめて評価することもでき、見逃しの予防につながりやすい。

④ 技術動向調査

「技術動向調査」は、広く情報収集を目的として実施されることが多い。一言で技術動向調査と言っても、その目的とレベル感には非常に幅がある。

下記に目的・レベル感の異なる技術動向調査の例を挙げる。

1) 「耐熱性の高い樹脂」という自社技術がある。既存製品以外の用途で、新しい販売先を探索する事はできないか（用途探索）？
2) 「画像の類似判定アルゴリズム」を応用して産業（工場）分野に進出したい。この分野で多くの特許を保有する企業について情報を知りたい（技術動向＋出願人動向）。
3) 「二次電池用のセパレーター向き不織布」の開発を進めている。近年、トレンドになっている材料や競合他社が注目している材料を特許情報から把握したい（技術動向）。

上記1)〜3)は同様に「技術動向調査」にカテゴライズされることも多いが、その目的や調査範囲は大きく異なっており、その調査対象の広さは概ね1)＞2)＞3)、と推定される。

調査目的によって調査範囲の広さが大きく異なるのが技術動向調査の特徴の一つであり、調査の目的・調査範囲の把握が技術動向調査の成否を左右する、といえる。

⑤ SDI（定期監視）

SDIとは、ある特定の検索条件でヒットする公報を定期的にチェックする調査である。SDIは Selected（選択された） Dissemination（配信） Information（情報）の略で、関心のある特許情報だけを選択的に配信する

事を意味する。

　他社の技術開発状況の監視を主目的とした「公開公報のSDI」と、権利化状況の監視を主目的とした「特許公報のSDI」に大別される。

　SDI実施にあたり、留意したい点は2つある。

1）配信された情報を確実にチェックする
2）ピックアップ公報へのアクション・情報共有

1）配信された情報を確実にチェックする

　SDIをつい溜め込んでしまう、溜め込みすぎて見ることができなくなった、という話を時折耳にする。これではSDIを実施していないのと同じである。

　確実にチェックするためには様々な施策が考えられるが、配信件数を増やしすぎないこともその一つである。1回あたりの配信件数が多い上に、出張や繁忙期が続き2、3週間チェックできない、といった状況が起こると、その後の負担が大きくなりがちである。多少忙しくなっても無理なく回せる現実的な件数、というのも一つの目安と考えられる。

　また開発部門全体をまとめた配信条件から、技術テーマごとの配信条件に変えることによって 配信内容への関心度が高まり、結果的に情報を確実にチェックできるようになったという事例も存在する。

2）ピックアップ公報へのアクション、情報共有

　ピックアップした公報は、公開公報であればその後の権利化状況を確認する「経過情報ウオッチング」を継続することも好ましい。審査の状況によっては権利範囲が減縮され、ウオッチングを継続する必要がなくなるケースも考えられる。したがって、SDI自体は技術部門が主体で実施している場合であっても、知財部門がウォッチングのフォローを行い、両者で情報共有を行うのが理想的である。

3-5　出願人検索

① 出願人検索のチェックポイント

　出願人（権利者）検索は知財業務の一貫として基本的、かつ頻繁に行なわれる検索の一つではないだろうか。「確かあの会社が出願していたはず」「○○社の保有する生存特許全件をリストアップ」など、色々な形で出願人検索が行われている。

　要は会社名で検索すれば良いわけで、簡単そうに見える検索でもある。しかし、新旧社名や出願人表記の確認などを要し「漏れなく・正確」な調査は案外難しい。見かけより見た目より難易度が高いのも「出願人検索」である。

　下記は漏れなく正確に、なるべく一度で出願人検索を終わらせるチェックポイントである。

---

1) 名義変更が反映されているシステムかを確かめる。

2) 新・旧会社名の有無を確認。

3) 関連会社をチェック。

4) 合併等の履歴はないか。合併前の社名は必要かを確認。

5) 譲渡済み特許の情報は必要か。

6) 法人格の入力方法について確認。

7) 出願人名にスペース、中黒などが入る可能性はないか。検索時に配慮は必要か。

8) 出願人名の異表記はないか。　（海外出願人＆漢字のバリエーション等）

9) 共同開発先をチェックする必要はあるか。

10) 個人名での出願がないか意識する。

　それでは、各チェックポイントを確認していこう。

1）名義変更が反映されているシステムかを確かめる。

関連項目：「1-3 特許情報の基礎　**2** 公報データ、**3** 経過情報（整理標準化データ）」

J-PlatPat で出願人名検索をする際は、特許・実用新案検索を利用するが、このサービスの検索対象は「公報データ」であり、公報発行後の出願人名義変更は検索データに反映されていない。したがって J-PlatPat で出願人名検索をする際は「新・旧社名、名義変更の把握が不可欠」といえる。（「3-5 **3** 社名変更の確認方法」を参照）

商用 DB の場合は、名義変更が反映され意識せずに検索ができる DB や、「出願時」「最新」2 種のデータを収録した DB、「名寄せ」が行なわれている DB 等があり、それぞれの特徴を把握する事が大切である。

2）新・旧会社名の有無を確認。
3）関連会社をチェック。
4）合併等の履歴はないか。合併前の社名は必要かを確認。

関連項目：「2-2 **4** 出願人検索」

2）〜 3）は調査対象の社名確認である。特に名義変更の反映・名寄せが行われない検索システムを利用する場合は、正確に行う必要がある。
・会社の Web サイトで「沿革」「グループ企業」等を確認する。
・Wikipedia で、沿革等がまとめられている場合がある。

5）譲渡済み特許の情報は必要か。

権利化後の権利移転、公開段階での譲渡済み特許情報は必要か不要か、検索着手前に扱いを決めておこう。

J-PlatPat を使用する場合、権利譲渡分は新旧社名を考慮した検索でもカバーできない可能性が高い（J-PlatPat の出願人検索は公報データに基づく

ため）。譲渡済み特許の情報が必要であれば、然るべき商用データベースの使用を検討するべきであろう。

6) 法人格の入力方法について確認。

　J-PlatPat「特許・実用新案検索」では、出願人名は常時「部分一致検索」される。したがって法人格（株式会社、有限会社、独立行政法人、など）は省略して構わない。

　法人格を含めた検索を行う場面としては、

・出願件数の多い企業グループで「親会社だけを検索したい（関連会社は不要）」

・紛らわしい企業名、部分的に文字列が似ている企業名を区別したい

　などの場面が考えられる

　検索例「パナソニック（親会社)」と関連会社を区別する」

　法人格を省略：約12万件

検索項目	キーワード	
出願人/権利者 ∨	パナソニック	近傍検索

国内文献　　約12万　件

　法人格を入力：約8万件

検索項目	キーワード	
出願人/権利者 ∨	パナソニック株式会社	近傍検索

国内文献　　80593　件

　上記例では、法人格を入力することにより「パナソニック株式会社」分の特許に絞り込んでいる（関連会社分の公報が約4万件存在する）。

　同様の例をもう一つ挙げる。単に「日立」と検索すると、日立ソフトウェア、日立造船など、文字列に「日立」が含まれる出願人がすべてヒットする。

　これらを区別して検索したい場面では「株式会社日立製作所」「日立アプライアンス」等、·法人格を含めた入力、入力文字列を長めに設定　を行うと、調査ターゲットを区別しやすくなる。

7) 法人名にスペース、中黒などが入る可能性はないか。

　出願人の国籍を問わず、法人名にスペースや中黒（·）を含むケースも多く見受けられる。また、海外出願人においては表記ゆれ（下図）も頻繁に発生する。

　以下、入力例を示しながら説明する。

スペースが入る場合

(71) 出願人　300049958

　　　　バイエル　ファーマ　アクチエンゲゼルシ
　　　　ャフト

　出願人表記に合わせて「バイエル　ファーマ」と入力するのは NG である。

　J-PlatPat「公報テキスト検索」の場合、キーワード欄にスペースを含めて入力すると、スペースは自動的に「OR 検索」になるため、社名に文字列「ファーマ」を含むあらゆる会社名がヒットする結果となる。

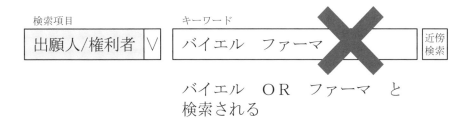

検索項目　　　　　　　　キーワード

| 出願人/権利者 ∨ | バイエル　ファーマ ✕ | 近傍検索 |

　　　　バイエル　OR　ファーマ　と
　　　　検索される

　この場合は社名をシングルクォーテーションで囲み 'バイエル　ファー

マ'　と入力する。

検索項目　　　　　　　キーワード

| 出願人/権利者 | ∨ | 'バイエル　ファーマ' | 近傍検索 |

中黒やコンマ等、記号を含む場合

(71) 出願人　507021757
　　　　　　バイエル・ヘルスケア・エルエルシー
　　　　　　Ｂａｙｅｒ　ＨｅａｌｔｈＣａｒｅ　ＬＬ
　　　　　　Ｃ

　中黒やコンマ、ハイフン等、社名に記号を含む場合は、そのまま「公報テキスト検索」のキーワード欄に入力します。

検索項目　　　　　　　キーワード

| 出願人/権利者 | ∨ | バイエル・ヘルスケア | 近傍検索 |

8）出願人名の異表記はないか。（海外出願人＆漢字のバリエーション等）

　出願人名には異表記の存在するケースがある。特に外国出願人には異表記が多いので注意したい。下記は、米国 Xilinx 社が日本に出願した特許の、出願人名のリストである。大きく分けて、ザイリンクスとジリンクス、2系統の異表記が存在している。

出願人表記	件数
ザイリンクス　インク	1
ザイリンクス　インコーポレイテッド	251
ザイリンクス，　インコーポレイテッド	14
ザイリンクス，インコーポレイテッド	15
ザイリンクス，インコーポレイテツド	1
ザイリンクス・インコーポレイテッド	14
ジリンクス，インコーポレーテッド	13
ジリンクス・インコーポレイテッド	6
ジリンクス・インコーポレイテツド	2
ジリンクス・インコーポレイテツド	2

検索例

検索項目		キーワード	
出願人/権利者	∨	ザイリンクス	近傍検索

297 件

検索項目		キーワード	
出願人/権利者	∨	ジリンクス	近傍検索

27 件

※自動的にOR演算

検索項目		キーワード	
出願人/権利者	∨	ザイリンクス　ジリンクス	近傍検索

321 件

　この種の異表記は、日本特許だけを見ていては気づかないことがある。欧州特許庁の Espacenet 等、英文データベースで「Xilinx」と検索後、出力・内容確認すると、表記ゆれを発見できる（外国企業→日本出願の項目を参照。）。

9）共同開発先をチェックする必要はあるか。

　技術動向調査などでは、共同開発先が同様の出願をしていないかを確認する場合があるので念頭に置いておきたい。

10）個人名での出願がないか意識する。

　小規模な企業や、ベンチャー企業・スタートアップ等では、代表者の個人名で特許出願をしている可能性を考慮する。創業時に個人名で特許出願を行ない、のちに出願人名義変更をするケースもありえるが、J-PlatPat の「特許・実用新案検索」では出願人名義変更が反映されないため「個人名＋企業名」でサーチしておくと良い。

② グループ企業等を一挙に検索する工夫

> 1）社名に共通部分があれば、自動的に「部分一致検索」する性質を利用
> 2）共通項がなければ、検索対象の会社名をすべて入力

　検索例の説明の前に J-PlatPat「特許・実用新案検索」の機能と制約事項をもう一度整理する。

> ・検索対象は「公報記載のデータ」。出願人名義の変更は反映されない。
> ・出願人／権利者は、自動的に部分一致検索される
> 　　例）「豊田自動織機」は「田自動」と入力してもヒット。
> ・「キーワード」欄の入力可能文字数は最大で全角 200 文字弱。（実測
> 　193 文字）
> ・「論理式」入力可能文字数上限は全角 500 文字程度。（実測値）

　「調査対象の企業による出願を、社名変更分やグループ企業含めて一挙に検索したい」場合、J-PlatPat の検索用データでは出願人名義の変更（社名変更や合併、譲渡等）が反映されないため、必要な会社名を極力網羅して、入力する必要がある。

ところが上記の通り、入力文字数には上限が存在する。

そこで「出願人／権利者名は、自動的に部分一致検索される」性質であるので、検索対象の出願人名に共通部分があれば、「共通部分だけ」を入力する。文字数の消費を最低限に抑えつつ、複数の社名をまとめて検索できる。

例

バイエルコーポレーション、 バイエル・マテリアルサイエンス、

バイエル・シエーリング・ファーマ、 バイエル・ヘルスケア

バイエル・クロップサイエンス ・・・

検索項目		キーワード	近傍検索
出願人/権利者	∨	バイエル	

一方、

・検索対象の社名に共通項がない

・多数のグループ企業のうち、特定の企業名だけを検索対象としたい。

という場面では、検索対象の会社名を一つ一つ入力する。

例

「バイエル マテリアルサイエンス 」 と

「バイエル・シエリング・フアーマ」の２社だけを検索したい。

他のグループ企業は不要。

検索項目		キーワード	近傍検索
出願人/権利者	∨	バイエルマテリアルサイエンス　バイエル・マテリアルサイエンス　バイエル・シエリング　バイエルシエリング　バイエル・シエーリング　バイエルシエーリング	

[解説]

「2 社だけを検索したい」のであるが、海外出願人名ではそれぞれに異表記が存在する。上記例では「スペース区切りと中黒」や、「シエリング」「シェーリング」の異表記も確認された。全体では 200 文字弱の制限があるので、社名の識別にはなくても差し支えない「アクチエンゲゼルシャフト」を省略している。

<u>どうしても収まらない場合は「論理式」入力で</u>

対象の企業名が「キーワード」欄に収まらない場合は「論理式」入力を利用する。特有の記述法が存在するが、一度「キーワード」欄に出願人名を記入し、「論理式に展開」ボタンで変換、後は展開された検索式を参考に出願人名を書き加えると簡単に論理式作成できる。

検索項目

| 出願人/権利者 | ∨ |

キーワード

| バイエル　バイエルマテリアル | 近傍検索 |

↓ 「条件を論理式に展開」

論理式画面

| [バイエル/AP+バイエルマテリアル/AP] |

↓

論理式の書式確認 （例：出願人は「出願人名 /AP」と書く） → 書式に従い条件を追加

③ 社名変更の確認方法

過去に社名変更があった場合、J-PlatPat「特許・実用新案検索」では各名義の OR 検索が安全である事は「2-2 ④出願人検索」で説明した。

そこで重要になるのは社名変更・企業合併等の情報確認である。

◇合併・社名変更の情報確認は、まず企業 Web サイトの「沿革」を探す

合併や社名変更の情報を最も正確に確認できるのは、当該企業の Web サイトである。近年はほとんどの会社が Web サイトを整備しており、通常はこの方法がスムーズである。また Wikipedia でも、しばしば企業の沿革がまとめられている。企業サイトで情報が探しにくい場合や、外国企業が対象で、海外のサイトを見る前に概要を把握したい場合などは Wikipedia を併用してもよいだろう。

> 確認例 1 「日本製鉄」について、過去の合併・社名変更履歴を確認する

日本製鉄の Web サイトにアクセスする。

https://www.nipponsteel.com/ にアクセス。会社概要から「沿革」に進む。

合併・社名変更の情報は「（会社名）について」「会社概要」「会社情報」「企業情報」「沿革」などの見出しから確認できるケースが多い。

沿革

沿革の情報を整理すると下記のようになる。J-PlatPat の検索対象は「公報記載データ」であるから、権利期間（20 年間）の範囲に限っても、新日本製鐵・住友金属・新日鐵住金・日本製鉄　の 4 種類の出願人名を考慮する必要があるとわかる。

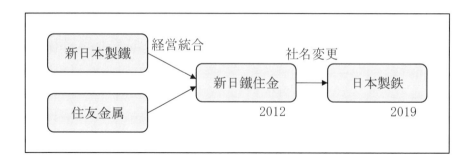

J-PlatPat に特有の挙動

　上記の各名義について、実際に検索実行すると下記の結果になる。（2019年8月時点）

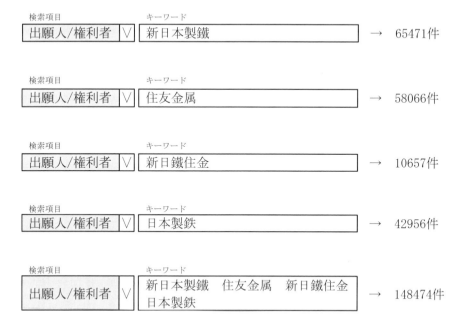

　日本製鉄への社名変更は 2019 年 4 月、検索実行が 4 ヶ月後の 8 月時点で

あるから、日本製鉄のヒット 42956 件はいかにも件数が多い。「名義変更済
後の名義で検索できるのではないか」という疑問が生じる。この点について
J-PlatPat のヘルプを参照したが、筆者の見る限り検索対象データの記載は
見受けられなかった。

　そこで社名変更前の 2017 年 1 月公報発行分を対象に検索を実施し、出願
人検索時の J-PlatPat の挙動を確認した。結果は下記の通りである。旧社名「新
日鐵住金」のヒットは 100 件、また新社名「日本製鉄」でのヒットが 29 件あっ
た。

検索語	2017年1月発行	結果一覧表示	公報記載	出願人名義（経過情報）
新日鐵住金	100	新日鐵住金	新日鐵住金	日本製鉄（名義変更済）
日本製鉄	29	新日鐵住金	新日鐵住金	日本製鉄（名義変更済）

　この結果を見る限り「経過情報上の社名（名義変更分）を検索しているよ
うだから、新社名で検索すれば良いのではないか？」と思われるだろう。と
ころが、話はそれほど単純ではない。

　上記検索では「新日鐵住金でヒットし、日本製鉄でヒットしないもの」が
約 70 件ある。この 70 件について、審査経過情報で「現在の出願人権利者名義」
を確認したところ、すべて出願人名義変更が完了していた。すなわち「名義
変更完了分の中に、新社名でヒットする公報とヒットしない公報がある」と
いう結果となった。
　本稿執筆段階では上記挙動の理由を問い合わせ中なのだが、今の段階では
「名義変更分でヒットする公報は一部分である。名義変更済み分の 70％程度
が漏れる可能性がある」と言わざるを得ない。したがって冒頭の説明の通り、
J-PlatPat「特許・実用新案検索」では各名義の OR 検索が安全なのである。

> 確認例2　イギリスの「リンデグループ」について、過去の合併・社名
> 変更履歴を確認する

◇**海外企業の合併社名変更履歴を確認する場合も、基本の流れは日本企業と
同様である。ほとんどの場合、当該企業のウェブサイトに情報掲載されて
いる。**

「About ○○（社名）」「About us」「Our history」「Corporate Heritage」
等の見出しから確認できる。

リンデグループの履歴例

　リンデグループの履歴は「Corporate Heritage」のページに記載されてい
る[47]。

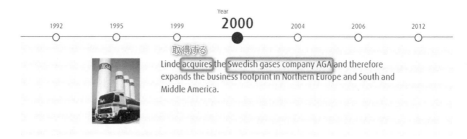

　図の例では「2000 年にはスウェーデンの AGA AB を買収した」旨が記載
されている。このページを辿れば正確な情報が把握できるのだが、ここでは
理解を助けるために Wikipedia の情報を併用する。下記は Wikipedia から
の引用である[48]。

---

47)　Linde / Corporate Heritage　https://www.linde.com/en/about-linde/corporate-heritage
48)　Wikipedia「リンデグループ」https://ja.wikipedia.org/wiki/%E3%83%AA%E3%83%B3%E3%83%87%E3%82%B0%E3%8
3%AB%E3%83%BC%E3%83%97

沿革

　1879 年 6 月、ドイツの技術者カール・フォン・リンデにより設立された Gesellschaft für Linde's Eismaschinen Aktiengesellschaft を起源とする。リンデは、各部門の売却や合併、買収をしてきた複雑な経緯を持っており、2000 年にはスウェーデンの AGA AB を、競合のイギリスを拠点とする BOC グループを 2006 年 9 月に買収した。

　2016 年 12 月、アメリカ合衆国・コネチカット州に本拠を置き、リンデ同様カール・フォン・リンデの設立企業であるプラクスエア（Praxair Inc.）との経営統合を発表、2018 年 10 月に経営統合が完了、両社はイギリスに設立された持株会社 Linde plc の傘下企業となり、産業ガス分野で世界最大規模の生産量となった。

　上記情報により、「Corporate Heritage」内から 2000 年、2006 年、2016 年、2018 年を確認すれば、正確な情報が把握できそうだと見当がつく。履歴をまとめると下図のようになる。

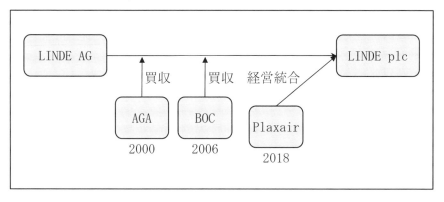

4 スタートアップ企業・大学発出願と発明者検索

　従来より海外では技術系の創業活動（ベンチャー、スタートアップ）が盛んに行われている（思えば巨大企業となったGAFA[49]も少し前まではベンチャー企業だったのだ。）。日本の特許庁も「STARTUP×知財」の取り組みを始め、スタートアップの支援活動に力を入れている[50]。

　知的財産業務に携わる中では、海外スタートアップの開発内容に関するニュースが流れた際に、「自社事業とシナジー効果のありそうな技術内容だ」等の理由から、特許出願があれば内容を確認したいといった場面、また、技術提携や買収を検討することとなり「どのような特許出願をしているのか」を確認したいという場面も考えられそうである。この項ではスタートアップを対象にした出願人名調査に特有のポイントを説明する。

　検索の出発点は他の出願人調査と同様であり、報道等で得られた企業名で検索をスタートする。他との違いは「企業名だけで検索すれば十分」とは言えないケースが多々あるという点である。

> スタートアップ対象の出願人名検索　確認のポイント
> ・代表者やその他の技術者が、個人名義で出願をしていないか
> ・創業期に、異なる社名／大学名義で特許出願をしていないか
> ・出願の譲渡／譲受はないか

　などを確認して、ようやくスタートアップの保有特許の全貌がつかめたと言える。中でも個人名義の出願は調査に工夫が必要である。外国人の発明者名（個人名）検索での主な注意点は次の通りである。

---

49) GAFA　グーグル（Google）、アップル（Apple）、フェースブック（Facebook）、アマゾン（Amazon）の4社のこと。頭文字を取って称される。いずれも米国を代表するIT企業であり、4社は世界時価総額ランキングの上位を占めている。また、世界中の多くのユーザーが4社のサービスをプラットフォームにしている。
50) 特許庁「IP BASE」　https://ipbase.go.jp/

・外国語→カタカナに音訳される際の表記ゆれ

・イニシャルが入る／入らない

・ミドルネームが入る／入らない

・姓／名の順序逆転

　特に扱いに困るのは「表記ゆれ」であろう。検索者の想像が及ばないカナ表記で日本出願されるケースも珍しくないからだ。表記ゆれの対処法は、原語表記データベースの併用である。原語表記のデータベースならば、ほとんど表記ゆれは発生しないので、日本語（カナ表記）で調べるよりも簡単に網羅的な検索ができる。アルファベット圏の発明者であれば、欧州特許庁のEspacenet などを併用するとよい。

5 その他の注意点・TIPs

　この項では主に欧州特許庁データ（Espacenet）を利用して海外の出願人検索を行う際の注意点を挙げる。

1）出願人名の略称化

Espacenet では出願人名に頻出する単語を略称化している。

例えば 3M は下記のように収録されている。

Manufacturing　を　「 MFG 」と省略

「3M」は　　　　　MINNESOTA MINING & MFG　　と収録されている。

他には以下のような省略形が用いられている。

単語	省略形
Research	RES
Development	DEV
Engineering	ENG
Industry	IND
University	UNIV
International	INTL
National	NAT
Precision	PREC
Technology	TECH

　また、非常に出願件数が多い出願人では、会社名そのものが省略入力されるケースもある。

例）Espacenet では International Business Machines は　　IBM
で収録されている。

(54)　**POLICY-BASED SCALING OF COMPUTING
RESOURCES IN A NETWORKED
COMPUTING ENVIRONMENT**

(71)　Applicant　**International Business Machines
Corporation**, Armonk, NY (US)

公報記載は International Business Machines

　意外な事に IBM を Espacenet で検索した場合、正式社名「International Business Machines」では検索漏れを生じる。

以上の状況から、Espacenet で出願人名検索を実施する場合には

・著名な略称があれば入力してみる

・正式名称で検索し、表示名が省略形になっていれば省略形でも再検索する

・Google Patents 等、正式名称で検索可能なシステムで検索し公報番号を入手。同じ番号を Espacenet で表示させ、省略形を含むか否かを確認するなどの工夫をすると、検索漏れを防止できる。

2）出願人名に発音区別符号等が含まれる場合

発音区別符号とはラテン文字等の文字で、同じ字形の文字であるが、発音が区別されるべき場合に文字に付される記号のことである。ドイツ語のウムラウト、フランス語のアクサン記号などが例に挙げられる。

（出願人名に発音区別符号が含まれる例）

　L'ORÉAL　（ロレアル）

　CITROËN　（シトロエン）

　Universität München（ミュンヘン大学）

Espacenet では発音区別記号を省略し「É → E」「Ë → E」と入力しても、多くの公報がヒットする。また「München」と入力すると「München」と「MUENCHEN」が同時にヒットする。

ある程度まで文字種の同一視が行われているようなのだが、100％ではない。

　したがって簡易調査ではさほど問題にならないが、「ある企業の全世界の特許出願を可能な限りすべて網羅する」といった調査では、前出の省略形も含めて「収録可能性のあるすべての表記」を入力するとよい。

3）社名に冠詞が含まれる場合

　社名に冠詞が含まれる場合、Espacenet では「冠詞を省いて」検索する。
　前項でも例に挙げた「ロレアル」は「L'」が冠詞、「ORÉAL」が社名にあたる。冠詞あり／なしで検索すると、結果は下記の通りで、「冠詞あり」では検索漏れが発生する。

　「The Coca-Cola Company」も同様で、冠詞ありで約9割が漏れるため、単に「Coca Cola」で検索する。

　一方、伊・デロンギ社（De'Longhi）の De' は一見冠詞のようにも見えるが、これは創業者の姓なので Longhi とはせず、このまま De'Longhi と検索する。
　判断に迷う場合は、冠詞らしき部分をあり／なし両方で検索して結果を確認する。併せて創業者の姓を確認してもよい。

3-6 実務における審査経過・権利情報の確認

　本項では審査経過項目に関連した実務的なトピックとして、J-PlatPat の「経過情報書類」に加え、審決情報、判決情報などを扱う。審査経過情報の基本的な読み方は「2-4 審査経過情報」で扱っているので、適宜参考にして頂きたい。

1 経過情報書類の入手

> 経過情報照会　の収録書類はテキスト情報（HTML）
> ワン・ポータル・ドシエ（OPD）の収録書類は PDF。5 書類まで一括ダウンロード可能

　J-PlatPat における経過書類の内容確認は「経過情報紹介」「ワン・ポータル・ドシエ（OPD）」の 2 箇所で可能である。閲覧可能な書類の範囲にも差異はみられないが、ファイル形式が異なっている。経過情報書類は概ねテキスト情報（HTML）[51]、OPD は PDF ファイルである。

51）　経過情報照会の収録書類の内、「図面」などは JPEG 形式で収録されている。

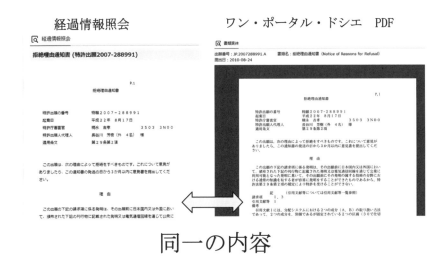

同一の内容

　OPDから経過書類を入手する場合、5書類までを一括ダウンロード可能である。なお圧縮ファイルが出力され、解凍するとばらばらに書類が収録されている（1ファイルにまとまるわけではない）。

　現在OPDは5大特許庁（日米欧中韓）+WIPO等が参加するドシエシステム（審査経過情報の共有システム）の一部となっており、海外特許庁システム経由でも経過書類の閲覧・ダウンロードが可能である。

　一括ダウンロードの可否を EPO、USPTO、WIPO の各ドシエシステム
で確認したが、2019 年 8 月時点、他庁では一括ダウンロード不可であり、
J-PlatPat（OPD）の利用が最も利便性が高いという結果であった。

EPO ドシエシステム（Global Dossier）の表示例　※ EP Register[52] 内

Date	Description
23.08.2011	Decision of Refusal (TRANSLATED)
23.08.2011	Decision of Refusal (ORIGINAL)
24.01.2011	Written Opinion (TRANSLATED)
24.01.2011	Written Amendment (ORIGINAL)
24.01.2011	Written Amendment (TRANSLATED)
24.01.2011	Written Opinion (ORIGINAL)
24.12.2010	Request for Extension of Time Limits (ORIGINAL)
24.12.2010	Request for Extension of Time Limits (TRANSLATED)

EPO Global Dossier JP2007288991

Dossier provided courtesy of JPO

Maintenance news

Misleading Register Alert event notification on 15.04.19

Following a clean-up exercise of event information regarding (previously) revoked patents that were later reinstated, some existing revocation events ("Despatch of communication that patent is revoked") were duplicated on 15.04.2019

2019.04.15

→ More...

News flashes

Related links

---

52)　European Patent Register https://register.epo.org/regviewer

USPTO ドシエシステム（Global Dossier）の表示例 [53]

WIPO PATENTSCOPE [54] での表示例

53) USPTO Global Dossier https://globaldossier.uspto.gov/#/
54) WIPO PATENTSCOPE https://patentscope2.wipo.int/

② 引用文献の入手

国内引用公報のみ必要 → 審査経過照会 または OPD
国内・海外の引用公報入手 → OPD または CCD（Espacenet 経由）
出願人引用（日本出願） → 公報記載を確認する

　引用文献は「特許文献」「非特許文献」に大別される。特許文献は特許・実用新案等の公報類を指し、J-PlatPat をはじめとする各国特許庁 DB で容易に入手可能である。非特許文献とは学術論文や雑誌記事等を指す。ほとんどの場合特許庁 DB には収録されておらず、入手には別途手配が必要である。本項では特許文献の入手について説明する。

①審査経過照会（出願情報）

　審査情報照会の「出願情報」に含まれる「引用調査データ記事」のリンクから国内引用公報の入手が可能である。国内公報のみが必要な場合、簡単な入手方法の一つと言える。

　なお、「審査経過照会」の引用調査データ記事に記載されるのは審査官引

用のみである。出願人引用は、公報中の【背景技術】などの記載を確認する。
（下図参照）

Jeansの米国特許第４，５２３，６９７号は、予め決められた流量で濃縮液を分配
するための容器を開示している。この容器はまた、出口弁のところで適合する２つの結合
アセンブリと、その内部におけるチューブとを含み、容器の容積に対する制御された加圧
を可能にする。
【０００５】
Kruger他の米国特許第４，７０９，８３５号は、折畳式バッグと、排出口と、計
量バルブ・アセンブリを取り付けたときに破断することのできるインサートとを含む、飲
料シロップおよび濃縮液のための使い捨てパウチを開示している。このパウチはポストミ

② OPD

ワン・ポータル・ドシエ（OPD）照会では、日本国内での引用情報に加え、
世界各国の特許庁が保有するデータを閲覧できる。国別に「分類・引用情
報表示」、または画面上部で「全ての分類・引用情報表示」を選択する。

③ CCD（Espacenet 経由／直接検索）

各国の引例入手を行う場合は、国際的な引用情報DBであるCCD（Common
Citation Documents）[55] を利用してもよい。Espacenet 経由、または直接検

---

55) CCD http://ccd.fiveipoffices.org/

索が利用できる。

Espacenet 経由の場合は番号検索後「Cited documents」を表示。右上の CCD リンクを利用する（なお、USPTO のドシエシステムでも同様に CCD リンクを利用可能である）。

直接検索では、画面左上で番号検索を行う。出願番号または公報番号（公開番号／登録番号）で検索可能である。（候補番号が複数ある場合は確認画面が表示される）

画面上の Export（出力機能）は、全世界の引用文献リストを一括出力する。CSV 形式、Excel 形式が選択できるが、本稿では Excel 形式で説明する。

　CCD の Excel 出力は、Espacenet へのリンク挿入が特徴である。また、審査官引用／出願人引用／国際調査報告（International Search Report）の区別も併せて出力される。ファミリー間で引用公報が重複する場合は、リスト上でソート（並び替え）を実施し、重複を排除した上で Espacenet から公報入手を行うと、より効率的である。

引用公報
Espacenetにリンク

FamSeqNr	ApplnSeq	ApplnCC	ApplnNrEPODOC	ApplnNrDOCDB	CitnOrigin	CitnType	PublnNr	PublnDate
1	4	US	US20010768784	US76878401	National Search Report	PAT	US5346097	1994-09-13
1	4	US	US20010768784	US76878401	National Search Report	PAT	DE3220693	1983-12-08
1	4	US	US20010768784	US76878401	Applicant	PAT	US3438551	1969-04-15
1	4	US	US20010768784	US76878401	Applicant	PAT	US3558020	1971-01-26
1	4	US	US20010768784	US76878401	Applicant	PAT	US3643835	1972-02-22
1	4	US	US20010768784	US76878401	Applicant	PAT	US3727799	1973-04-17
1	4	US	US20010768784	US76878401	Applicant	PAT	US3810999	1974-05-14
1	4	US	US20010768784	US76878401	Applicant	PAT	US4008340	1977-02-15
1	4	US	US20010768784	US76878401	Applicant	PAT	US4316557	1982-02-23
1	4	US	US20010768784	US76878401	Applicant	PAT	US5087469	1992-02-11
1	4	US	US20010768784	US76878401	Applicant	PAT	US5182926	1993-02-02
1	4	US	US20010768784	US76878401	Applicant	PAT	US5384143	1995-01-24
1	4	US	US20010768784	US76878401	Applicant	PAT	US5688545	1997-11-18
1	4	US	US20010768784	US76878401	Applicant	PAT	US5797519	1998-08-25
1	4	US	US20010768784	US76878401	Applicant	PAT	US5848732	1998-12-15
1	4	US	US20010768784	US76878401	Applicant	PAT	US5897703	1999-04-27
1	4	US	US20010768784	US76878401	Applicant	PAT	US5971210	1999-10-26
1	4	US	US20010768784	US76878401	Applicant	PAT	US5997929	1999-12-07
1	4	US	US20010768784	US76878401	Applicant	PAT	EP0489401	1992-06-10
1	4	US	US20010768784	US76878401	Applicant	PAT	EP0861596	1998-09-02
1	4	US	US20010768784	US76878401	Applicant	PAT	EP0893065	1999-01-27
1	4	US	US20010768784	US76878401	Applicant	PAT	EP0934702	1999-08-11
1	4	US	US20010768784	US76878401	Applicant	PAT	GB2057894	1981-04-08
1	5	US	US20030626369	US62636903	National Search Report	PAT	US3558020	1971-01-26

③ 海外ファミリー情報の確認

　一般的に、パテントファミリーとは共通の特許文献の優先権をもち、お互いに関連する特許のグループを指す。権利調査や無効資料調査に伴い、国内外のファミリー情報を確認する場面も多い。本項ではまずパテントファミリーの定義を確認し、次いで情報確認の方法を紹介する。

①パテントファミリーの定義−2種類のパテントファミリー[56]

> ・EPO シンプルパテントファミリー
>   すべて同じ優先権文献に基づくファミリー
> ・INPADOC パテントファミリー　　（拡張パテントファミリー）
>   優先権文献から直接的又は間接的にリンクされている全文献

　全世界のパテントファミリー情報は欧州特許庁（EPO）が収集・管理しているのだが、EPOのデータ上には2種類のパテントファミリーが存在する。EPOパテントファミリーとINPADOCパテントファミリーである。

定義1：シンプルパテントファミリー

　シンプルパテントファミリーは「すべて同じ優先権文献に基づくファミリー」である。下記の図では「出願1～3がシンプルファミリー1」「出願2～4がシンプルファミリー2」「出願3～5がシンプルファミリー3」となる。

出願1	優先権1			シンプルファミリー1
出願2	優先権1	優先権2		シンプルファミリー1、2
出願3	優先権1	優先権2	優先権3	シンプルファミリー1、2、3
出願4		優先権2	優先権3	シンプルファミリー2、3
出願5			優先権3	シンプルファミリー3

　Espacenet の結果表示で「その他の公報（Also publishd as）」として表示されるのはシンプルファミリーである。また EPO データではシンプルファミリー単位に「EPO Family ID」が付与されている。

---

56)　EPO「Patent Information News 2014/01」　http://documents.epo.org/projects/babylon/eponet.nsf/0/CE0CCA52C8BA
　　EFCDC1257C99004C1BA2/$File/patent_information_news_0114_en.pdf

定義２：INPADOC パテントファミリー（拡張パテントファミリー）

優先権文献から直接的又は間接的にリンクされている全文献を紐づけた情報である。先ほどのシンプルファミリー１〜３は間接的なつながりを含めると「一つの INPADOC ファミリー」となる。

出願１〜５は　同じ INPADOC ファミリー（拡張パテントファミリー）

出願１	優先権１		
出願２	優先権１	優先権２	
出願３	優先権１	優先権２	優先権３
出願４		優先権２	優先権３
出願５			優先権３

ワン・ポータル・ドシエや Espacenet の「INPADOC patent family」は INPADOC パテントファミリーを表示している。

②ワン・ポータル・ドシエ（OPD）を利用

前述の通り、OPD のファミリー情報は INPADOC パテントファミリーである。図の例ではファミリー件数（＝関連の出願件数）83 と表示され、直接優先権で紐づけされた情報と、間接的にリンクされた情報が混在している。

同じ優先権に基づく「シンプルファミリー」を確認したい場合は「ファミ

リー一覧 CSV 出力」を行い、ファミリー ID 単位で特定するとよい。

	A	B	C	D	E
	【国・地域】	【ファミリーID】	【出願番号】	【出願日】	【公開番号】
	US	46303164	US.557089	2009/9/10	US.2010003386.A1
	JP	25083476	JP.200728	2007/11/6	JP.2008050061.A
	JP	**25083476**	JP.200728	2007/11/6	**JP.2008081208.A**
	US	46303164	US.97827	#####	US.2005178793.A1
	ZA	23065225	ZA.200308	#####	ZA.200308236.B
	ZA	23065225	ZA.200308	#####	ZA.200308239.B

ファミリー一覧CSV出力

4 海外特許の生死情報確認

　ファミリー情報確認と同時に生死情報確認も実施される事が多い。「特許の生死情報」とは有効／失効の慣用的な表現である。2-4 審査経過情報 では、日本特許に基づいて生死情報判断の基礎を説明しているので、適宜参考にして頂きたい。

　海外特許の場合、特許制度は国・地域毎に異なるため一律に説明する事は難しいが、下記の4つの状態は概ねどの国・地域にも共通する。

特許の生死状態（概要）

	権利化前	権利化以降
生（有効）	審査請求前 審査係属中 審判係属中	権利維持中
死（失効）	審査請求なし 拒絶確定	失効・満了など

> 権利化前／後　は　「公報種別」（A、B…）　で概略を判別。
>
> 有効／失効　　は　経過情報で。INPADOC　リーガルステータスで簡
> 　　　　　　　　易判断ができる。

権利化前か／権利成立以降か

権利化前／以降は、公報種別のコードで概略を区別するとよい。

以下、Espacenet の画面例を中心に説明するが、OPD でも基本的な判別
方法は同様である。

なお Espacenet は 2019 年末より新しいシステムへの移行が実施された。

以下の説明では新システムの画面例を使用する。

Espacenet の詳細表示、Bibliographic data（書誌情報）内に Published as
:（その他の公報）として「シンプルファミリー」が表示される。

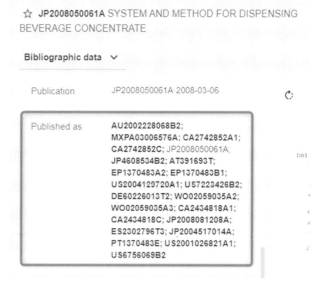

下記はシンプルファミリーより「日米欧」の番号のみを取り出したもので
ある。

EP1370483（A2）　EP1370483（B1）

JP2004517014（A）　JP2008050061（A）　JP4608534（B2）

US2001026821（A1）　US2004129720（A1）　US6756069（B2）

US7223426（B2）

欧州（EP）の番号は

EP1370483（A2）　EP1370483（B1）

同一の番号の後に　（A2）、（B1）の記号が付与されている。

　Aが公開系、Bが登録系を示しており、欧州では登録になっている、と判
断できる。

　なお欧州特許の公報番号は公開／登録で同一番号を使用することも特徴で
ある。

同様に日本（JP）番号を見ると

JP2004517014（A）　JP2008050061（A）　JP4608534（B2）

日本でもAが公開系、Bが登録系を示す記号である。日本出願は2件あり、
1件は登録済、もう1件は公開段階ではないか、と推定される。（正確に判
断するには各公報の出願番号を照合する）

同じく、米国（US）の番号もAが公開系、Bが登録系である。

US2001026821（A1）　　US2004129720（A1）　　US6756069（B2）

US7223426（B2）

出願は2件あり、いずれも登録されている、と推定される。こちらも公開
－登録を紐付けるのであれば、出願番号または公開番号による照合を行う。

　以上の要領で各国における公報発行の概況を確認できる。

　上記の「A が公開系、B が登録系」等の情報はあくまでも概況判断であり、実際には WIPO 標準 ST.16（特許文献の識別のための標準コード）に基づき、国ごとにコードと公報種別との対応関係が規定されている。WIPO 標準 ST.16 は INPIT や WIPO の Web サイトに掲載されている[57]。

　なお各国の状況によっては欧州特許庁へのデータ送達に遅れが生じ「本国では公報発行されているが、欧州特許庁にデータが届いていない」という可能性もある。より正確に判断するには、データ収録状況（Coverage）の確認や、本国特許庁での検索を加えるとよい。データ整備の進んでいない国で公報発行状況を確認したい場合は、当該国の代理人になど調査を依頼する。

有効か／失効か

　海外特許の有効／失効の判断は、国ごとの制度の違いもあり、一般的に国内特許よりも難易度が高い。概略を確認したい場合は INPADOC リーガルステータスを利用する。

◇ INPADOC とは

　主にパテントファミリー情報と法的状況（リーガルステータス）を収録するデータソース（情報源）である。

　特許資料の書誌情報を提供するための中心的な情報源として 1972 年に設立された、オーストリア共和国ウィーン市の International Patent Documentation Center（INPADOC）がこのデータベースの作成機関である。

　その後、1990 年 1 月に INPADOC は欧州特許庁（EPO）に吸収され、現在は欧州特許庁が INPADOC の作成機関となっている。

　INPADOC は、ほとんどの特許に関して名称、発明者、特許出願人からな

---

57)　INPIT「WIPO 標準 ST.16」https://www.inpit.go.jp/content/100029978.pdf

る書誌情報を収録している。また、105 カ国のパテントファミリー情報、58 カ国・期間の法的状況（リーガルステータス）も収録している（収録国数は 2019 年 8 月時点）。一部の国については、発明者抄録や引用特許および引用文献情報も収録する。

◇ INPADOC リーガルステータスの概略確認

各国の生死情報をより正確に判断するには、各国法制度の理解に加え、外国語（主に英語）でのステータス情報読み取りも不可欠であるが、ここでは「概略確認」に絞ってその方法を述べたいと思う。

確認対象の公報番号について、Legal events を表示する。上記例ではファミリー内の US7223426（B2）を表示させている。最初に Event date を操作し、最近のイベントが上に表示されるようにするとよい。通常、より最近発生したイベントが権利状態に影響するためである。

　2019 年末より稼働の新 Espacenet では「INPADOC イベントカテゴリー」が導入された（Category 欄）。本件について Category 欄を見ると、数か月前に U：支払い、次いで　H：知的財産権の停止　とあり、Category 欄のみでも「維持年金の支払いに関連し、特許権が停止している可能性が高い」と推測できる。

　ちなみに本件は権利消滅しており、その理由は LAPSE FOR FAILURE TO PAY　及び　EXPIRED DUE TO FAILURE TO PAY MAINTENANCE FEE。特許維持年金の不払いによる特許失効、と判断できる。

INPADOC イベントカテゴリー一覧　（2019 年 8 月時点）[58]

Category	Title	Category	Title
A	Application filing 出願書類	P	Re-publication of document after modification 変更後のドキュメント再発行
B	Application discontinuation 出願注し	Q	Document publication 公報発行
C	Application revival 出願の復活	R	Party data change 出願人データ変更
D	Search and examination 先行資料調査と審査	S	Information on licensing and similar transactions ライセンス及び同様の取引の情報
E	Pre-grant review request 事前許可レビューの申請	T	Administrative procedure adjustment 行政手続の調整
F	IP right grant 権利を付与	U	Payment 支払い
G	Protection beyond IP right term 権利期間の延長	V	Appeal 審判
H	IP right cessation 権利の停止	W	Other その他

---

58)　EPO「INPADOC classification scheme」 https://www.epo.org/searching-for-patents/helpful-resources/first-time-here/legal-event-data/inpadoc-classification-scheme.html

K	IP right revival 権利の復活	Y	Correction and deletion of event information イベント情報の修正と削除
L	IP right review request 権利レビューの申請	Z	Classification pending 分類を保留中
M	IP right maintenance 権利の維持		

List of the categories in the INPADOC classification scheme

5 国内移行情報の確認（PCT）

出願番号付与で収録される情報（一般にはこちらが早い）

　　　　・INPIT の「国内移行データ一覧表」[59]

　　　　・WIPO の「PatentScope」[60]

公報発行後に収録される情報

　　　　・欧州特許庁の「Espacenet」[61]

　　　　・Espacenet ／ DocDB 系のデータに準拠の 各種データベース

　世界的にみて PCT 出願件数は毎年増加傾向にある。WIPO の統計 [62] [63] によると 2018 年の出願件数は約 25 万件であった。

---

59) INPIT「国内移行データ一覧表の更新について」 https://www.inpit.go.jp/info/topic/topic00002.html

60) PATENTSCOPE： http://patentscope.wipo.int/

61) Espacenet https://worldwide.espacenet.com/

62) WIPO「Intellectual Property Statistics」 https://www.wipo.int/ipstats/en

63) WIPO「PCT Yearly Review」 https://www.wipo.int/publications/en/series/index.jsp?id=35

Global trends in PCT applications

The total number of PCT applications grew by 3.9% in 2018.

A1. Trend in filings of PCT applications, 2004–2018

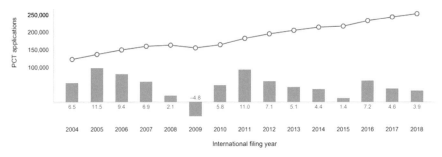

出所：PCT Yearly Review 2019[64]

　日本国内においては、日本特許庁を受理官庁とする PCT 国際出願は 2018 年に 48630 件[65]。また「日本に移行する PCT 出願」の件数も増加傾向で、2018 年の公表公報発行件数（≒海外からの PCT 出願で、翻訳文提出されたもの）は約 38,000 件、日本語国際公開は約 46,000 件であった。

　国際公開段階で注目特許を発見した際は「日本、または他国への国内移行有無」を確認するケースも多い。確認方法は大きく分けて２種類ある。「出願番号付与が基準」か「公報発行が基準」か、である。いずれの方法が早いか？は、移行先の国による差があり一概には言えないものの、日本に限っていえば、早いのは「出願番号付与」である。この情報は工業所有権情報・研修館（INPIT）の Web サイトに毎月掲載される「国内移行データ一覧表」で確認できる。

64)　WIPO「PCT Yearly Review 2019」 https://www.wipo.int/edocs/pubdocs/en/wipo_pub_901_2019.pdf
65)　特許庁「特許行政年次報告書 2019 年版」 https://www.jpo.go.jp/resources/report/nenji/2019/index.html

1）国内移行データ一覧表（INPIT）

https://www.inpit.go.jp/info/topic/topic00002.html

　国内移行データ一覧表とは、日本の国内段階へ移行された PCT 出願の一覧情報である。

　INPIT Web サイトの「特許情報の提供 〉お知らせ」内に毎月更新情報が掲載される。一覧表のファイル形式は「etc」と記載されているが、内容はCSV 形式のデータである。

出願番号	国内書面提出日	国際出願番号	国際公開番号
2019526082	20190731	PCT/JP2017/024071	PCT/WO2019/003403
2019526453	20190731	PCT/JP2017/023697	PCT/WO2019/003332
2019527972	20190731	PCT/JP2018/025589	PCT/WO2019/009374
2019532291	20190731	PCT/JP2017/027225	PCT/WO2019/021418
2019539006	20190731	PCT/JP2018/023707	PCT/WO2019/044134

国内移行データ一覧表の例

　国内移行データ一覧表の更新頻度は毎月１回である。また国内書面提出日から一覧表更新までのタイムラグは、２〜４週間程度とされている。更に、国内移行データが掲載されてから「公表公報」が発行されるまで一定の期間を要する。（2019 年 8 月の実績値では、翻訳文提出から公表公報発行の期間に 7 ヶ月〜１年強の幅がみられた。）

2）WIPO PATENTSCOPE

https://patentscope2.wipo.int/

　WIPO のデータベース「PATENTSCOPE」も国内書面提出の情報を収録する。

国内移行日　　　　　(各国の)出願番号　　公報発行後に公開日
　　　　　　　　　　　　　　　　　　　　データが表示される

国内番号（英語画面では「National Number」）が各国での出願番号である。公開公報が発行されると、National Status の欄に公報発行日が表示される。

上記は 2019 年 8 月時点で、日本の国内ステータスは空欄になっているのだが、実際に J-PlatPat や Espacenet で上記番号を検索しても、該当の日本出願は検出できない。

日本への国内移行確認は「国内移行データ一覧表」が最も早い傾向にあり、次いで WIPO の PATENTSCOPE である、といえる。

併せて諸外国への国内移行を考えてみよう。INPIT の国内移行データ一覧表は日本への移行専用なので、利用できない。それでは、外国への移行確認は PATENTSCOPE が最速か、というと、そうとも言い切れない。

例えば EPO への公報データ送信はスムーズだが、WIPO への移行データ送信は滞りがち、という国があったとすると「Espacenet が早い」という結果になる。データ収録表（海外では Covearge と呼ばれる）を確認すればより明確だが、実務上では「PATENTSCOPE と Espacenet の両方を試す」としても良いだろう。

6 特許審査着手見通し時期照会

> 出願人・代理人ごとの審査未着手出願（公開前の出願を除く）の着手見通し時期を、庁ホームページを通じて提供するもの。約半年分の着手見通しが公開される。

　特許庁では「特許審査着手見通し時期照会」というサービスを提供している[66]。

　公開後かつ審査請求済〜審査着手前の出願のうち「今後約半年間に審査着手される見通し」のリストが公開されるものである。本来は出願人向けのサービスであり、Webサイトでは次のように案内されている。「近々着手見通しの出願については、出願の権利化の必要性等につき御確認いただき、必要に応じて早期審査制度や面接審査制度、情報提供制度の利用を御検討いただくとともに、権利化の必要がなくなった出願がございましたら、審査請求料返還制度を利用いただくことをお勧めいたします。」

　実務上では、自社出願の審査時間を確認することに加え、他社の特許への情報提供の時期をはかる目安としての利用が考えられる。情報提供件数は、従来年間7千件前後で推移してきた。近年は6000件程度に減少してきているものの、異議申立・無効審判と比較すると活用される事の多い制度といえる。また情報提供を受けた案件の73%において情報提供された文献等を拒絶理由通知中で引用文献等として利用している、とされている[67]。

　情報提供そのものは「いつでも・何人でも」行なう事が可能だが、「特許審査着手見通し時期照会」の情報を利用することで、審査のタイミングに合わせた情報提供を実行しやすくなる。

---

66) 特許庁「特許審査着手見通し時期照会」 https://www.jpo.go.jp/system/patent/shinsa/status/search_top.html
67) 特許庁「情報提供制度について」 https://www.jpo.go.jp/system/patent/shinsa/johotekyo/index.html

特許審査着手見通し時期照会　のリスト例

着手見通し時期	出願番号	担当技術単位	公開番号	指定分類
２０１９年７月から２０１９年１２月	特願2019-044543	2B	特開2019-103517	A01G 9/02 103J
２０１９年７月から２０１９年１２月	特願2017-560601	2B	特表2018-525969	A01K 61/60 321
２０１９年７月から２０１９年１２月	特願2016-066232	2B	特開2017-175996	A01M 29/30

7　延長登録の検索と期間の確認

　延長登録（特許権の存続期間の延長登録制度）を受けた特許は「特許・実用新案検索」から日付指定で検索を行う。予告登録等も同様である。

検索項目

キーワード

| 全文 | ∨ |

インフルエンザ

近傍検索

AND

| 全文 | ∨ |

近傍検索

検索オプション

日付指定

| 延長登録日 | ∨ |　20180101　〜　20181231

　「経過情報照会」においては、特許存続期間延長登録通知書等は照会対象外となっているものの、登録情報の存続期間満了日が更新されており、出願日から20年を超える満了予定日が設定されている、と確認できる。

経過記録：延長登録通知書の内容は「照会対象外」

登録記録	特許査定
登録記録	特許存続期間延長登録通知書
登録記録	特許存続期間延長登録通知書
登録記録	特許査定
登録記録	特許存続期間延長登録通知書

登録情報

出願記事　　特許　2017-204957（2017/08/09）

本権利は抹消されていない　存続期間満了日（2038/04/17）

$$満了予定日－出願日　＞　20年$$

参考情報

「新医薬品として承認された品目一覧」は、下記 Web サイトで確認可能。

新医薬品の承認品目一覧（独立行政法人 医薬品医療機器総合機構）

https://www.pmda.go.jp/review-services/drug-reviews/review-information/p-drugs/0010.html

特許番号の情報は含んでおらず、出願人や薬効、およその承認時期等の情報に基づいて該当の医薬品を探すこととなる。

⑧ 審決検索

審決検索では下記種別の検索が可能である。

- ・査定系審判（例：拒絶査定不服審判）
- ・異議申立
- ・当事者系審判（例：無効審判、訂正審判、判定請求）
- ・判決公報

また番号入力も可能であるが、検索項目は「審判番号」のみである（出願番号、登録番号等では検索できない）。

9 判決検索

①知財高裁と裁判所のデータベース（判決文）

特許庁で管轄する手続きは「審査」と「審判」までであり、以降の審決取消訴訟や、特許権に関連する民事訴訟は東京・大阪の地方裁判所、知的財産高等裁判所（以下、知財高裁）等で扱われる。事件内容とその管轄は下図の通りである。知的財産高等裁判所は「審決取消訴訟」と「技術型の知的財産権関係民事事件」を管轄する。「非技術型の知的財産権関係民事事件」は 各地方裁判所・各高等裁判所が管轄する。

知的財産権関係訴訟の管轄

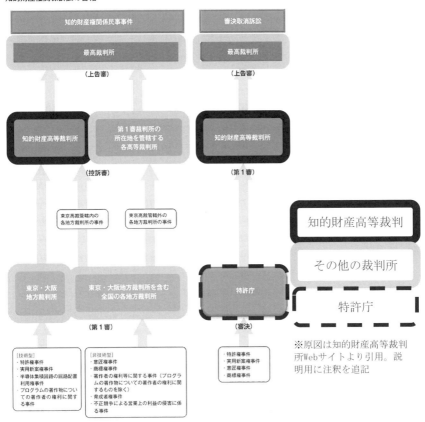

　上記の管轄に従い、知財判決の情報は「知財高裁[68]」と「裁判所 Web サイト[69]（最高裁・高裁・地裁などを総合したサイト）」の2箇所に分散している。情報のすみ分けは下記の通りである。

68）　知的財産高等裁判所　http://www.ip.courts.go.jp/index.html
69）　裁判所（総合サイト）　http://www.courts.go.jp/

裁判所名		知的財産高等裁判所	その他の裁判所 (「裁判所」Web サイト)
主な管轄事件		審決取消訴訟の第 1 審 技術型民事系訴訟の控訴審	地方裁判所：民事系訴訟の第 1 審 最高裁判所：上告審
入手できる情報	審決取消訴訟	○ 過去分〜概ね数日前までを収録	○ 「知的財産裁判例集」 「最近の判例一覧」 最近の判例は、 過去 1 か月以内の判決
	民事系訴訟例：侵害訴訟等	△ 知財高裁で 取り扱った事件のみ収録。	○ 「全判例検索」または 「最近の判例一覧」 ※最近の判例一覧の収録は、過去 3 か月以内
URL		http://www.ip.courts.go.jp/	http://www.courts.go.jp/
補足説明		裁判所 Web サイトより、検索可能項目を細かく設定できる	知的財産高等裁判所の裁判例集も蓄積。

※主な管轄について：記載簡略化のため個々の裁判所名の記載を省略している。より正確な情報は、前頁のチャートでご確認頂きたい。

※知財高裁、裁判所 Web サイトとも、全判決情報を掲載しているわけではない。

　上記の通り「裁判所 Web サイト」は、知財高裁の情報も収録対象としている。表示機能の点を見ても、いずれでも判決全文が表示でき、両者間に大きな差はない。なお知財高裁の判例情報検索には、独自の検索項目がいくつか設定されており、知的財産関連事件の探しやすさの点では知財高裁に軍配が上がる。

知財高裁判例集（知的財産高等裁判所）　　　知的財産裁判例（裁判所Webサイト）

知財高裁DBには特有の検索項目が
ある

② [TIPS]　発明推進協会の「知的財産権判決速報」

　知財高裁、裁判所 Web サイトは、いずれも「全判決情報を掲載している
わけではありません」という注意書きがある。補完的手段として発明推進協
会の「知的財産権判決速報」を紹介する。

　知的財産権判決速報 URL　https://www.hanketsu.jiii.or.jp/hanketsu/
index.jsp

　発明推進協会（旧・発明協会）では、昭和 50 年 5 月以降、知的財産権関
連の全判決を抄録としてまとめ、「知的財産権判決速報」として発行してき
た経緯がある。また、発明推進協会発行の雑誌「発明」に「判例ニュース」（平
成 5 年 1 月以降）、「判例評釈」（平成元年 2 月以降）等も掲載してきた。知
的財産権判決速報はこれらの情報を Web 掲載したものである。

判決速報　掲載一覧画面（「判決抄録インデックス一覧」をクリック）

一般社団法人
発明推進協会　**知的財産権判決速報**　このホームページは
競輪の補助を受けて
作成したものです　トップページへ戻る

判決速報 掲載一覧

判決速報 掲載巻番号	発行日
531	R01.08.25
530	R01.07.25
529	R01.06.25
528	R01.05.25
527	H31.04.25
526	H31.03.25
525	H31.02.25
524	H31.01.25
523	H30.12.25
522	H30.11.25
521	H30.10.25

掲載巻番号 531							
裁判所	判決言渡日	事件番号	発明等の名称	事件名	結果	整理番号
知財高	平成31.03.28	平成30(ネ)10024	「螺旋状コイルインサートの製造方法」	侵害差止等本訴請求、損害賠償反訴請求控訴事件（特・民）	原判決一部変更、1審原告控訴棄却	21924
知財高	平成31.04.25	平成30(ネ)10017	「2－ベンゾイルシクロヘキサン－1、3－ジオン」	侵害差止等請求控訴事件（特）	原判決変更、一審被告の控訴棄却	21925
知財高	令和1.05.30	平成30(ネ)10081	「マリオカート」及び「マリカー」	不正競争行為差止等請求控訴事件（不競）	一審原告の請求につき理由あり	21926
知財高	令和1.05.30	平成30(ネ)10091	「マリオカート」及び「マリカー」	著作権侵害差止請求権不存在確認請求反訴事件（著）	反訴請求につき訴えを不適法（中間判決）	21926

判決速報　検索ページ（「判決抄録検索」をクリック）

一般社団法人
発明推進協会　**知的財産権判決速報**　このホームページは
競輪の補助を受けて
作成したものです　トップページへ戻る

判決速報 検索ページ

検索実行	検索条件リセット	表示件数 10 ▼	並順 判決日順 ▼ 降順 ▼	使用方法詳細

* 使用方法詳細を参照の上、検索条件を入力してください。
* 裁判所、判決日を入力する場合は「指定」のオプションボタンをクリックしてください。

◉ **事件番号検索(事件番号検索の場合、条件検索をご指定いただく必要はありません)**

裁判所・事件番号

リストより裁判所を選択し、チェックボックスにチェックをしてください。事件番号の符号は全角・年度・番号は半角で入力してください。
裁判所のチェックボックスをオフにした場合、裁判所の異なる複数の判決が該当することがあります。

☐ 裁判所 最高裁判所 ▼

令和 ▼ ＿＿ 年（ ＿＿ ）第 ＿＿ 号

入力例

☑ 裁判所 最高裁判所 ▼

平成 ▼ 11 年（ 行ケ ）第 12345 号

③判決全文の確認と閲覧

> 審決取消訴訟（≒出訴上告）の存在は J-PlatPat で確認できる。
> 判決の全文が J-PlatPat 内になければ、裁判所または知財高裁から入手

　「審決取消訴訟」とは、拒絶査定不服審判、特許無効審判などの審決に対して、審決の取消を求め、提訴を行う訴訟のことを指す。「審決取消訴訟」は、審決の謄本送達日から 30 日以内に行わなければならない。審決取消訴訟は第 2 審から始まり、上告理由があれば最高裁判所に上告することもできる。

　J-PlatPat「審判情報」では、審決の取消を求める訴訟は「出訴上告記事」に記載される。一般的には最初の訴訟が「出訴」、二回目の訴訟が「上告」である。

出訴上告記事	出訴
	出訴事件番号(平30行ケ10134) 出訴日(2018/09/14) 知的財産高等裁判所 第 2 部

　判決情報は J-PlatPat に「判決公報」として収録される場合もあるが、全件収録ではない。また、経過情報照会画面では「判決本文は最高裁判所ホームページで照会を」と案内されている。（2019 年 8 月時点）

特許出願 2009-057635　公開2009-161556

登録5207392 無効審判の確定による抹消
審判1 査定不服審判 2012-015108 審判2 査定不服審判 2012-015481 審判3 全部無効（新々無効）2015-800226

経過記録	出願情報	登録情報	審判情報	分割出願情報	侵害訴訟情報

・判決本文は、最高裁判所ホームページ（「「知的財産権判決速報」又は「知的財産権判例集」）から照会できます。
・審決本文は、「審決検索」から照会できます。

出願記事	特許 2009-057635
発明等の名称記事	抗ウイルス剤
侵害訴訟記事	東京地方裁判所 2015(ワ一 (通常訴訟事件))23087 2017/12/06 判決

以上の状況に基づき、判決本文を裁判所ホームページで照会する手順を説明する。

> [検索例] 特願 2009-536137 の経過情報（J-PlatPat）で上告に気付いた。判決文を入手したい。

1）J-PlatPat「経過情報（番号照会）」で、出願番号検索～上告に気付く

J-PlatPat の経過情報検索「番号照会」で、特願 2009-536137 の経過内容を照会した。

下記は「審判情報」の確認例である。

審決の決定記事	審判対応番号(1)
	特許 審判 全部無効（新々無効） 113 特29条1項3号 結論(YAA 無効でない) 分類(A61K)
	特許 審判 全部無効（新々無効） 121 特29条2項
	特許 審判 全部無効（新々無効） 536 特36条4項
	特許 審判 全部無効（新々無効） 537 特36条6項1号～3号
	特許 審判 全部無効（新々無効） 851 特126条1項ただし書き1号
	特許 審判 全部無効（新々無効） 854 特126条3項（134条5項）
	特許 審判 全部無効（新々無効） 855 特126条3項（134条5項）
審決の公報情報記事	審判対応番号(1) 審決日(2018/03/29)
出訴上告記事	上告受理申立 出訴
	出訴事件番号(平30行ケ10061) 上告受理申立事件番号(令01行ノ10023) 出訴日(2018/05/02)
	(2019/05/09) N4
訟務の判決記事	訟務対応番号(1)
	特許 高裁出訴 全部無効（新々無効） 121 特29条2項 結論(YAAW) 分類(A61K)
判決記事	訟務対応番号(1) 審決取消 判決日(2019/04/25)
更新日付	(2019/05/29)

出訴上告関連の記載があり「高裁出訴」と確認できる。また判決記事より「2019 年 4 月 25 日付で審決取消に関連した判決が出ていると推定できる。

しかし、J-PlatPat で入手できる情報はここまでである。

判決情報を入手するため、裁判所系の Web サイトに移動する。知財高裁、裁判所、いずれでも内容確認は可能と考えられるが、今回は審決取消に関連する訴訟であるため「知的財産高等裁判所」を利用する。

2）知財高裁の Web サイトにアクセス。

　裁判例情報 > 裁判例検索に進む。J-PlatPatに掲載された「出訴事件番号（平30行ケ10061）」を事件番号欄に入力し、検索する。

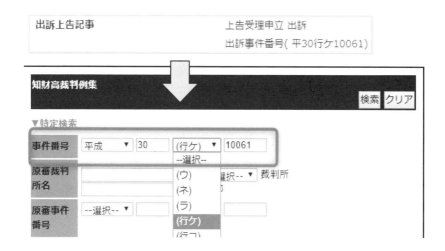

　1件がヒット。発明の名称を見て、正しく検索できているか否かを確認し、正しければ右側の「全文」をクリックで判決全文を入手できる。必要に応じて保存等を行う。

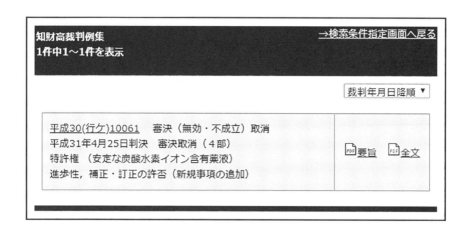

参考1：裁判所 Web サイト（http://www.courts.go.jp/）の場合

　裁判所 Web サイトから入手する場合は、トップページ　>>　裁判例情報、と進み、最初に表示される「統合検索」、または「知的財産裁判例集」のタブから照会を行なう。どちらのメニューでも同じ結果が得られる。

　検索方法は知財高裁と同様で、事件番号欄に「出訴事件番号（平30行ケ10061）」を入力し、検索する。

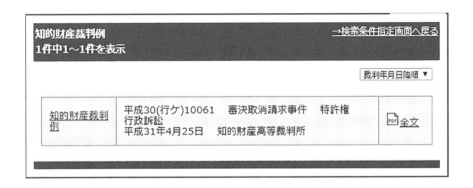

　検索結果表示も知財高裁と同様ではあるが、発明の名称が表示されないため、全文表示してみるまで「目的の事件か・否か」がわからない、知財高裁では「判決等の要旨」の PDF ファイルを併せて収録している例があるが、同じ事件であっても裁判所 Web サイトには「要旨」の掲載がない等、両者の間には若干の機能相違もある。

参考2：その他の検索方法（キーワード検索）

　「事件番号は特定せず、ある企業が当事者になっている判決が見たい。」

　「電動車両に関連する最近の判例をいくつか知りたい。」等、事件番号を特定しない検索を行いたい場合、知財高裁では「キーワード検索」、裁判所 Web サイトでは「全文検索」を利用する。キーワード検索の対象となるのは、「判決等の要旨、及び検索結果詳細画面に表示される文字データ」である。

[検索例1]

「バイエル」の「特許権」に関連した訴訟情報を抽出したい

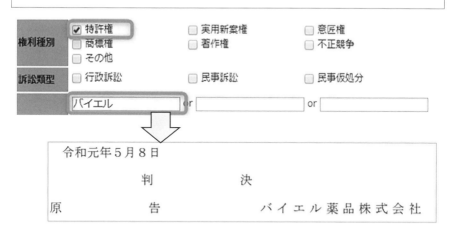

[検索例2]

「電気自動車」に関連した訴訟情報を抽出したい

　「電気自動車」「電動車」等の用語で検索する。入力欄の横方向に3語まで OR 検索が可能。特許検索と同様、同義語・類義語や、特定企業が対象であれば「その企業が好む言い回し（表現）」を考慮すると良い。

全文	電気自動車	or	電動車	or	ハイブリッドカー
	and				
		or		or	
	and				
		or		or	

　運転化への取組は優先度の高い項目であり，各メーカーにおいて電動車の開発が進んでいることから，各メーカーの発表する電動車モデルには需要者の大きな関心が寄せられ，原告の電動車ブランドである「ＥＱ」には多くの注目が寄せられること等の事情が存在する。

　また，原告は，ウェブサイト等において，本願商標が原告のブランドであることを強調し，印象付ける形で繰り返し使用している。原告による情報発信を受け，第

第4章

特許調査に役立つ
その他の情報源

4 特許調査に役立つその他の情報源

産業振興や知的所有権保護の観点から、国内外の関連機関・団体が特許情報・特許調査に関連する情報を提供している。本章ではこれまでの各章で十分紹介できなかった情報源をまとめている。

① 特許調査関連の情報（国内）

1）特許検索ポータルサイト　（特許庁）

https://www.jpo.go.jp/support/general/searchportal/index.html

先行技術調査をサポートする関連情報を掲載。基礎的な周辺知識と、検索・調査の実務に関する情報がまとめられている。

2）世界の産業財産権制度および産業財産権侵害対策概要ミニガイド　（特許庁）

https://www.jpo.go.jp/system/laws/gaikoku/iprsupport/miniguide.html

世界の産業財産権制度とその手続、侵害トラブルへの対応、及び特許・意匠・商標の情報検索についてのミニガイド集

3）新興国等知財情報データバンク　（工業所有権情報・研修館）

http://www.globalipdb.inpit.go.jp/

アジアを中心に、中東、アフリカ、中南米などの新興国等の知財実務情報を国・地域別、カテゴリー別に整理して提供している。また、新興国等に進出する際にまず収集すべき知財実務情報を「ガイダンス情報」として取りまとめて掲載している。

4）研修で使った教材等の提供サービス （工業所有権情報・研修館）

https://www.inpit.go.jp/jinzai/kensyu/kyozai/index.html

　知的財産権研修［初級］、知的財産活用研修［検索コース］等、INPIT の各研修で使用している教材（テキスト）を提供している。教材の閲覧とダウンロードが可能。

5）審査資料の検索 （工業所有権情報・研修館）

https://www.inpit.go.jp/data/searchlink.html

　INPIT が所蔵している、特許庁の審査・審判で用いられる内外国の図書、雑誌等の検索メニュー。上記 URL で案内される OPAC システムを利用する。

6）特技懇誌（バックナンバー集）（特許庁技術懇話会）

https://tokugikon.smartcore.jp/tokugikon_shi

　「特技懇」誌は、特許庁技術懇話会が年数回発行する会報であり、知的財産権に関する様々な話題を取り上げている。特許情報関連の話題も定期的に取り上げられており有用である。

7）Japio YEAR BOOK （バックナンバー集）（Japio）

http://www.japio.or.jp/00yearbook/index.html

　特許情報の活用、機械翻訳と検索技術等を題材とした寄稿と、民間の産業財産権情報提供事業者による関連システムやサービスの最新情報をまとめた資料

8）知的財産権保護－海外ビジネス （JETRO）

https://www.jetro.go.jp/themetop/ip/

　国別模倣対策マニュアル・報告書等

https://www.jetro.go.jp/theme/ip/manual/

　企業の海外進出を念頭においた知的財産権保護・模倣対策等の情報が国別

にまとめられている。一部の国では当該国の特許データベースの利用方法も掲載。

2 特許調査関連の情報（海外）

1）Best of Search Matters（EPO）

https://www.epo.org/learning-events/materials/best-of-search-matters.html

　例年開催される EPO セミナー「Search Matters」から、人気のバックナンバーをまとめた資料集。ほとんどのコースが録画と論文（テキスト資料）の掲載。

2）e-Learning centre / Event: Search Matters （EPO）

https://e-courses.epo.org/course/view.php?id=48

　上記の「Best of Search Matters」に未収録の資料を含む。（Best of …は「よりぬき集」の位置づけ）大量の資料 PDF がある。

3）Conference Archive（EPO）

https://www.epo.org/learning-events/events/conferences/2018.html

　Search Matters, Patent Information Conference, East meets West などが調査関連セミナー。トレーニング資料の閲覧。一部は録画も掲載。

4）Searching for Patents（EPO）

https://www.epo.org/searching-for-patents.html

　特許情報のポータル的な位置づけ。

5）PATENTSCOPE Webinars （WIPO）

https://www.wipo.int/patentscope/en/webinar/

　PATENTSCOPE の機能紹介が中心。リアルタイム受講の他、パワーポイント資料と録画の閲覧が可能。

3 パテントマップ類

1) 特許流通支援チャート（工業所有権情報・研修館）（平成 13 年度～平成 17 年度）

http://www.inpit.go.jp/katsuyo/archives/archives00007.html

技術テーマごとに過去 10 年間の特許情報を分析し、技術の成熟度、技術開発課題に対する解決手段の動向等を分かりやすく解説したもの。

2) 特許出願動向調査等報告（特許庁）（平成 11 年度～事業継続中）

http://www.jpo.go.jp/shiryou/gidou-houkoku.htm

ライフサイエンス、情報通信、環境、ナノテクノロジー・材料、エネルギー、ものづくり、社会基盤、フロンティアの各技術分野を中心に、出願件数の伸びが大きいテーマ、今後の進展が予想されるテーマを選定して、動向調査を実施した資料。

同ページ内で、日本、米国、欧州、中国、韓国を中心に、グローバルに技術分野別の特許出願動向を調査したマクロ結果の要旨も掲載されている（平成 19 年度分～継続中）。

3) 標準技術集（特許庁）（平成 12 年頃～平成 18 年度）

http://www.jpo.go.jp/shiryou/s_sonota/hyoujun_gijutsu.htm

論文、マニュアル、カタログ、WEB サイト等の非特許文献に記載された、開発されて間もない新しい技術等を技術分野（テーマ）ごとに収集したもの。

参考・引用文献（情報）

・AIPPI JAPAN「国名及び 2 文字コード」『PCT 出願人の手引き』（2018 年）
　　https://www.wipo.int/export/sites/www/pct/guide/ja/gdvol1/annexes/
　　annexk/ax_k.pdf

・「Common Citation Document（CCD）」
　　http://ccd.fiveipoffices.org/CCD-2.1.8/ ［参照 : 2019 年 8 月 15 日、16 日]

・EPO「DOCDB simple patent family」
　　https://www.epo.org/searching-for-patents/helpful-resources/first-time-
　　here/patent-families/docdb.html ［参照 : 2019 年 8 月 21 日]

・EPO「Espacenet - Home page」
　　https://worldwide.espacenet.com/ ［参照 : 2019 年 8 月 15 日]

・EPO「INPADOC extended patent family」
　　https://www.epo.org/searching-for-patents/helpful-resources/first-time-
　　here/patent-families/inpadoc.html ［参照 : 2019 年 8 月 21 日]

・EPO「Latest bibliographic coverage」
　　https://www.epo.org/searching-for-patents/technical/patent-additions.
　　html ［参照 : 2019 年 8 月 15 日]

・EPO「Patent families」
　　https://www.epo.org/searching-for-patents/helpful-resources/first-time-
　　here/patent-families.html ［参照 : 2019 年 8 月 21 日]

・EPO「Publications」
　　https://www.epo.org/service-support/publications.html?pubid=189#tab2
　　［参照 : 2019 年 9 月 1 日]

・EPO「Training」
　　https://www.epo.org/learning-events/events/conferences/2018/pi-
　　conference/training.html ［参照 : 2019 年 8 月 31 日]

・Google「Flaticon extension for G Suite」
　　https://www.flaticon.com/for-google ［参照 : 2019 年 8 月 22 日]

・T.Hsiang, C.Wu ＆ S. Cook「Residual efficacy of Typhula phacorrhiza as a
　　biocontrol agent of grey snow mold on creeping bentgrass」（Canadian
　　Journal of Plant Pathology, Vol. 21, No. 4, pp. 382–387　1999 年）

・InChI Trust 「developing the InChI chemical structure standard」
　　https://www.inchi-trust.org/ ［参照 : 2019 年 9 月 9 日]

・P. Ingwersen , K.JSrvelin 「情報検索の認知的転回 情報捜索と情報検索の統合」
　　（丸善 2008 年）

・INPIT「FAQ ｜ J-PlatPat」

　　https://www.j-platpat.inpit.go.jp/c0500　［参照：2019 年 8 月 15 日]

・INPIT「J-PlatPat 操作マニュアル」
　　https://www.inpit.go.jp/content/100867311.pdf

・INPIT「J-PlatPat ヘルプ一覧」
　　https://www.j-platpat.inpit.go.jp/help/ja/　［参照：2019 年 8 月 15 日]

・INPIT「外国特許情報サービス FOPISER」
　　https://www.foreignsearch.jpo.go.jp/　［参照：2019 年 8 月 15 日]

・INPIT「国際特許分類、FI、F タームの概要 とそれらを用いた先行技術調査」（2018
　年）
　　https://www.inpit.go.jp/jinzai/kensyu/kyozai/senkoutyousa.html

・INPIT「『国内移行データ一覧表』の更新について」
　　https://www.inpit.go.jp/info/topic/topic00002.html　［参照：2019 年 9 月 1
　日]

・INPIT「新興国等知財情報データバンク」
　　http://www.globalipdb.inpit.go.jp/　［参照：2019 年 8 月 15 日]

・INPIT「特許情報プラットフォーム」
　　https://www.j-platpat.inpit.go.jp　［参照：2019 年 8 月 15 日、16 日]

・INPIT「特許情報プラットフォーム（J-PlatPat）」
　　https://www.inpit.go.jp/j-platpat_info/index.html　［参照：2019 年 9 月 1 日]

・INPIT 「特許文献検索実務 （理論と演習）第四版」（2018 年）
　　https://www.inpit.go.jp/content/100866551.pdf

・International Union of Pure and Applied Chemistry 「IUPAC（International
　Union of Pure and Applied Chemistry）」
　　https://iupac.org/　［参照：2019 年 9 月 9 日]

・JST 「J-GLOBAL 科学技術総合リンクセンター」
　　https://jglobal.jst.go.jp/　［参照：2019 年 8 月 15 日、17 日]

・JST 「JST シソーラス map」
　　https://thesaurus-map.jst.go.jp/jisho/fullIF/index.html　［参照：2019 年 8
　月 17 日]

・NEDO 「NEDO プロジェクト実用化ドキュメント」
　　http://www.nedo.go.jp/hyoukabu/jyoushi/　［参照：2019 年 8 月 17 日]

・OECD 「Patents by technology : Patents by IPC - Section H」
　　https://stats.oecd.org/index.aspx?queryid=22017　［参照：2019 年 8 月 31
　日]

・USPTO 「Search for patents」
　　https://www.uspto.gov/patents-application-process/search-patents　［参
　照：2019 年 8 月 15 日]

· WIPO「International Patent Classification（IPC）」
　　https://www.wipo.int/classifications/ipc/en/index.html　［参照：2019 年 8
　　月 18 日］

· WIPO 「IPC Publication」
　　https://www.wipo.int/classifications/ipc/ipcpub/　［参照：2019 年 8 月 18
　　日］

· WIPO 「Search International and National Patent Collections」
　　https://patentscope2.wipo.int/search/en/search.jsf　［参照：2019 年 8 月
　　15 日］

· WIPO 「WIPO CASE - Centralized Access to Search and Examination」
　　https://www.wipo.int/case/en/index.html　［参照：2019 年 8 月 16 日］

· WIPO 「国際・国内特許データベース検索」
　　https://patentscope2.wipo.int/search/ja/search.jsf　［参照：2019 年 8 月 15
　　日］

· Wolfram Alpha LLC 「Wolfram|Alpha　計算知能（日本語版）」
　　https://ja.wolframalpha.com.　［参照：2019 年 9 月 8 日］

· Xenom「〈特許用語（機械）〉」
　　http://www1.odn.ne.jp/xenom/sonota.box/tokkyokikai.html　［参照：2019
　　年 8 月 25 日］

· Zotero「Your personal research assistant」
　　https://www.zotero.org/　［参照：2019 年 8 月 15 日］

· 東智朗，尼崎浩史「できるサーチャーになるための　特許調査の知識と活用ノウ
　　ハウ」（オーム社，2015 年）

· 上野佳恵「情報調査力のプロフェッショナル―ビジネスの質を高める「調べる
　　力」」（ダイヤモンド社 2009 年）

· 特許業務法人オンダ国際特許事務所「特許調査トレーニング　～拒絶査定から学
　　ぶ先行技術調査の手法～（第 4 シリーズ）」
　　https://www.ondatechno.com/Japanese/mailmagazine/mail4/28.html ［参
　　照：2019 年 8 月 25 日］

· 金平隆　「国際特許分類入門―IPC 第 6 版の理解のために　改訂第 4 版」（発明
　　協会　1995 年）

· 桐山勉，長谷川正好，川島順，玉置研一，吉田郁夫，辻川剛由「インデクシングと
　　検索の両視点から特許情報検索システムの今後の方向をさぐる（考察と提
　　案）：Fugmann（フーグマン）の自明な 5 原則ルールの示唆」『情報の科
　　学と技術』Vol. 53, No. 3, pp. 152–158（情報科学科学技術協会　2003 年）

· 「経済産業省 特許庁ホームページ」.
　　https://www.jpo.go.jp/　［参照：2019 年 8 月 15 日］

· 経済産業省「前日までの審査結果が参照できるようになります」https://www.

meti.go.jp/press/2019/04/20190425006/20190425006.html ［参照：2019 年 8 月 31 日］

・経済産業省商務情報政策局（監修）、データベース振興センター（編集）「データベース白書―ナレッジ創生を支援する知的資源〈2006〉」（データベース振興センター 2006 年）

・近藤裕之「特許分類の自動推定の取り組み」（Japio YEAR Book, 2016）
http://www.japio.or.jp/00yearbook/files/2016book/16_3_03.pdf

・酒井美里「CPC（共通特許分類）の始動と特許情報検索への影響」（JAPIO 2013 年）
http://www.japio.or.jp/00yearbook/files/2013book/13_2_08.pdf

・酒井美里「特許調査入門　改訂版　サーチャーが教える J-PlatPat 」（発明推進協会 2015 年）

・佐藤恵子「Jst サービス紹介 J-Global これからもイノベーション創出に貢献していく」『情報管理』Vol. 60, No. 10, pp. 753–756（科学技術振興機構 2018 年）

・ジェトロ「知的財産権保護」
https://www.jetro.go.jp/themetop/ip/ ［参照：2019 年 8 月 15 日］

・末吉亙「データベースと著作権」『情報管理』Vol. 55,No. 2, pp. 125–128,（科学技術振興機構　2012 年）

・（株）セラーバンク「【類義語】と【同義語】と【同意語】の意味の違いと使い方の例文」（例文センター 2019 年 4 月 17 日 4 月）
https://reibuncnt.jp/696 ［参照：2019 年 8 月 15 日］

・高野明彦（監修）「角川インターネット講座（8）検索の新地平 集める、探す、見つける、眺める」（KADOKAWA　2015 年）

・千本潤介（著）, 伊藤健太郎（監修）,「これだけは知っておきたい 特許審査の実務」（中央経済社　2019 年）

・特許庁「FI 改正情報」
https://www.jpo.go.jp/system/patent/gaiyo/bunrui/fi/f_i_kaisei.html ［参照：2019 年 8 月 23 日］

・特許庁「IP BASE」
https://ipbase.go.jp/ ［参照：2019 年 8 月 25 日］

・特許庁「WIPO 標準 ST. 16（特許文献の識別のための標準コード）と適用例」
https://www.inpit.go.jp/content/100029978.pdf

・特許庁「公報に関して：よくあるご質問」
https://www.jpo.go.jp/system/laws/koho/general/koho_faq.html#anchor2-1 ［参照：2019 年 8 月 16 日］

・特許庁「公報発行案内」
https://www.jpo.go.jp/system/laws/koho/general/kouhou_hakkou_annai.

html ［参照：2019 年 8 月 16 日］

・特許庁「諸外国の特許庁ホームページ」
　　　https: //www.jpo.go.jp/toppage/links/others.html.　［参照：2019 年 8 月
　　　15 日］

・特許庁「制度・手続 」
　　　https: //www.jpo.go.jp/system/index.html　［参照：2019 年 8 月 24 日］

・特許庁「世界の産業財産権制度および産業財産権侵害対策概要ミニガイド」
　　　https: //www.jpo.go.jp/system/laws/gaikoku/iprsupport/miniguide.html
　　　［参照：2019 年 8 月 15 日］

・特許庁ほか 「知的財産法入門」（2017 年）
　　　https: //www.jpo.go.jp/news/kokusai/developing/training/textbook/
　　　document/index/Introduction_to_The_Intellectual_Property_Act_JP.pdf

・特許庁「テーマ改廃情報」
　　　https: //www.jpo.go.jp/system/patent/gaiyo/bunrui/fi/theme_kaihai.html
　　　［参照：2019 年 8 月 23 日］

・特許庁「特許異議申立書の「申立ての理由」の記載要領
　　　https: //www.jpo.go.jp/system/trial_appeal/document/general-sample_
　　　bill_sinpan/03.pdf

・特許庁「特許行政年次報告書 2019 年版　知財の視点から振り返る平成という時
　　　代」
　　　https: //www.jpo.go.jp/resources/report/nenji/2019/index.html　［参照：
　　　2019 年 8 月 15 日、18 日］

・特許庁「特許検索ポータルサイト」
　　　https: //www.jpo.go.jp/support/general/searchportal/index.html.　［参照：
　　　2019 年 8 月 15 日］

・特許庁「特許出願技術動向調査」
　　　https: //www.jpo.go.jp/resources/report/gidou-houkoku/tokkyo/index.
　　　html　［参照：2019 年 8 月 31 日］

・特許庁「はじめての方へ 」
　　　https: //www.jpo.go.jp/system/basic.html　［参照：2019 年 8 月 24 日］

・特許庁「ファセット分類記号改正情報 」
　　　https: //www.jpo.go.jp/system/patent/gaiyo/bunrui/fi/facet_kaisei.html
　　　［参照：2019 年 8 月 22 日］

・日刊工業新聞「信州大、ナノファイバーで二次電池用セパレーター量産 − 200 度
　　　C 環境に対応」（日刊工業新聞電子版 2017 年 7 月 31 日）
　　　https: //www.nikkan.co.jp/articles/view/00437600　［参照：2019 年 8 月
　　　17 日］

・日本機械工業連合会「第 3 回ものづくり日本大賞　新規エレクトロスピニング法

によるナノファイバ - 不織布の開発」
http://www.jmf.or.jp/monodzukuri03/article/p18/index.html　[参　照 :
2019 年 8 月 .17 日]

・日本経済新聞　「新日鉄住金、『日本製鉄』に社名変更」（日本経済新聞電子版 ,
2018 年 5 月 16 日）
https://www.nikkei.com/article/DGXMZO30575470W8A510
C1000000/　[参照 : 2019 年 8 月 18 日]

・野崎篤志「特許情報調査と検索テクニック入門─研究開発 & 特許出願活動に役
立つ」（発明推進協会　2015 年）

・株式会社福井ポンプ技研「ポンプの種類一覧」
http://www.fukui-pump.com/information/constitution/constitution03.asp
［参照 : 2019 年 9 月 8 日]

・藤田節子「キーワード検索がわかる」（筑摩書房　2007 年）

・保倉行雄「30 年間を振り返って」『特技懇』271 号（特許庁 2013 年）

・三輪眞木子「第 2 版 サーチャーの時代 : 高度データベース検索」『情報の科学と
技術』Vol. 42, No. 10, pp. 983–984　（丸善 1992 年）

・両角達平「【卒論・レポート対策に】文献管理ソフト Zotero が最強すぎたので使
い方をまとめました。」（Tatsumaru Times, 2014 年 11 月 23 日）
https://tatsumarutimes.com/archives/2532　[参照 : 2019 年 8 月 15 日]

・ルイス・ローゼンフェルド , ピーター・モービル「Web 情報アーキテクチャ─最
適なサイト構築のための論理的アプローチ　第 2 版」（オライリージャパン
2003 年）

・ロベルト・フーグマン「インデクシングによる情報内容の明示─その原理と実際」
（情報科学技術協会　2000 年）

・ロベルト・フーグマン「情報システム・データベース構築の基礎理論（情報科学
技術協会 1994 年）

第三版あとがき

　世の中は「第三次人工知能（AI）ブーム」なのだそうです。

　ちなみに第一次ブームは、1960年代の「推論と探索」。第二次ブームは1980年代 〜 1990年代の「エキスパートシステム」の流行。たとえば電車の経路探索やエレベータの制御は第二次ブームの頃に実用化されました。そして近年の第三次ブームでは「ディープラーニング（深層学習）」が注目されています。

　そして特許情報の世界では「特許出願」として新技術に触れると同時に「調査ツールの進化」の面でも、技術開発の影響を受け続けています。どこかで「AIを搭載した特許調査ツール」というキャッチフレーズを目にした方も多いのではないでしょうか。

　本書基礎編で「漏れなく」と「精度」について触れました。今後、AIを搭載した調査ツールが普及していくと言われていますが、調査の目的を考え「漏れなく」と「精度」との狭間に落としどころを見いだす仕事は、しばらく人間が携わっていく部分かもしれない、と感じます。

　そして、膨大な特許情報の中から、これだ、という特許群を見つけた時は、とても嬉しいものです。アルキメデスが入浴中に「浮力の原理」を発見し、嬉しさのあまり裸で「ヘウレーカ、ヘウレーカ！」と叫びながら街中を走ったという、有名な故事がありますが、人間にとって「発見」の喜びは昔も今も、普遍的なものなのでしょう。

　的確な分類やキーワードを選んだり見つけたりするコツは、繰り返しの実践からも培われます。本書が読者のみなさまの「ヘウレーカ！（見つけた！）」のヒントになったら幸いです。

著者紹介

酒井　美里

スマートワークス株式会社
代表取締役

1994 年　奈良女子大学 理学部 卒業
同年　　セイコーエプソン株式会社に入社
　　　　特許室（現在・知的財産本部）にて出願権利化を担当
1995 年　エプソンインテリジェンス株式会社（調査解析部）へ出向
2005 年　エプソンインテリジェンス株式会社を退職
2005 年　スマートワークス有限会社を設立、代表に就任
2008 年　スマートワークス株式会社を設立、代表取締役に就任
2015 年　日本パテントデータサービス株式会社　知財研修部　顧問に就任
2018 年　特許情報普及活動功労者表彰 特許庁長官賞

特許調査入門

サーチャーが教える J-PlatPat ガイド

平成22年11月30日　初　版　発行
平成27年7月23日　改訂版　発行
令和2年5月30日　第三版　発行
令和4年4月21日　第三版　第2刷　発行
令和5年4月18日　第三版　第3刷　発行
令和6年9月26日　第三版　第4刷　発行

著　者　　酒井　美里
ⓒ2020　SAKAI Misato

発　行　　一般社団法人発明推進協会

発行所　　一般社団法人発明推進協会

　　　　　所在地　〒105-0001
　　　　　　　　　東京都港区虎ノ門2-9-1
　　　　　電　話　03 (3502) 5433 (編集)
　　　　　　　　　03 (3502) 5491 (販売)
　　　　　ＦＡＸ　03 (5512) 7567 (販売)

乱丁・落丁本はお取替えいたします。

ISBN978-4-8271-1346-4 C3032　カバーデザイン・印刷：藤原印刷株式会社
Printed in Japan

発明推進協会ホームページ：https://www.jiii.or.jp/